权威·前沿·原创

皮书系列为

“十二五”“十三五”“十四五”时期国家重点出版物出版专项规划项目

BLUE BOOK

智库成果出版与传播平台

无障碍环境蓝皮书

BLUE BOOK OF ACCESSIBLE ENVIRONMENT

中国无障碍环境发展报告（2022）

REPORT ON THE DEVELOPMENT OF
ACCESSIBLE ENVIRONMENT IN CHINA (2022)

无障碍环境数字化

顾　问／吕世明
主　编／凌　亢
副主编／孙计领　白先春

社会科学文献出版社
SOCIAL SCIENCES ACADEMIC PRESS (CHINA)

图书在版编目（CIP）数据

中国无障碍环境发展报告．2022：无障碍环境数字化／凌亢主编．--北京：社会科学文献出版社，2022.12

（无障碍环境蓝皮书）

ISBN 978-7-5228-1161-1

Ⅰ．①中…　Ⅱ．①凌…　Ⅲ．①残疾人-城市道路-城市建设-研究报告-中国-2022 ②残疾人-城市公用设施-城市建设-研究报告-中国-2022 ③残疾人住宅-城市建设-研究报告-中国-2022　Ⅳ．①U412.37 ②TU984.14 ③TU241.93

中国版本图书馆 CIP 数据核字（2022）第 227251 号

无障碍环境蓝皮书

中国无障碍环境发展报告（2022）

——无障碍环境数字化

顾　　问／吕世明

主　　编／凌　亢

副 主 编／孙计领　白先春

出 版 人／王利民

责任编辑／路　红

文稿编辑／杨　莉

责任印制／王京美

出　　版／社会科学文献出版社（010）59367194

地址：北京市北三环中路甲 29 号院华龙大厦　邮编：100029

网址：www.ssap.com.cn

发　　行／社会科学文献出版社（010）59367028

印　　装／天津千鹤文化传播有限公司

规　　格／开 本：787mm×1092mm　1/16

印 张：22.75　字 数：340 千字

版　　次／2022 年 12 月第 1 版　2022 年 12 月第 1 次印刷

书　　号／ISBN 978-7-5228-1161-1

定　　价／168.00 元

读者服务电话：4008918866

《中国无障碍环境发展报告（2022）》
编　委　会

主编简介

凌　亢（凌迎兵）　博士，二级教授，博士生导师。江苏省政府参事、江苏省督学、中国残疾人数据科学研究院首席专家。入选中宣部文化名家暨"四个一批"人才，享受国务院政府特殊津贴。现任中国统计学会副会长兼残障统计分会会长、中国统计教育学会副会长兼特殊教育分会会长、国家出版基金委员会委员、南京晓庄学院特聘教授、东南大学和天津财经大学等12所大学兼职教授、俄罗斯特殊艺术学院名誉教授。主要研究方向为应用统计。主持国家社会科学基金课题项目6项，国家自然科学基金课题项目2项，省部级课题项目30余项（其中重大、重点课题9项）。出版专著、教材、工具书26部，发表论文100余篇，独立或作为第一完成人获省部级科研、教学奖励19项（其中一等奖4项）。

序
以法治保障无障碍事业

2020 年 9 月 17 日，习近平总书记在湖南考察时指出，“无障碍设施建设问题，是一个国家和社会文明的标志，我们要高度重视”，[①] 这一重要指示既深刻阐释了无障碍环境建设的重要作用和意义，又对我们在新时代新征程中持续促进无障碍环境建设指明了前进方向、提供了根本遵循。经过多年的探索与实践，无障碍环境建设在我国产生了显著的溢出效应，从残疾人事业发展的一项基础性工作，发展成为中国特色社会主义事业的重要组成部分，成为全体人民的普遍需求、积极应对人口老龄化国家战略的基础工程和数字时代的显著特征，对促进国家治理现代化、经济社会发展与文明进步是不可或缺的。

新时代改革开放和社会主义现代化建设的丰富实践是理论和政策研究的“富矿”。“无障碍环境蓝皮书”研创团队围绕党和国家工作大局，积极回应人民群众新要求、新期待，敏锐把握时代课题，聚焦社会热点，在继“无障碍环境法治化”之后，《无障碍环境蓝皮书：中国无障碍环境发展报告（2022）》以独特的视角对“无障碍环境数字化”进行全面深入的系统研究，有机整合无障碍环境和数字化发展两大主题，鲜明提出“无障碍是数字化发展的原则，数字化是无障碍发展的方向”。该书既全面描述了无障碍环境数字化发展的客观现状，科学回答了“是什么”；又深入分析了存在的机遇和问题，提出务实对策，明确了“怎么办”；既从中国国情出发，14 篇颇有力度的报告涵盖了重点领域、法治建设和实践探索，又具有国际视野，对各国人民

① 《坚守人民情怀，走好新时代的长征路——习近平在湖南考察并主持召开基层代表座谈会纪实》，《人民日报》2020 年 9 月 21 日，第 1 版。

普遍关切的数字包容和信息无障碍问题贡献了中国智慧、中国价值。研创团队由各领域的专家和长期深耕的工作者组成，全书语言通俗易懂、数据权威翔实、案例生动鲜活，既有理论高度又有实践深度，可为政策制定者提供丰富的参考素材，为社会各界了解无障碍环境建设提供全面的辅助读本。

2022 年，我们迎来了党的二十大胜利召开。党的二十大报告深刻阐释了新时代坚持和发展中国特色社会主义的一系列重大理论和实践问题，擘画了全面建设社会主义现代化国家、全面推进中华民族伟大复兴的宏伟蓝图，这也为我们全面高质量推进无障碍环境建设提供了行动指南。2022 年 10 月 27 日，党的二十大胜利闭幕不到一周，全国人大常委会就将《无障碍环境建设法（草案）》提请十三届全国人大常委会第三十七次会议审议。这是我国首次就无障碍环境建设制定的专门性法律，是贯彻习近平法治思想和完善社会重要领域立法的具体行动，我国无障碍环境建设在法治轨道上迈入了高质量发展新阶段。恰逢机遇，十分欣慰，“无障碍环境蓝皮书”研创团队和全国关心支持无障碍环境建设的学者，在学习宣传和研究阐释党的二十大精神上进一步下功夫，以党的二十大精神为指引，全面把握习近平新时代中国特色社会主义思想的世界观和方法论，坚持好、运用好贯穿其中的立场观点方法，在践行全过程人民民主的法治进程中，回答无障碍环境建设中的理论与实践问题，奋力开创无障碍环境法治研究的新局面，以法治精神和法治力量充分保障无障碍环境建设高质量发展，为完善无障碍环境建设顶层设计贡献智慧和力量。借此机会，感谢中国残联无障碍环境建设推进办公室、中国助残志愿者协会无障碍环境促进委员会、全国无障碍智库、中国建设银行、腾讯集团等单位长期以来对无障碍环境建设的支持和参与，推动形成多元主体共建共治共享无障碍环境的新格局。

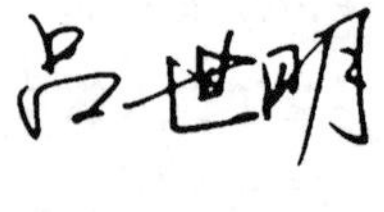

中国残联副主席

2022 年 12 月 3 日（国际残疾人日）

摘　要

无障碍环境是国家和社会文明的标志，是全体社会成员全面发展和共享经济社会发展成果的基础。以习近平同志为核心的党中央高度重视数字化发展，明确提出数字中国战略。加快数字化发展对无障碍环境建设具有十分重大的意义，同时无障碍环境持续发展有利于消除数字鸿沟和促进数字包容发展。随着数字化发展，数字化和无障碍环境二者呈融合发展态势，一方面，数字技术在无障碍环境建设中的应用场景不断丰富，无障碍环境更便利、更系统；另一方面，遵循无障碍的原则，数字化朝着更包容、更持续的方向发展。本书以无障碍环境数字化为主题，总结无障碍环境数字化发展取得的实践经验，分析存在的机遇和挑战，多角度、分领域提出务实的对策建议，为促进数字化和无障碍环境建设高质量发展提供理论依据、实践参考和推进路径。

全书包括总报告、分报告、法治篇、案例篇四个部分。总报告阐释了无障碍环境数字化的内涵，系统梳理了无障碍环境数字化的发展现状、机遇和挑战。分报告包括三个部分。首先，鉴于数字经济的快速发展，深入分析了数字包容发展与扎实推进共同富裕的关系，探讨数字包容推动共同富裕的机理，探索以数字包容为抓手扎实推进中国共同富裕的实现路径。其次，从互联网网站适老化及无障碍改造、移动互联网应用无障碍、信息无障碍终端产品、残疾人信息融合方面研究了信息无障碍的重点领域。最后，从盲文和手语、建筑、交通、社区服务四个方面研究了数字化发展对无障碍环境建设的影响。法治篇重点回顾和展望了无障碍环境建设检察公益诉讼，提出无障碍信息交流的立法需求与建议，为无障碍环境建设立法提供实践依据和建议。案例篇选取北京冬奥会、冬残奥会和智慧城市两个典型场景，总结数字技术系统化应用于无障碍环境建设所取得的经验，分析存在的问题，提出未来发展的路径选择。

本书提出，无障碍和数字化是相辅相成、相得益彰的关系，无障碍是数字化发展的原则，数字化是无障碍发展的方向。研究发现，随着数字化发展，信息无障碍加快推进，无障碍设施更加便利，社会服务可及性不断提高，无障碍产品供给能力逐步提升，无障碍知识和理念加速传播，无障碍环境建设趋向融合。信息无障碍是基础和条件，体现为消除数字鸿沟和促进数字包容发展，有利于扎实推动全体人民实现共同富裕。数字技术在北京冬奥会、冬残奥会无障碍环境建设中的应用，留下了宝贵的冬奥遗产。智慧无障碍城市建设开始试点布局。为促进无障碍环境数字化发展，需要提高对无障碍的认识，系统梳理无障碍环境建设检察公益诉讼取得的经验，了解无障碍信息交流立法需求，加快无障碍环境建设立法，健全弥合数字鸿沟的政策框架，加强人才培养和技术培训，积极参与国际合作。

关键词： 无障碍环境　数字鸿沟　数字包容　数字技术　共同富裕

目录

I 总报告

II 分报告

Ⅲ　法治篇

Ⅳ　案例篇

皮书数据库阅读使用指南

总 报 告

General Report

B.1

中国无障碍环境数字化发展报告（2022）*

孙计领　白先春**

摘　要： 在加快数字中国建设的背景下，数字技术与无障碍环境加深融合。本报告在提出和分析无障碍环境数字化的基础上，分析了无障碍环境数字化的发展现状、机遇和挑战。研究发现，数字技术的应用使得信息无障碍加快推进、无障碍设施更加便利、社会服务可及性不断提高、无障碍产品供给能力逐步提升、无障碍知识和理念加速传播、无障碍环境建设趋向融合。共同富裕的强大牵引、人权保障的不懈追求、人口老龄化的现实需求、数字中国建设的加速推进、可资借鉴的国际经验是无障碍环境数字化的机遇，同时面临认识和理念存在局限、无障碍环境建设滞后、数字

* 本报告为国家社会科学基金年度项目“残疾人融合发展评价及提升路径研究”（项目号：20BRK029）阶段性研究成果。

** 孙计领，博士，南京特殊教育师范学院副教授，研究方向为无障碍与残疾人社会融合；白先春，博士，南京特殊教育师范学院教授，研究方向为残疾统计。

化发展不平衡不充分、数字鸿沟扩大、治理体系尚不完善等挑战。促进无障碍环境数字化发展，应当提高对无障碍的认识，更新无障碍理念；加快无障碍环境建设立法；健全弥合数字鸿沟的政策框架；加强人才培养和技术培训；积极参与国际合作，加大无障碍全球公共物品的供给力度。

关键词： 无障碍环境　数字化　数字鸿沟　融合发展

无障碍环境是国家和社会文明的标志，是全体社会成员全面发展和共享经济社会发展成果的基础。从 1989 年我国第一部无障碍设施建设设计标准《方便残疾人使用的城市道路和建筑物设计规范（试行）》颁布实施以来，我国无障碍设施建设已经有三十多年的发展历史和实践经验。随着互联网、大数据、人工智能等数字技术加速创新和发展，国内外无障碍环境建设已经从建筑、道路、交通运输等物理环境延伸到虚拟的网络环境，并且二者呈现融合发展态势。由于数字技术在经济社会发展各领域全过程的加速融入和广泛应用，数字化发展不仅直接关系到新兴的信息无障碍建设，而且可以赋能传统的物理环境无障碍和服务可及性；以无障碍为原则和目标，数字化发展更加惠及全体人民。党的十九届五中全会明确提出要"加快数字化发展"，并做出了系统部署。国家"十四五"规划明确提出"加快信息无障碍建设，帮助老年人、残疾人等共享数字生活"。在全球加快数字化发展的背景下，研究无障碍环境数字化问题具有重要的理论意义和实践价值，可同时为数字化和无障碍环境建设高质量发展提供理论依据与实践参考。

一　无障碍环境数字化的内涵

（一）无障碍环境内涵及其演变

无障碍环境建设进入公共政策领域起源于社会对于残疾的理解和残疾人

问题的解决。随着残疾模式的演变，无障碍的理念和内涵也发生了重要变化，所以理解残疾（disability）比较关键。国际上先后出现多种理解残疾的模式，有慈善模式、医学模式、社会模式、普同模式、生理-心理-社会模式、权利模式、可行能力模式等。[①] 国内虽然没有提出具体的残疾模式，但先后出现残废、残疾、残障等称呼的演变。在不同模式和称呼下，社会对残疾的理解差异很大，解决残疾人问题的定位、思路和策略大相径庭，但存在一个很明显的趋势，即越来越重视态度或环境障碍对残疾造成的影响，态度和环境障碍甚至已成为解决残疾人问题的一个重要维度。

在慈善模式和医学模式中，残疾是个人生理的缺陷和损伤，残疾人能力减损或丧失是残疾问题的根源，几乎不考虑环境因素对个人能力的影响，将残疾问题完全归于个人问题，所以基本不存在无障碍环境建设问题。残疾的社会模式严格区分损伤（impairment）和残疾（disability），损伤只与身体或精神状况有关，残疾是环境和社会回应损伤的结果，残疾人边缘化和社会排斥问题是各种环境障碍和社会歧视造成的。[②] 在社会模式下，早期的无障碍在国外一般被称为 barrier-free，无障碍设计理念从解决残疾人特殊问题出发，强调的是消除物理环境障碍，以满足残疾人的特殊需求。残疾的普同模式，从残疾人的残疾体验（disability experience，或译为障碍体验）出发，发现所有人都会在生活中遭遇障碍体验，比如孕妇、带小孩的父母、推婴儿车者、暂时受伤者、老年人等，试图将残疾问题的特殊性转化为普同性，并呼吁采取普同化的残疾政策，从而可以从根本上消除残疾歧视。[③] 在此理念下，普同模式提倡不必再特意建设残疾人专用的无障碍设施，在现有各类设

① Sophie Mitra, "The Capability Approach and Disability," *Journal of Disability Policy Studies* 16 (2006): 236-247；杨锃：《残障者的制度与生活：从“个人模式”到“普同模式”》，《社会》2015 年第 6 期，第 85~115 页。

② Degener, T., "A New Human Rights Model of Disability," In Della Fina, V., Cera, R., and Palmisano, G., eds., *The United Nations Convention on the Rights of Persons with Disabilities* (Berlin: Springer, 2017). https://doi.org/10.1007/978-3-319-43790-3_2.

③ Zola, I. K., "Toward the Necessary Universalizing of a Disability Policy," *The Milbank Quarterly* 67 (1989): 401-428.

施中增加无障碍功能即可，无障碍环境不再是特殊的、少数人的、专享的环境，许多满足残疾人需求的设施或产品将会使所有人都受益，这是通用设计理念的主要观点。2001 年，世界卫生组织通过了新版残疾定义和分类系统 International Classification of Functioning，Disability and Health（简称 ICF），形成了残疾的生理-心理-社会模式。① ICF 的核心概念是功能限制，无障碍环境建设侧重于改善人们的功能或能力，减轻残疾人的活动受限和参与局限。2006 年，联合国大会通过《残疾人权利公约》（以下简称《公约》）。社会模式是《公约》的哲学基础，推动残疾从医学模式转变为社会模式，同时又形成了残疾的权利模式。②《公约》明确指出，无障碍的物质、社会、经济和文化环境以及医疗卫生、教育、信息和交流，对残疾人能够充分享有一切人权和基本自由至关重要，并提倡将通用设计应用于产品、环境、方案和服务的设计。

从残障模式的演变过程，以及国际无障碍发展与实践历程，可以看出无障碍经历了四个显著变化：设计理念从聚焦残疾人需求的无障碍设计转向面向大多数人可用的通用设计；受益群体从残疾人扩大为全体社会成员；目标导向从消除环境障碍转向改善人的功能或能力；建设范围从物理环境拓展到全面的设施、服务、信息、设备、产品等。③ 通俗来说，无障碍环境是人赖以生存和发展的环境，是残疾人与其他人在平等基础上能够享用的环境，也是全体社会成员在平等基础上可以共享的环境，因此无障碍环境不是残疾人和少数人专享的环境，而是全体社会成员可以平等共享的环境。建设无障碍环境的目的是维持或改善人的功能或能力，提高人的社会参与水平，特别是残疾人、老年人等功能或能力减损的群体，减缓或防止他们因身体条件而降低社会参与水平，从而提高经济社会发展的包容性。从个体

① Leonardi，M.，Bickenbach，J.，Ustun，T. B.，Kostanjsek，N.，and Chatterji，S.，"The Definition of Disability：What is in a Name?" *The Lancet* 368（2006）：1219-1221.

② Degener，T.，"A New Human Rights Model of Disability，" In Della Fina，V.，Cera，R.，and Palmisano，G.，eds.，*The United Nations Convention on the Rights of Persons with Disabilities*（Berlin：Springer，2017）. https：//doi. org/10. 1007/978-3-319-43790-3_ 2.

③ 叶静漪等：《无障碍与残疾人社会融合》，辽宁人民出版社，2021，第 34~36 页。

的全生命周期来看，一生能始终保持健全状态的人根本不存在，每个人都会是无障碍环境的需求者和受益者。联合国数据显示，在平均预期寿命超过 70 岁的国家，每个人平均约有 8 年或寿命 11.5%的时间生活在残疾状态下。[①] 从人口老龄化的基本国情来看，无障碍环境是老龄社会的刚需和标配。

（二）无障碍环境数字化内涵

新冠肺炎疫情发生以来，大数据、人工智能等新一代信息技术在疫情防控、物资保障、社会生活、复工复产复学中广泛应用，不断催生数字化新理念、新业态、新模式，推进数字化转型和发展、数字经济逆势增长，为我国经济增长注入新动能。在数字化转型过程中，我国政府服务水平不断提升，社会治理能力显著提高，产业数字化和数字产业化加速发展，数字化为居民生活带来了极大便利，为我国经济社会的全面数字化转型带来新的机遇。[②]

人类社会先后经历了农业革命、工业革命，当前已经进入以数字化生产力为主要标志的信息革命阶段，能不能适应数字化发展、抢占新一轮发展制高点是决定大国兴衰的关键。[③] 每次革命都会带来生产力和全要素生产率质的飞跃。在每个历史时期和革命阶段，人们对残疾或障碍（disability[④]）的理解不同，残疾人的社会参与水平差异较大。据此有学者提出，残疾人的生活经历大致可以分为三个阶段。[⑤] 在农业革命时期，包括残疾人在内的大部

---

① United Nations, https://www.un.org/development/desa/disabilities/resources/factsheet-on-persons-with-disabilities.html.

② 吴静、张凤、孙翊、朱永彬、刘昌新：《抗疫情助推我国数字化转型：机遇与挑战》，《中国科学院院刊》2020 年第 3 期，第 306~311 页。

③ 马兴瑞：《加快数字化发展》，《智慧中国》2021 年第 Z1 期。

④ 需要说明的是，disability 是一个演变中的概念，对应中文的翻译有很多种，有残疾、残障、失能、伤残、障碍等多种。本报告在中文翻译上使用“残疾”一词，与我国《中华人民共和国残疾人保障法》一致，但为了研究需要，沿用联合国《残疾人权利公约》对 disability 的定义，即“残疾是伤残者和阻碍他们在与其他人平等的基础上充分和切实地参与社会的各种态度和环境障碍相互作用所产生的结果”。

⑤ Finkelstein, V., *Attitudes and Disabled People* (New York: World Rehabilitation Fund, 1980).

分人都能参与到农业和小手工业生产过程中；在工业革命时期，大机器生产开始流行，很多残疾人被排除在生产之外，处于社会隔离的状态；随着信息革命的到来，许多数字技术的应用将使残疾人从社会隔离的状态中解脱出来，逐渐走向社会融合，实现所有人的共享发展。对大多数人来说，数字技术使一切变得更容易；对残疾人来说，数字技术使一切变为可能。由于数字鸿沟的存在，当残疾人、老年人等群体无法获得数字技术带来的发展红利时，不但早期的发展鸿沟会继续存在，而且会产生新的鸿沟，不利于社会稳定和经济发展。因此，随着全球数字化发展的推进，消弭数字鸿沟、促进数字包容发展成为各国必须面对的时代课题。

基于对无障碍环境以及数字化的理解，比较容易理解无障碍环境数字化的内涵。立足加快数字化发展的背景，瞄准扎实推进全体人民共同富裕的目标，对接国际数字包容发展的趋势，本报告首次提出“无障碍环境数字化”概念，将其定义为“为维持或改善个体的功能或能力，进而提高全体社会成员的社会参与和社会福利水平，以数据资源为关键要素，以现代信息网络为主要载体，以信息通信技术融合应用、全要素数字化转型为重要推动力，促进无障碍环境高质量发展的过程”。本报告对无障碍环境数字化的界定有以下五点认识。一是顺应国内外发展趋势，重点突出无障碍环境建设的人本理念，无障碍环境及其数字化的根本目的是维持或改善个体的功能或能力，提高全体社会成员的社会参与和社会福利水平，让全体社会成员共享数字化带来的福祉，是无障碍环境数字化的出发点和落脚点。从这点来看，无障碍环境数字化对促进人的全面发展和全体人民共同富裕具有重要的基础性作用。二是顺应数字化发展大局，无障碍环境数字化本质上一方面是数字技术充分应用在无障碍环境中，使无障碍环境各部分之间更协调、更系统，另一方面是数字化遵循无障碍的原则，促进数字化发展更包容、更持续，实现数字技术和无障碍环境的融合。具体来说，无障碍环境数字化涵盖信息无障碍和数字技术赋能无障碍环境两大部分。信息无障碍是指“通过信息化手段弥补身体机能、所处环境等存在的差异，使任何人（无论是健全人还是残疾人，无论是年轻人还是老年人）都能平等、方便、安全地获取、交互、使用信息”①；数字技术赋能无障碍环境是指数字技术在建筑、道路、交通运输、服务中的应用，使得包括残疾人在内的全体社会成员更加平等、便捷、安全、自如地出入建筑物、通行道路、搭乘公共交通运输工具、获取社会服务等。三是借鉴数字经济的定义，提出无障碍环境数字化的关键要素、主要载体和重要推动力。四是顺应推动高质量发展的要求，无障碍环境数字化的重点在于促进无障碍环境高质量发展。随着残疾人的美好生活需要日益增长以及人口老龄化持续加深，人们对无障碍环境的需求不再是“有没有”，而是“好不好”。唯有高质量发展，才能满足人们对无障碍环境“好”的需求。五是顺应国内外无障碍环境建设发展规律，无障碍环境建设是发展中的问题，往往与当地经济社会发展水平高度相关。因此面对我国发展不平衡不充分的现状，将无障碍环境数字化建设视为一种不断完善的过程，无障碍环境建设没有最好、只有更好，永远在路上。以上认识可以为我们进一步研究无障碍环境数字化奠定理论基础。

二　无障碍环境数字化发展现状

习近平总书记指出，“数字技术正以新理念、新业态、新模式全面融入人类经济、政治、文化、社会、生态文明建设各领域和全过程，给人类生产生活带来广泛而深刻的影响”②。党和国家高度重视数字化发展，明确提出数字中国战略，加快数字经济、数字社会、数字政府建设，数字化应用场景不断丰富可见。在党和国家事业发展大局中，互联网、大数据、人工智能等数字技术在无障碍环境建设各领域全过程加速应用，使得信息无障碍加快推进、无障碍设施更加便利、社会服务可及性不断提高、无障碍产品供给能力逐步提升、无障碍知识和理念加速传播、无障碍环境建设趋向融合。

① 《关于推进信息无障碍的指导意见》。

② 《习近平向2021年世界互联网大会乌镇峰会致贺信》，《人民日报》2021年9月27日，第1版。

（一）信息无障碍加快推进

由于无障碍环境数字化以现代信息网络为主要载体，所以信息无障碍是无障碍环境数字化的基础性工作。首先，党和国家重视信息无障碍建设，把弥合数字鸿沟作为数字化发展的重要内容与目标。习近平总书记多次对消弭数字鸿沟作出重要指示，强调“着力解决发展失衡、治理困境、数字鸿沟、分配差距等问题”①。弥合数字鸿沟已经融入国家重大发展战略和规划，《中共中央关于坚持和完善中国特色社会主义制度　推进国家治理体系和治理能力现代化若干重大问题的决定》《国务院关于加强数字政府建设的指导意见》《“十四五”数字经济发展规划》《“十四五”国家信息化规划》《“十四五”国家老龄事业发展和养老服务体系规划》《“十四五”残疾人保障和发展规划》《中国妇女发展纲要（2021—2030年）》《中共中央　国务院关于支持浙江高质量发展建设共同富裕示范区的意见》《数字乡村发展战略纲要》等文件均涉及弥合数字鸿沟的内容。

其次，信息无障碍的顶层设计加强，法律法规、政策体系和标准规范不断完善。2021年出台的《中华人民共和国数据安全法》第十五条明确规定“提供智能化公共服务，应当充分考虑老年人、残疾人的需求，避免对老年人、残疾人的日常生活造成障碍”。国家修改《中华人民共和国著作权法》，全国人大批准《关于为盲人、视力障碍者或其他印刷品阅读障碍者获得已出版作品提供便利的马拉喀什条约》，为加快发展大字版、电子书、有声读物等无障碍方式以及扩展信息无障碍的受益人群提供了法律保障。2020年11月，国务院办公厅印发《关于切实解决老年人运用智能技术困难的实施方案》，重点解决老年人在运用智能技术方面遇到的突出困难。工业和信息化部、中国残联印发《关于推进信息无障碍的指导意见》，专门部署信息无障碍推进工作。为提升互联网应用适老化水平及无障碍普及率，2020年12月，工业和信息化部印发《互联网应用适老化及无障碍改造专项行动方

---

① 《携手推进“一带一路”建设》，《人民日报》2017年5月15日，第3版。

案》。在标准规范方面，2020 年 3 月 1 日起，我国互联网首个国家标准《信息技术　互联网内容无障碍可访问性技术要求与测试方法》正式实施。2021 年 4 月，工信部通知进一步抓好互联网应用适老化及无障碍改造专项行动实施工作，并发布《互联网网站适老化通用设计规范》《移动互联网应用（APP）适老化通用设计规范》。

最后，数字技术在信息无障碍领域广泛应用，信息无障碍发展开创新局面。我国信息无障碍从早期的盲文出版物、手语、残疾人专题广播节目发展到互联网、移动互联网应用等新媒体领域。[①] 第一，在盲文方面，数字技术在盲文翻译上取得重要突破。2019 年 3 月，中国盲文数字平台正式启动。该平台使用了人工智能、深度学习、人机交互、大数据、云计算、Web2.0 等多种数字技术，有效破解了盲文分词连写和多音字难题，大幅度提高了翻译的准确率，实现了海量盲文数据资源的储存、管理和共享，是一个开放的盲文翻译及资源共享大数据平台，致力于提高我国视力残疾人的阅读服务质量。[②] 浙江大学和阿里巴巴达摩院合作，借助数字技术研发出盲文教学智能辅助系统，系统可以作为盲校教师的智能助手，把盲文试卷翻译成汉语，提升教师命题和阅卷效率。[③] 第二，在手语方面，手语计算取得一定进展，手语数字人频频上线。手语计算是计算机学科中的新领域和重要任务，目前尚处于起步阶段，[④] 涉及计算机视觉、自然语言处理、跨媒体计算、人机交互等技术。[⑤] 2022 年北京冬奥会和冬残奥会期间，“冬奥手语播报数字人”在北京卫视上线，为听障人士提供手语信息播报服务。为了方便听障市民，上

---

① 李东晓、熊梦琪：《新中国信息无障碍 70 年：理念、实践与变迁》，《浙江学刊》2019 年第 5 期，第 14~23 页。

② 苏伟、许存禄、林和、王蕊：《中国盲文数字平台建设研究》，《现代特殊教育》2021 年第 14 期，第 68~73 页。

③ 《读光计划 2.0 推动中国盲文图书馆全面上云》，新华网，2022 年 7 月 28 日，http://zj.news.cn/2022-07/28/c_1128871844.htm。

④ 姚登峰、江铭虎、鲍泓、李晗静、阿布都克力木·阿布力孜：《手语计算 30 年：回顾与展望》，《计算机学报》2019 年第 1 期，第 111~135 页。

⑤ 郭丹、唐申庚、洪日昌、汪萌：《手语识别、翻译与生成综述》，《计算机科学》2021 年第 3 期，第 60~70 页。

海全市基层窗口开通手语视频服务，打开手语客服软件，就能与 12345 市民服务热线的专职手语翻译员远程视频，手语翻译员在线为听障人士和柜员双向解说。第三，电子读物、有声读物等无障碍方式迎来发展新机遇，阅读障碍者的阅读方式发生了变化，便利度大幅度提高，并且惠及全体社会成员，有声阅读的用户数量显著增多。随着数字技术的发展和嵌入，有声读物的阅读品质和体验感受显著提升，逐渐取代语气冰冷的“机器声”。① 在阿里云提供存储和算力资源的帮助下，中国盲文图书馆将把有声读物、电子图书、无障碍电影等文化资源全面上云，方便视障人士随时随地在线使用。第四，语音识别技术的成熟以及广泛应用不仅为听障群体带来了革命性影响，而且方便了所有人，促使了其他数字化应用场景的蓬勃发展，如智能家居、智能检索、智能交通等。② 目前语音文字互译 App 种类繁多，语音搜索、语音输入、实时字幕等应用不断丰富。第五，互联网网站、移动互联网应用程序无障碍稳步发展，互联网应用适老化及无障碍改造专项行动深入推进，截至 2022 年 7 月底，与老年人生活密切相关的 452 家网站和 App 完成了适老化及无障碍改造，并通过了评测，方便老年人、残疾人等群体出行、社交、通信、娱乐、购物、获取信息和相关服务等。第六，借助互联网技术，传统广播电视走上转型升级之路，越来越多的广播电视具备互联网属性。③ 总体来看，人工智能等数字技术的应用，加速推进了信息无障碍发展，为有听力、视力、认知、肢体、言语障碍的人群提供了便捷的信息获取与使用方法，为不同情景之下的信息获取障碍提供了不同解决方案，以及在各类服务中及时有效传达信息，提升服务质量，如政务服务、教育、就业、医疗等。④

---

① 余苗、马璇：《数字时代无障碍阅读的有声化发展与变革》，《科技与出版》2021 年第 7 期，第 155~160 页。

② 余亚东、李春江、杨丽：《基于语音识别的智能家居物联网系统》，《计算机应用》2022 年第 S1 期，第 391~394 页。

③ 汤戎：《互联网背景下城市广播电台的生存空间探析》，《中国广播电视学刊》2022 年第 6 期，第 98~99 页。

④ 郭亚军、卢星宇、张瀚文：《人工智能赋能信息无障碍：模式、问题与展望》，《情报理论与实践》2020 年第 8 期，第 57~63、69 页。

（二）无障碍设施更加便利

我国无障碍环境建设从无障碍设施起步，各类无障碍设施的覆盖率逐步提高，数字技术的应用可以提高无障碍设施的便利度。如杭州市富阳区，无障碍环境公共导航系统目前已覆盖公共场所，可一屏展示盲道、无障碍卫生间、办事柜台等各类信息，通过筛选无障碍设施数据，形成无障碍地图导航，并提供出行雷达和位置播报服务，让使用者快速获取位置信息。①

在建筑方面，数字技术的应用不断拓展，方便了包括残疾人在内的所有人。住房和城乡建设部印发的《“十四五”建筑业发展规划》指出，建筑市场与新一代信息技术深度融合发展有着巨大的潜力和发展空间，在发展目标中提出“推动新一代信息技术与建筑业深度融合”。住房和城乡建设部等13部门联合印发的《关于推动智能建造与建筑工业化协同发展的指导意见》，将“建筑工业化、数字化、智能化水平显著提高”作为“十四五”时期的发展目标之一。数字技术和建筑的融合可以清晰标注卫生间、电梯等无障碍设施的相关信息，开发无障碍地图导航功能，帮助有需要的群体快速查找并使用无障碍设施；传感器的使用可以方便对建筑物远程控制，智能门窗、红外灯、智能门锁的普及应用推动了建筑物无障碍化的发展。② 为满足人们对复杂室内环境导航的需求，百度、必应等众多地图服务商将室内导航作为地图服务的必备功能，结合用户偏好合理规划室内导航路径，如便于轮椅使用者选择更适宜的电梯、应急疏散通道等。③

在道路方面，数字技术的应用使道路更安全、更便捷。道路基础设施数字化由检测与感知技术、数据传输与通信网络、信息平台与安全系统构成，

---

① 《民生实事丨城管领域数字化改革场景推进系列——无障碍环境建设》，“杭州城管”公众号，2021年10月27日，https：//mp. weixin. qq. com/s/0bElJ_ wIITebPHPWvsUdpw。

② 中国信息通信研究院、深圳市信息无障碍研究会：《中国信息无障碍发展白皮书（2019年）》，http：//www. caict. ac. cn/kxyj/qwfb/bps/201907/t20190726_ 206187. htm。

③ 周艳、陈红、张叶廷、黄悦莹、张鹏程、杨卫军：《动态环境感知的多目标室内路径规划方法》，《西南交通大学学报》2019年第3期，第611~618、632页。

通过既有道路基础设施数字化升级改造和新建道路的智慧化建设两条路径实现。[①] 智能过街声响提示装置在部分地区试点使用，视障人士或有需要的人来到十字路口时，通过手机或触摸按钮，就能使装置发出声音提示方向信息，平时则不会发出声音，最大限度减少声音对民众的干扰。

在交通运输方面，数字交通为各类乘客群体提供数字化、智能化的出行信息化服务，改善出行体验。2021 年，交通运输部印发《数字交通“十四五”发展规划》《交通运输领域新型基础设施建设行动方案（2021—2025 年）》，提出积极采用“传统+智能”方式解决老年人、残疾人等群体出行问题。在城市公共交通领域，通过提供出行前无障碍信息获取、出行中无障碍信息辅助、无障碍出行信息引导系统促进无障碍数字化通行。在部分地区，高德地图已支持无障碍设施的线上展示和检索。比如，北京用户打开高德地图，搜索地铁站点，即可在地铁站的详情页查看该地铁站的无障碍设施情况；高德地图还将北京无障碍公交车辆与公交线路进行匹配，并展示无障碍国际通用标识，以方便用户获取信息。[②] 2021 年，网约车平台公司在近 300 个城市上线“一键叫车”服务，在平台 App 首页无障碍优化“一键叫车”功能。部分城市提供约车服务电话，提升巡游出租汽车电召服务能力。在民航客运方面，相关网站和 App 进行适老化、无障碍改造。在铁路客运方面，铁路 12306 网站和 App 为重点旅客提供服务预约功能。

居家无障碍也随着数字化发展开启了无障碍智能家居模式。作为万物互联技术的重要应用之一，配备通信网络、高科技设备和传感器的智能家居住宅受到更多家庭的欢迎，人们可以通过移动应用程序、智能音箱等方式控制家电、供暖、照明等设备。[③] 针对老年人、残疾人的无障碍智能家居

---

① 王建伟、高超、董是等：《道路基础设施数字化研究进展与展望》，《中国公路学报》2020 年第 11 期，第 101~124 页。

② 勃潺：《高德地图完善无障碍信息　可搜索无障碍公共厕所》，环球网，2022 年 3 月 3 日，https：//tech. huanqiu. com/article/472YlCSUWeE。

③ 李季、王莹、马璞：《万物互联与消费者行为的研究评述和展望》，《管理科学》2021 年第 5 期，第 3~15 页。

应运而生，通过智能化的操作方式解决日常生活中的家居问题。[①] 如灯光智能控制、扫地机器人、电动窗帘、升降灶台、升降吊柜可以提升肢体障碍者、老年人的生活品质和便利度。由浙江大学、阿里巴巴集团与中国盲文图书馆共建的“无障碍智能家居体验馆”入选 2020—2021 年度信息无障碍优秀案例。[②] 该馆以智能音箱为控制中心，与 30 多款智能家居硬件连接，各类应用的产品均实现无障碍优化和全程无障碍控制，视障人士体验后，都能感受到科技进步带来的便利。

此外，数字化的应用使无障碍设施的监督更加有力。以北京市为例，北京市印发了《关于北京市施工图数字化监管平台上线运行的通知》（京规自发〔2022〕265 号），于 2022 年 9 月 1 日起正式启用北京市施工图数字化监管平台，梳理无障碍标准设计要点，确定无障碍检查项目和检查要点，进行验收前的监督和核查。

（三）社会服务可及性不断提高

提高社会服务可及性，尤其是基本公共服务可及性，是无障碍环境建设的重要目标之一。习近平总书记多次对提高公共服务可及性作出重要指示。发展社会服务的最终目标是推动实现全体社会成员都能公平可及地获取所需的社会服务。《“十四五”公共服务规划》在“主要目标”的第一个目标中明确提出“地区、城乡、人群间的基本公共服务供给差距明显缩小，实现均等享有、便利可及”。在数字化发展的助力下，社会服务的提供方式和供给能力发生了革命性变化，各类数字化的便民应用不断增加，有效增强了服务供需匹配的针对性、有效性和及时性。各地区加强数字政府建设，积极探索政府服务的数字化，“浙里办”“豫事办”“新湘事成”“粤省事”“渝快办”“贵人服务”等全流程一体化政府服务平台不断涌现，许多民生服务事

---

① 郑钰莹、袁傲冰：《基于双目视觉的无障碍智能家居控制系统设计》，《现代电子技术》2020 年第 18 期，第 67~70 页。

② 《信息无障碍优秀案例展示 09丨无障碍智能家居体验馆》，“中国盲文图书馆”公众号，2021 年 11 月 12 日，https：//mp. weixin. qq. com/s/lNbYPTyaSkDOjwP_ ZffN6A。

项实现“掌上办”、“指尖办”、“一站式”办理、“不见面”审批，百姓少跑腿、数据多跑路，有效提升了政府治理效能，包括残疾人、老年人在内的所有居民可以更便捷、智能、高效地获得政务服务。具体来看，数字化助力政务服务更加便捷、教育资源配置更加公平和优质、医疗卫生服务提质增效、养老服务从“有”到“优”、就业服务更加灵活充分、公共安全管理更加精准。①

在残疾人数字化服务方面，中国残联出台政策保障残疾人无障碍获取相关专门服务。2020年，中国残联出台《全国残联信息化服务平台框架方案》，提出建设全国残联信息化服务平台，推进数字技术与残疾人服务深度融合，按照“一数一源、一人一案、一网通办、一证通行”的思路，打造“智慧残联”，为各级残联提供无障碍的一站式服务门户。为做好“十四五”残疾人信息化工作，2021年，中国残联印发《“十四五”残疾人事业信息化发展实施方案》，明确指出残疾人事业信息化建设还存在短板弱项，信息化支撑残疾人服务精准化、精细化、便捷化能力不足，提出残疾人服务“一张网”的发展目标。

在老年人数字化服务方面，党和国家高度重视数字化发展对老年人服务可及性的影响。习近平总书记强调，“要坚持传统服务方式和智能化服务创新并行，针对老年人、残疾人等群体的特点，提供更加贴心暖心的社会保障服务”②。2020年，国务院办公厅印发《关于切实解决老年人运用智能技术困难的实施方案》，要求解决老年人在运用智能技术方面遇到的困难，做实做细为老年人服务的各项工作，让老年人更好地共享信息化发展成果，围绕老年人高频事项和服务场景，提出“推动老年人享受智能化服务更加普遍”“老年人享受智能化服务水平显著提升、便捷性不断提高”等工作目标。该方案出台后，工业和信息化部、民政部、人力资源和社会保障部、交通运输部、商务部、国家卫生健康委、中国银保监会、文化和旅游部办公厅、国家

① 穆荣平、蔺洁、池康伟、王婷：《创新驱动社会服务数字转型发展的趋势、国内外实践与建议》，《中国科学院院刊》2022年第9期，第1259~1269页。

② 习近平：《促进我国社会保障事业高质量发展、可持续发展》，《求是》2022年第8期。

文物局、国家体育总局等部门出台了落实细则，初步形成了一个多部门联动的大工作格局，切实解决老年人在交通出行、消费、体育、人力资源和社会保障、银行保险、疫情防控、文化、旅游等服务中遇到的数字技术困难，提高各类服务的可及性。

（四）无障碍产品供给能力逐步提升

无障碍产品尚没有权威的定义和目录分类。从市场供给情况来看，一般分为两类：一类是符合无障碍标准规范的产品，比如符合无障碍标准规范的终端产品，电脑、手机等；另一类是专门具备无障碍功能的辅助产品，如读屏软件、无障碍地图等。

在政策上，国家支持无障碍产品的研发，鼓励新兴数字技术在无障碍产品中的应用。国务院《无障碍环境建设条例》规定“国家鼓励、支持采用无障碍通用设计的技术和产品，推进残疾人专用的无障碍技术和产品的开发、应用和推广”“信息终端设备制造者应当提供能够与无障碍信息交流服务相衔接的技术、产品”。2020 年，工业和信息化部和中国残疾人联合会联合印发的《关于推进信息无障碍的指导意见》提出一系列原则和具体措施，包括“创新驱动、融合发展”的基本原则，要积极融合运用新技术，促进产品丰富多样；在主要任务中，提出“扩大信息无障碍终端产品供给”，如支持和鼓励无障碍智能终端产品、智能养老设备供给，提升信息辅助器具智能化水平，重点加快智能辅助器具和智能硬件配套产品的设计开发，强调产品的通用性，支持新兴数字技术在信息无障碍领域的融合和科技成果转化。中国残联、住房和城乡建设部等 13 部门联合印发《无障碍环境建设“十四五”实施方案》，提出“支持研发生产科技水平高、性价比优的信息无障碍终端产品”。

在市场上，无障碍产品的供给能力不断提升。一方面，很多企业加强通用设计理念的运用，致力于使产品符合无障碍标准规范，特别是移动终端设备，用户量大、覆盖广。比如，苹果、华为、vivo 等品牌的手机对操作系统和软件进行了无障碍优化，使手机具备无障碍功能，不仅可以满足视障群体的无障碍需求，而且可以使所有用户更加方便地使用某些功能。如手机内置的语音助手功能可以解放双手，可以方便所有上肢有障碍的用户，包括上肢伤残的永久障碍者、受伤的暂时性障碍者、手提重物的情景性障碍者。华为设计了无障碍功能，100%覆盖有需要的终端用户，在“看”方面，有屏幕朗读/TalkBack、色彩矫正、抬手上屏、智慧视觉、智能识别同音字、语音功能、助视器；在“听”方面，有畅连通话、无线传声、AI 字幕、手语阅读；在全龄设计上，具备“放大”、手写模式的输入法、屏幕共享、支持儿童合理用机等功能。另一方面，具备无障碍功能的辅助产品不断丰富，一般是残疾人、老年人等障碍群体专用的产品和设备，比如导盲智能眼镜、避障智能手环、助听眼镜、智能轮椅、5G 外骨骼等。从人的功能障碍和无障碍需求来看，可以分为视觉障碍、听力障碍、言语障碍、认知障碍、肢体障碍、情绪障碍等障碍类型的辅助产品。随着人口老龄化持续加深，无障碍需求用户的规模扩大，很多企业将会加大无障碍产品的研发和供给力度。

（五）无障碍知识和理念加速传播

受各种因素的影响，虽然当前我国社会各界的无障碍知识比较薄弱、无障碍理念有待普及、无障碍意识有待加强，但数字化的发展和助力无疑加速了知识和理念传播。

首先，无障碍关注度日益提高。大数据时代，网络搜索数据反映了公众对某些议题的关注程度。百度在搜索引擎市场中占有绝对领先地位，百度推出的百度指数[①]是用户群搜索行为的大数据汇集，能较好地反映公众的关注度，已经广泛应用于学术研究。[②] 因此，本报告使用百度指数反映我国公众对无障碍的关注度，具有较高的代表性。在百度指数中搜索“无障碍”“数

① 百度指数是以网民在百度的搜索量为数据基础，以关键词为统计对象，科学分析并计算出各个关键词在百度网页中搜索频次的加权和。

② 孟天广、赵娟：《大数据时代网络搜索行为与公共关注度：基于 2011-2017 年百度指数的动态分析》，《学海》2019 年第 3 期，第 41~48 页。

字鸿沟”，时间范围设定在 2011 年 1 月 1 日到 2022 年 8 月 31 日，每年百度指数的整体日均值变化趋势如图 1 所示。可以发现，“数字鸿沟”和“无障碍”的百度指数增长态势明显，特别是 2016 年以来。“数字鸿沟”的整体日均值从 2011 年的 168 增长到 2021 年的 425，“无障碍”的整体日均值从 2011 年的 74 增加到 2021 年的 341，增幅明显，表明社会对无障碍和数字鸿沟的关注度日益增强，二者呈现较强的相关性。分省来看，无障碍关注度较高的省（直辖市）依次是广东、北京、浙江、江苏，数字鸿沟关注度较高的省（直辖市）依次是广东、北京、山东、浙江。分城市来看，无障碍关注度较高的城市依次为北京、上海、深圳、杭州、广州、成都、郑州、武汉、重庆、南京，数字鸿沟关注度较高的城市依次是北京、上海、成都、杭州、武汉、广州、重庆、南京、长沙、济南。这意味着人们对无障碍、数字鸿沟的关注度与经济社会发展水平息息相关。

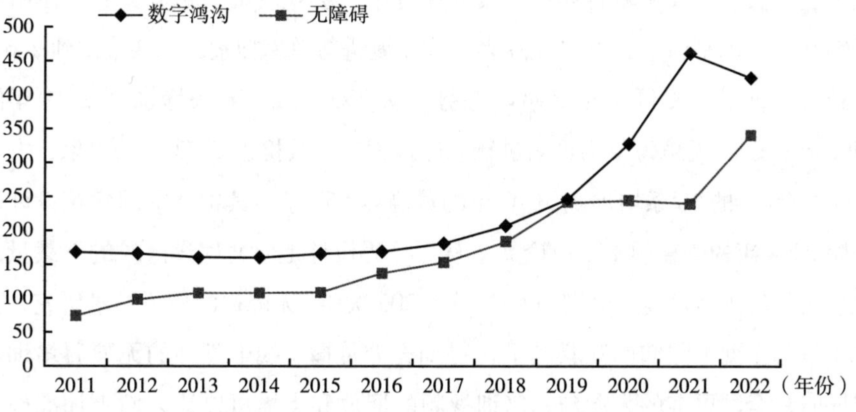

图 1　2011~2022 年“数字鸿沟”和“无障碍”百度指数整体日均值变化趋势

资料来源：根据百度指数官网 https：//index. baidu. com/整理而得。

其次，无障碍知识加速推广。借助微信公众号、中国知网等互联网平台，无障碍知识加速传播和分享。中国信息通信研究院分别于 2019 年、2022 年发布《中国信息无障碍发展白皮书（2019 年）》《信息无障碍白皮书（2022 年）》，系统介绍国内外信息无障碍发展状况、存在的问题和发展前景，并在官网上进行公开，方便读者免费下载并阅读。微信公众号文章《中国信通院发布〈信息无障碍白皮书（2022 年）〉》系统介绍了该白皮书的内容，阅读量已经达 2899 次，并且很多微信公众号对该文章进行了转载，形成了网络传播的放大倍增效应。[①] 从 2019 年 1 月以来，中国信息通信研究院每月发布一期《信息无障碍动态》，简要介绍中央、部委、地方、企业以及社会团队等单位的工作动态，《信息无障碍动态》的原文通过互联网和微信公众号向社会公布。"无障碍智库"是国内无障碍领域发文量最大的微信公众号之一，该公众号以文化引领、凝聚共识、传播理念、提升行动为目标，宣传无障碍事业，推广无障碍新理念、新技术、新成果。深圳市信息无障碍研究会的微信公众号"信息无障碍"自成立以来，发表文章 571 篇，粉丝量近 5 万人，2020 年、2021 年的总阅读量分别为 6.1 万次、8.3 万次。[②]"四川残疾人无障碍环境建设促进会"微信公众号经常发布一些"无障碍小知识"，宣传、普及、转载无障碍环境建设国家标准、法规政策和相关文章。在"中国知网"学术平台上，以"无障碍"为主题进行总库搜索，一共检索到 20641 条结果，每年发文量呈显著递增态势，从 2000 年的 56 条增加到 2021 年的 1706 条；以"无障碍"为篇名进行总库搜索，一共检索到 5368 条结果，发文量从 2000 年的 18 条增加到 2010 年的最高点 553 条，其中，中国建筑设计研究院 2004 年的一篇硕士学位论文《从无障碍设计走向通用设计》的下载量和被引次数均排名最高，分别为 6588 次、206 次。[③] 无障碍的相关学术研究、报纸文章等借助中国知网互联网平台得到充分传播。线上举办的无障碍培训可以同时让全国更多的人参与，培训视频的回放和点播可以让人们更加准确地理解无障碍相关知识。《无障碍环境蓝皮书：中国无障碍环境发展报告（2021）》通过网络直播平台发布，发布会累计在线收看人数超 200 万人次。

最后，无障碍理念加速普及。借助互联网平台的广泛宣传和普及，人人

---

① 《中国信通院发布〈信息无障碍白皮书（2022 年）〉》，"中国信通院 CAICT"微信公众号，2022 年 5 月 18 日，https：//mp. weixin. qq. com/s/RpVOZoqO-HSB3-Tw9OeGRA。

② 数据由微信公众号"信息无障碍"提供。

③ 相关统计数据均截至 2022 年 8 月 8 日。

是无障碍环境受益者的理念得到广泛理解和认同。在第 17 届中国信息无障碍论坛暨全国无障碍环境建设成果展示应用推广活动上，中国残联无障碍环境建设推进办公室提出，《无障碍环境建设条例》实施十周年以来，人们愈发认识到无障碍环境不再是小众群体的“特惠”，而是方便全体社会成员的“普惠”，每个人都是无障碍环境的需求者、参与者和受益者。该观点不仅得到与会人员的认同，而且得到主流媒体的报道和转载。笔者调查了 89 位无障碍领域的专家，询问“无障碍环境的受益群体包括哪些”，结果显示，86%的专家认为是“所有人”，说明我们对无障碍的认识水平较高。更重要的是，通用设计理念正逐渐取代无障碍设计理念，符合国际社会的倡导和呼吁。[①] 根据联合国《公约》，通用设计是指“尽最大可能让所有人可以使用，无须做出调整或特别设计的产品、环境、方案和服务设计”，通用设计强化了无障碍环境的公共属性和社会价值，扩大了无障碍环境的受益群体，使得无障碍环境建设得到更多人的理解和支持。

（六）无障碍环境建设趋向融合

系统连续是无障碍环境建设的一个重要原则。[②] 无障碍环境是由多个维度和要素组成的系统化整体，这些维度和要素共同组成一个完整的无障碍环境。关于无障碍环境的构成，国际上并没有严格和公认的分类方式。但为了分析无障碍环境不同维度的特征、明确无障碍环境建设推进路径、分解无障碍环境建设任务，一般对无障碍环境建设的内容进行细分。联合国亚洲及太平洋经济社会委员会 2019 年发布的《2019 残障总览：亚太地区的无障碍环境投资》把无障碍环境分为互联互通的四个部分：建筑环境、交通环境、

① 王国羽：《障碍研究论述与社会参与：无障碍、通用设计、能力与差异》，《社会》2015 年第 6 期，第 133~152 页。

② Economic and Social Commission for Asia and the Pacific, Accessibility for All: Good Practices of Accessibility in Asia and the Pacific to Promote Disability-Inclusive Development. https://www.unescap.org/publications/accessibility-all-good-practices-accessibility-asia-and-pacific-promote-disability.

信息交流环境和服务环境。[①] 从国内的实践和地方立法经验来看，无障碍环境在我国一般分为设施、信息交流和社会服务三大部分，每部分又可以细分很多小的领域，具体工作分配到不同的部门。人为的细分不代表无障碍环境各部门之间是相互独立的。无障碍环境建设是一个复杂的系统工程，涉及的主管部门较多，部门分割、各自为政导致当前我国无障碍环境建设面临不系统、协调性不足、融合程度不够等问题，进一步造成无障碍环境的整体效能不能有效发挥。所以未来无障碍环境建设一定要走向系统化和融合发展，数字化将发挥重要作用。从现有实践效果来看，物联网、云计算、大数据、人工智能、虚拟现实和增强现实、5G 等数字技术的应用可以使治理体系更加协调、治理能力显著提高、多元主体形成合力，不仅可以使设施、信息、服务之间更加融合，并且可以使设施、信息、服务之间更加系统，有助于人们便捷通畅地使用设施、准确及时地获取信息、综合连续地享有服务。在治理方面，数字技术的应用使得无障碍环境建设治理能力显著提升。以深圳、广州、杭州等城市为例，数字技术应用使无障碍环境建设、督导、监督和维护更加高效，促进无障碍环境建设全周期管理。

三　无障碍环境数字化发展的机遇

无障碍环境建设各领域取得积极进展，在数字化发展背景下，无障碍环境发展面临诸多有利条件和机遇，下面从牵引力、发展动力、现实需求、发展基础和国际经验五个方面进行具体分析。

（一）共同富裕的强大牵引

在《扎实推动共同富裕》一文中，习近平总书记指出，“现在，已经到了扎实推动共同富裕的历史阶段”，同时习近平总书记也明确指出，“新一

① Economic and Social Commission for Asia and the Pacific，Disability at a Glance 2019：Investing in Accessibility in Asia and the Pacific. https：//www. unescap. org/publications/disability－glance－2019.

轮科技革命和产业变革有力推动了经济发展，也对就业和收入分配带来深刻影响，包括一些负面影响，需要有效应对和解决”，这深刻阐释了新一轮科技革命和共同富裕的关系，意味着在数字化发展过程中，必须消除对共同富裕的负面影响。[①] 2021 年，我国数字经济规模已经达到 45.5 万亿元，总量位居世界第二，占国内生产总值的比重高达 39.8%，保持强劲的增长态势，是经济增长的主要引擎之一。[②] 在我国扎实推进共同富裕的过程中已经无法脱离数字化发展的影响，必须在发展数字经济的同时建设好无障碍环境，以无障碍的小切口破解新一轮科技革命带来的负面影响。无障碍和数字化是相辅相成、相得益彰的关系。数字化是无障碍环境建设的方向和路径，只有朝着数字化的方向，无障碍环境建设才能保持正确方向；只有沿着数字化的路径，无障碍环境建设才能高质量发展。无障碍是数字化发展的原则和目标，只有遵循无障碍的原则，数字化才能实现包容性发展和可持续发展；只有追求无障碍的目标，数字红利才能公平地惠及全体人民。数字鸿沟会放大区域差异和收入不平等的负面效应。[③] 如果不能消除数字鸿沟，一部分人群就会在数字化发展的时代中掉队，共同富裕就难以实现。[④] 因此，共同富裕是无障碍环境数字化的强大牵引，无障碍环境数字化是推动共同富裕的必然要求，必须在明确无障碍和数字化关系的基础上促进无障碍环境数字化，为全体人民共同富裕奠定基础条件、明确重点任务、畅通实现路径。

（二）人权保障的不懈追求

无障碍环境建设和数字化发展事关残疾人、老年人等群体的平等权利和合法权益。国际社会已达成共识，无障碍不仅是一种权利，而且是残疾人平

---

① 习近平：《扎实推动共同富裕》，《求是》2021 年第 20 期。

② 王政：《我国数字经济规模超 45 万亿元（新数据　新看点）》，《人民日报》2022 年 7 月 3 日，第 1 版。

③ 郑霖豪、徐政：《数字时代共同富裕的现实挑战和实现路径》，《江海学刊》2022 年第 3 期，第 97~104 页。

④ 夏杰长、刘诚：《数字经济赋能共同富裕：作用路径与政策设计》，《经济与管理研究》2021 年第 9 期，第 3~13 页。

等享有一切人权和基本自由的前提条件。联合国《公约》第九条是一个创新性条款，首次在联合国人权协定中明确规定无障碍权利，并且在《公约》其他多个权利条款中规定无障碍的要求，夯实无障碍环境建设的权利基础。[①] 尊重和保障人权是中国共产党人的不懈追求。在人权保障的具体行动中，国家已经将无障碍环境建设纳入其中，明确无障碍环境建设在权利保障中的作用。2009 年以来，我国先后制定并实施了四期国家人权行动计划。第一期提出“推动无障碍建设”，第二期提出“加快无障碍建设与改造”，第三期提出“全面推进无障碍环境建设”，第四期进一步提出“全面推进无障碍环境建设”“加强和改善信息无障碍服务环境，为老年人、残疾人等网上获取政务信息、办理服务事项、享有公共服务提供便利”“运用智能技术，对社区和居家养老服务设施、医疗康复设施和机构进行无障碍化、便捷化、智能化改造”。无障碍环境建设在国家人权行动计划中的要求从“推动”，到“加快”，再到“全面推进”，无障碍环境建设的重要程度不断提高、建设范围逐步拓展、保障对象显著扩大，既彰显了国家人权承诺，又履行了联合国《公约》的相关要求，是展现大国形象和人权保障成就的重要方面。立足新发展阶段，面向第二个百年奋斗目标，在尊重和保障人权的不懈追求下，推动无障碍环境数字化将成为全社会的行动自觉。

（三）人口老龄化的现实需求

人口老龄化的基本国情是无障碍环境数字化的现实需求。较早进入人口老龄化的国家和地区在应对人口老龄化的过程中，先后提出积极老龄化、健康老龄化理念，都非常注重人和环境的匹配，建设老年友好环境，维持人在变老过程中的功能发挥和社会参与水平。习近平总书记强调，把积极老龄

---

① Schulze，M.，*Understanding the UN Convention on the Rights of Persons with Disabilities：A Handbook on the Human Rights of Persons with Disabilities*（New York：Handicap International，2010）. https：//searchlibrary. ohchr. org/record/22683.

观、健康老龄化理念融入经济社会发展全过程。[①] 人口老龄化已成为今后一段时期我国的基本国情，具有规模大、程度深、速度快等特征。预计到2035年，我国老年人口将增加到4.2亿人左右，占比超过30%，达到高收入国家的平均水平，进入重度老龄化阶段。到21世纪中叶，我国老年人口将接近5亿人，占比将攀升至36%左右。在老龄化和数字化的交织下，老年人存在明显的数字生活融入困难和社会参与障碍。[②] 随着人口老龄化持续加深，残疾老龄化和老龄残疾化两种趋势将会导致残疾人数量不断增加，未来残疾人将以老年人为主，残疾人规模及其占总人口的比重会不断增加，无障碍环境的刚需群体规模会越来越大。[③] 老年友好环境和无障碍环境在理念上殊途同归、在内容上交叉重叠、在目标上基本一致。在数字化发展背景下，老年友好环境建设同样要依托数字化。[④] 因此，加快无障碍环境数字化建设也是人口老龄化的现实需求。

（四）数字中国建设的加速推进

数字中国建设的加速推进是无障碍环境数字化的发展基础。国家互联网信息办公室发布的《数字中国发展报告（2021年）》指出，党的十九大以来数字中国建设取得显著成就，主要体现在以下九个方面。一是建成了全球规模最大、技术领先的网络基础设施。互联网普及率达到73%。二是数据资源价值得到释放，数据资源已经增长至6.6ZB，占全球的比例为9.9%，位居世界第二，大数据产业规模为1.3万亿元。三是数字技术创新能力提升，新兴数字技术跻身全球第一梯队。四是数字经济规模全球领先。五是数

① 《习近平对老龄工作作出重要指示强调贯彻落实积极应对人口老龄化国家战略　让老年人共享改革发展成果安享幸福晚年　在重阳节来临之际向全国老年人致以节日祝福》，《人民日报》2021年10月14日，第1版。

② 陆杰华、韦晓丹：《老年数字鸿沟治理的分析框架、理念及其路径选择——基于数字鸿沟与知沟理论视角》，《人口研究》2021年第3期，第17~30页。

③ Putnam, M. and Bigby, C., *Handbook on Ageing with Disability* (1st ed.) (New York: Routledge: 2021). https://doi.org/10.4324/9780429465352.

④ 赵晓旭、傅昌銮：《数字化背景下老年友好社区构建策略——基于杭州市K街道N社区的调查》，《理论与改革》2020年第3期，第131~146页。

字政府建设深入推进。我国电子政务在线服务指数全球排名提升至第 9 位，全国一体化政务服务平台实名用户已超过 10 亿人。2021 年，在省级行政许可事项办理中，网上受理和“最多跑一次”的占比已经高达 90.50%，网上审批和“零跑动”的占比为 56.36%。六是数字社会服务更加普惠便捷。国家智慧教育平台加快建设，所有中小学（含教学点）全部实现联网；电子社保卡覆盖人数超过 5 亿人；国家全民健康信息平台基本建成；数字化出行服务更加便利，电子客票在铁路、民航领域基本实现了全覆盖。七是数字化发展治理取得明显成效，法律法规和政策体系不断完善。八是数字安全保障能力大幅提升。九是国际合作稳步拓展，倡导构建网络空间命运共同体。数字中国建设形成了五条经验认识，其中一条是“坚持人民至上、惠民便民”，数字中国建设始终坚持提升人民福祉、促进人的全面发展、推动共同富裕，提供更多普惠便捷的数字服务，不断提升经济社会的数字包容性和普惠性。该条宝贵经验将不断推动无障碍环境数字化发展。

（五）可资借鉴的国际经验

利用科技维持、改善个体的功能或能力，消除环境障碍，促进社会参与和提高社会福祉，是国际社会的共同追求，已经在出台法律、制定发展战略、完善标准规范、完善制度、激励处罚、产品研发、技术应用等方面积累了可资借鉴的丰富国际经验。特别是在消除数字鸿沟和促进数字包容方面，发达国家在数字准备、数字就绪、数字参与三个方面积极探索了数字包容的实施路径。[①] 联合国发布了消除数字鸿沟、促进数字包容的合作路线图。[②] 发展科技和数字技术的过程本身就是在不断实现人的功能代偿、消除环境障碍。2022 年 6 月，联合国举办《残疾人权利公约》第 15 届缔约国大会，重

① 杨巧云、梁诗露、杨丹：《数字包容：发达国家的实践探索与经验借鉴》，《情报理论与实践》2022 年第 3 期，第 194~201 页。

② United Nations, Roadmap for Digital Cooperation. https://www.un.org/en/content/digital-cooperation-roadmap/assets/pdf/Roadmap_for_Digital_Cooperation_EN.pdf.

点讨论在创新和技术背景下保障残疾人权利的问题，交流经验和良好做法。[①]《公约》第四条提出，促进研究和开发适合残疾人的新技术，并促进提供和使用这些新技术；第九条提出，残疾人可以无障碍地利用信息和交流，包括信息通信技术和系统，并在早期阶段设计、开发、生产、推行无障碍的信息通信技术和系统。近年来，国际社会特别强调数字技术对残疾人实现可持续发展目标的影响，尤其是在新冠肺炎疫情防控背景下，促进数字包容的政策和做法不断增多。目前全球市场上有 4 万多种辅助技术产品和设备，可以满足各类功能障碍者的无障碍需求，促进他们独立生活、平等参与，释放照护压力，降低照护成本。主流的数字技术已经广泛应用在教育、工作、医疗、出行、政治参与、文化、居家、购物等场景中，使包括残疾人在内的所有人受益。各国在实践中已经充分认识到，如果按照通用设计原则研发、生产辅助技术产品和主流数字技术，有助于降低生产成本、提高数字化的普惠性和可及性。特别是主流的新兴数字技术，如果采用通用设计，可以产生显著的溢出效应，覆盖更多的客户群体，惠及更多的人，扩大市场规模，产生更大的市场价值和社会价值。

四　无障碍环境数字化的挑战

我国无障碍环境建设仍然存在发展不平衡、不充分、不系统、不规范、不好用、不管用等问题，在数字化发展背景下，旧的问题尚未消除，新的挑战开始显现，无障碍环境数字化仍面临认识和理念存在局限、无障碍环境建设滞后、数字化发展不平衡不充分、数字鸿沟扩大风险、治理体系尚不完善等挑战。

（一）认识和理念存在局限

无障碍环境数字化面临的首要挑战是社会对无障碍的认识不足、理念

---

① United Nations, Convention on the Rights of Persons with Disabilities. https://undocs.org/CRPD/CSP/2022/2.

更新不及时。无障碍概念自从引进中国以来，从北京王府井大街修建第一条盲道、《方便残疾人使用的城市道路和建筑物设计规范》发布开始，大多情况下被当作技术问题和设施建设问题，过于注重无障碍物理环境的建设，所以提到无障碍，很多人认为无障碍就是盲道、坡道、扶手等无障碍设施，忽视了无障碍的丰富内容。无障碍在《公约》中具有重要的地位和作用，是《公约》的八个一般原则之一，意味着不仅要消除物理环境的障碍，而且要消除所有影响残疾人充分享有一切人权和基本自由的障碍。[①]虽然我国已有将无障碍环境建设纳入党和国家发展大局的趋势，但目前无论是从顶层设计上还是在具体的实践中，都存在一些问题。一是对无障碍的重视程度还不足，很多人认为无障碍环境建设是做慈善、献爱心，甚至误认为其成本高，会带来沉重负担。二是无障碍与适老化在认识上尚未统一，涉及无障碍的地方一般只针对残疾人，目标群体单一。三是无障碍的地位比较边缘化，还没有上升为所有发展战略的核心与原则，大部分政策只是简单提到无障碍环境建设，内容不具体，缺乏解决无障碍问题的针对性措施。本质上，无障碍就是消除人民群众共建共享各方面发展成果的障碍，推动共享发展和人权事业发展，确保人民依法真实享受平等的人权。在理念方面，随着国际对无障碍认识的转变，无障碍理念也进行了彻底更新，设计理念、建设范围、受益群体均发生了彻底改变。目前我国对无障碍认识和理念的宣传普及还有待加强，对无障碍不理解、误解、曲解的现象还比较普遍，不仅影响无障碍环境数字化发展，而且不利于数字化的包容性发展。

（二）无障碍环境建设滞后

在数字化和人口老龄化交织的背景下，人们对无障碍环境的需求不再是“有没有”，而是“好不好”，与人们日益增长的美好生活需要和经济社会发

① Cera，R.，Article 2 Definitions，In Della Fina，V.，Cera，R.，and Palmisano，G.，eds.，*The United Nations Convention on the Rights of Persons with Disabilities*（Berlin：Springer，2017）. https：//doi. org/10. 1007/978-3-319-43790-3_ 6.

展水平相比，我国无障碍环境建设还比较滞后，尚存在较多问题，从根本上制约了无障碍环境数字化发展。第一，无障碍环境各领域、各区域、各方面不够平衡，各部分之间系统化不足，存在明显的城乡、区域差距，保障的残疾人类型还不够全面。第二，无障碍环境整体发展水平还不高，无障碍设施覆盖率不高，无障碍改造存量依然较高，新建设施不规范的增量也较高，信息、服务无障碍比较薄弱，残疾人还不能充分获取相关信息和服务。第三，无障碍环境质量有待提升，主要表现为无障碍设施不系统、不达标、不好用、不安全、不能用；绝大部分互联网应用在设计之初很少考虑特殊群体的需求，改造进度缓慢，改造难度比较大，并且改造尚处在初级阶段，不好用的情况比较常见，性价比高、简单好用的终端产品比较少，手语翻译准确率、可理解性还不高；无障碍社会服务标准化有待加强。第四，无障碍环境和数字化的融合程度还不高。一方面，数字化在无障碍环境建设中的应用不足，大部分尚处在试点应用阶段。比如地图导航软件和无障碍出行的结合，只在极少的城市中应用，商业价值还较低；数字手语人尚处在研发阶段，手语翻译在语音转文字的基础上错上加错，内容不知所云；数字技术在辅助器具中的应用还不多、不成熟，可负担性较低。另一方面，数字化的无障碍程度还不高，数字政府、数字社会、数字服务尚不能全面惠及老年人、残疾人。

（三）数字化发展不平衡不充分

总体而言，我国数字化发展虽然处于快速发展阶段，但发展不平衡不充分问题比较明显。第一，在互联网普及方面，截至 2021 年 6 月，我国互联网普及率为 71.6%，还远低于很多发达国家和地区；城镇地区互联网普及率为 78.3%，农村地区为 59.2%，差距较大；此外还存在显著的年龄差别，老年人的互联网普及率较低。[①] 在数字技术创新方面，我国在保障自主创新

① 《报告显示我国网民规模已达 10.11 亿　互联网普及率 71.6%》，“中国青年报”百家号，2021 年 8 月 27 日，https://baijiahao.baidu.com/s?id=1709240278033674967&wfr=spider&for=pc。

与融入全球创新生态系统方面存在两难，并且中国在一些核心技术领域依然存在明显的“卡脖子”问题。[①] 在数字经济方面，习近平总书记指出，“同世界数字经济大国、强国相比，我国数字经济大而不强、快而不优”。[②] 根据学者测算，2018 年，数字技术的渗透效应还很不充分，产业数字化占传统产业增加值比重仅为 9.74%，其中建筑、交通运输邮电、商业饮食、金融保险、其他服务等行业分别为 19.23%、4.13%、7.28%、22.50%、9.42%。[③] 数字经济在不同省（区、市）之间差别很大，北京、上海、天津数字经济占 GDP 的比重已经超过 50%。[④] 在数字政务方面，面临系统互通难、数据共享难、业务协同难等基础性问题，不同业务系统存在显著差别，行业系统优于部门系统，上级政府信息系统优于下一级，政务服务的供给能力难以满足多样化的需求。[⑤] 数字化社会服务的包容性和可及性还不高。目前主流的数字化社会服务中还存在较多障碍，往往把老年人、残疾人排除在主流之外。就专门服务而言，目前还缺少服务残疾人的一体化服务平台，跨地区、跨部门、跨层级的业务办理平台还未形成。

（四）数字鸿沟扩大

数字鸿沟是不断演化的概念，是当前数字化发展面临的突出问题。最早的数字鸿沟通常被理解为获得信息和通信技术的人与不使用信息和通信技术的人之间的差异，称为接入沟；后来大多数社会成员都可以接入互联网，数字鸿沟表现为因信息和通信技术不同使用方式而存在的差异，称为使用沟；

---

① 柳卸林、董彩婷、丁雪辰：《数字创新时代：中国的机遇与挑战》，《科学学与科学技术管理》2020 年第 6 期，第 3~15 页。

② 《习近平：不断做强做优做大我国数字经济》，中国人民政治协商会议全国委员会官网，2022 年 1 月 17 日，http：//www. cppcc. gov. cn/zxww/2022/01/17/ARTI1642381599534347. shtml。

③ 蔡跃洲、牛新星：《中国数字经济增加值规模测算及结构分析》，《中国社会科学》2021 年第 11 期，第 4~30、204 页。

④ 中国信息通信研究院编《中国数字经济发展报告（2022 年）》，http：//www. caict. ac. cn/kxyj/qwfb/bps/202207/t20220708_ 405627. htm。

⑤ 朱锐勋：《政府数字化转型与电子政务深化发展面临的挑战与对策》，《行政管理改革》2022 年第 2 期，第 61~68 页。

最后出现一种新的数字鸿沟形式，是指由互联网使用造成的结果差异和不平等，具体表现在资源的获取、处理和创造上，称为知识沟。[①] 随着互联网基础设施的快速发展，接入沟会明显缩小，但并不会缩小使用沟，最终还会引发较大的红利差异。[②] 国外发展经历表明，相对于接入沟而言，由使用沟和知识沟造成的社会负面影响更大。[③] 所以，随着数字化的发展，在缩小接入沟的同时，由使用沟和知识沟造成的数字鸿沟有持续扩大的风险，旧的障碍尚未消除，反而产生了新的障碍，加剧了环境障碍。在疫情防控常态化下，数字鸿沟存在的各种问题充分暴露，传统服务方式逐渐退出，数字化方式蓬勃发展，但老年人不会使用智能技术的现象比较常见，没有健康码的老年人无法出入公共场所、搭乘公共交通工具，造成老年人消费难、出行难、就医难、获取相关信息难，难以共享数字生活带来的便利，成为社会关注的重点和社会大众的痛点。[④] 这些现象警示着数字化发展的负面影响，应当具有风险防范意识，积极制定和应用促进数字包容的策略。

（五）治理体系尚不完善

无障碍环境数字化面临无障碍环境治理体系和数字治理体系均不完善的客观现状。无障碍环境建设、管理和监督涉及的领域广泛、环节众多、主体多元，是一项综合性、跨层级、跨部门的系统工程。无障碍环境的治理体系还不健全，综合协调机制尚未建立，相关体制机制还不完善，相关主体的责任尚未充分压实，多元主体的合力尚未充分形成。首先是各环节的主体责任有待强化，建设环节主体责任落空、不依法履责的现象非常普遍；审查环节行政监管缺位，各领域主管部门很少进行验收和审查；使用环节维护管理不力，“重建设、轻管理和维护”的问题比较突出。其次是

① 徐芳、马丽：《国外数字鸿沟研究综述》，《情报学报》2020年第11期，第1232~1244页。

② 邱泽奇、张樹沁、刘世定、许英康：《从数字鸿沟到红利差异——互联网资本的视角》，《中国社会科学》2016年第10期，第93~115、203~204页。

③ 韦路、张明新：《第三道数字鸿沟：互联网上的知识沟》，《新闻与传播研究》2006年第4期，第43~53、95页。

④ 杜鹏、韩文婷：《互联网与老年生活：挑战与机遇》，《人口研究》2021年第3期，第3~16页。

法律法规和标准规范的实施机制不健全，相关标准在执行中缺乏效力，无障碍奖惩、审查、评估、监测机制尚没有建立，经费投入难以保障。最后是监督体系不健全，尚未形成多元有效的监督机制，残疾人、老年人的无障碍权利救济途径不畅通，无障碍环境建设权属复杂，法律责任规定不明确，出现问题难以追责问责。数字治理也面临一系列问题，难以确保数字化朝着包容性的方向发展。新冠肺炎疫情刺激了数字化发展，与人口老龄化交织，对建立数字包容型社会提高了治理难度。[①] 习近平总书记指出，“数字治理等新课题又摆在我们面前”[②] “数字治理等挑战严峻”[③]，并对“完善数字经济治理体系”[④] 作出重要指示。数字治理是一个新问题，很多治理议题尚处于研究之中，数据权利、内容治理、平台责任等议题并未形成共识。[⑤] 数字化发展带来的垄断与不正当竞争、数据安全、隐私保护、技术伦理等风险依然存在。[⑥] 数字治理的数据化、智能化、平台化等特点，与当下的治理环境不匹配，政府作为主要的治理主体，在治理手段上比较落后，在治理结构上缺乏协调，干部队伍的数字意识和数字素养还有待提升。[⑦] 平台自治的责任和担当意识还有待加强。

五　促进无障碍环境数字化发展的对策建议

立足无障碍环境建设和数字化发展阶段，总结国内外有益经验和做法，

---

① 潘君豪、杨一帆：《老年数字包容型社会的整体性治理研究》，《西南交通大学学报》（社会科学版）2021 年第 2 期，第 94~101 页。

② 习近平：《携手迎接挑战，合作开创未来——在博鳌亚洲论坛 2022 年年会开幕式上的主旨演讲》，《人民日报》2022 年 4 月 22 日，第 2 版。

③ 《习近平向金砖国家政党、智库和民间社会组织论坛致贺信》，《人民日报》2022 年 5 月 20 日，第 1 版。

④ 习近平：《不断做强做优做大我国数字经济》，《求是》2022 年第 2 期。

⑤ 鲍静、贾开：《数字治理体系和治理能力现代化研究：原则、框架与要素》，《政治学研究》2019 年第 3 期，第 23~32、125~126 页。

⑥ 国家互联网信息办公室：《数字中国发展报告（2021 年）》，2022。

⑦ 杜雪锋：《数字经济发展的国际比较及借鉴》，《经济体制改革》2020 年第 5 期，第 164~170 页。

针对我国无障碍环境建设中迫切需要解决的问题，本报告提出了以下五条促进无障碍环境数字化发展的对策建议。

（一）提高对无障碍环境建设的认识，更新无障碍理念

理念是行动的先导，提高认识、更新理念是无障碍环境建设的前提条件。无障碍环境需求不是小众的需求、特殊的需求，而是广泛的需求、普遍的需求，无障碍环境建设是一种投入少、回报多的投资行为，将基于通用设计理念的无障碍环境建设融入经济社会发展全过程具有坚实的理论基础和现实需求。特别是在数字化发展背景下，由于数字技术存在固有的数字鸿沟问题，更应该注重方方面面的无障碍环境建设，提高数字化发展的包容性。当前社会不管在认识上还是具体的实践中，无障碍环境建设融入主流的理念尚没有树立，普遍把无障碍环境建设当作一个额外的成本支出。无障碍环境建设实践和理念发展至今，可以明确的是无障碍环境的受益群体不再仅仅是残疾人，而是全体社会成员。障碍体验不是少数人的体验，也不是特殊体验，而是每个人都会有的普遍体验。基于通用设计理念的无障碍环境不是少数人的、特殊的、专享的环境，而是大多数人可以共享的环境。无障碍环境建设是一个双赢共赢多赢行为，为残疾人创造的无障碍环境也是对于所有人更便利、更安全、更人性的环境。因此，要经常性地开展宣传和推广活动，采取数字化、无障碍的灵活方式放大宣传效果，促进全社会持续提高认识，树立正确的无障碍理念，坚持以人为本、普惠共享的原则，将无障碍环境建设融入每个部门的职能职责、每个行业的社会义务和每个人的行动自觉中。国际许多研究一致表明，无障碍环境建设不是成本和负担，而是能产生丰厚回报的投资，虽然改造有一定的成本，但带来的投资回报可以远远覆盖成本。[①] 不管是整体的环境建设还是单体设施、服务或产品的提供，在设计之初就应充分纳入通用设计理念，源头

---

① Deepti Samant Raja，Bridging the Disability Divide Through Digital Technologies. https：//thedocs. worldbank. org/en/doc/123481461249337484 - 0050022016/original/WDR16BPBridgingtheDisabilityDividethroughDigitalTechnologyRAJA. pdf.

上控制，过程上监督，越早越能节约成本，越早越能提高长期收益，特别是在数字经济、数字政府、数字社会发展的各领域和全过程。

（二）加快无障碍环境建设立法

立法是无障碍环境建设的首要措施，是世界各国的成熟经验和国际社会的提倡。随着无障碍环境建设的广泛开展，国务院颁布的《无障碍环境建设条例》立法理念落后、立法位阶低、内容涵盖不全、责任主体不清晰、法律责任不明确、强制性不足等问题凸显，与时代发展脱节，特别是在数字化发展背景下。为破解无障碍环境建设中的治理难题，有效应对人口老龄化趋势和数字化发展挑战，应深入总结实践经验、加快出台无障碍环境建设专门法。当前我国关于无障碍环境建设的法律规范主要是《中华人民共和国残疾人保障法》《中华人民共和国老年人权益保障法》等，同时包含无障碍条款的法律越来越多，但表述不一、碎片化、衔接性不足的问题越来越突出，法律统一性有待提高。随着无障碍环境建设的范围扩大、内容拓展，零散分散立法既不符合完善中国特色社会主义法律体系的要求，在时间上也不可行，将会推迟无障碍环境建设的时间，不断增加和累积无障碍环境建设成本。专门立法不仅可以保障残疾人、老年人等全体社会成员的无障碍权益，还可以促进其他相关法律在制定或修改时设置无障碍条款。在无障碍环境建设立法中，应综合国外反歧视立法和程序法的优势，既承认社会成员享有无障碍的权利，又对无障碍环境建设各环节、内容和范围进行全面规制。特别是在信息无障碍方面，一方面要适应数字化发展的时代背景，加强对网络应用、终端硬件、电信业务等内容的规定，完善奖励和支持机制，强化法律责任，衔接、细化《中华人民共和国数据安全法》《中华人民共和国著作权法》等法律中的无障碍条款，在法治轨道上促进数字化发展遵循无障碍的原则和目标；另一方面，要鼓励和支持数字技术与无障碍设施、服务、产品、监督、管理等融合。

（三）健全弥合数字鸿沟的政策框架

弥合数字鸿沟是无障碍环境数字化的重点工作。当前我国三种数字鸿沟均存在，应该针对三种数字鸿沟健全弥合数字鸿沟的政策框架。针对接入沟，重点提高新型基础设施的可获得性和可负担性。首先，应加快新型基础设施建设，统筹推进农村、边远地区新型基础设施建设和传统基础设施数字化转型，提高老少边穷地区的网络入户率。其次，鼓励市场加大高性价比智能产品的供给力度，通过税费减免、财政补贴、经费支持、政府采购等方式，鼓励市场研发、生产、应用和推广无障碍技术、设备、产品、服务等。最后，加强对困难群体的补贴，将其统筹纳入乡村振兴、巩固拓展脱贫攻坚成果、共同富裕等发展大局，切实让困难群体获得无障碍智能终端。针对使用沟，重点促进数字包容发展和提升全民数字素养与技能。第一，促进数字包容发展就是提高数字化发展的包容性，在政策的顶层设计和贯彻实施中，将无障碍、普惠、共享等理念上升为数字化的原则和目标，作为数字化发展优劣的评判标准。第二，贯彻执行无障碍相关的标准规范，加快互联网应用、产品和服务的无障碍改造进度，采取强制措施对新供给产品和服务进行无障碍优化。第三，贯彻落实好《提升全民数字素养与技能行动纲要》，全方位、全年龄段普及数字教育。在全社会广泛弘扬奉献、友爱、互助、进步的志愿精神，发挥志愿服务作用，盘活社会力量。特别是调动残疾人、老年人的积极性、创造性，使其亲身参与到数字素养和技能提升的行动中，不应该仅仅把老年人、残疾人看作“助老助残”的被动接受者。针对知识沟，通过数字技术实现残疾人、老年人等社会成员的功能补偿、增能赋能和优能发挥，重点提高弱势群体的社会参与水平和共享发展程度，数字经济、数字政府、数字社会的发展要确保一个人都不掉队、一个人都不能少。

（四）加强人才培养和技术培训

人才培养和技术培训跟不上实践需求是国际无障碍环境建设面临的共同挑战。无障碍环境建设法律法规、政策规划和标准规范的落地实施需要人才支撑和宣传推广。数字技术的推广和应用更需要人才支撑。因此，《公约》规定，就残疾人面临的无障碍问题向各有关方面提供培训，比如颁发建筑许可证的机构、广电局和通信技术许可单位、工程师、设计师、建筑师、城市规划者、交通管理机构、服务提供者、研究人员、残疾人及其组织等。当前我国建筑、交通、计算机科学与技术等学科与专业还较少关注无障碍问题，整个教育体系中关于无障碍的教学和研究十分欠缺，无障碍的理念和知识尚没有纳入建筑、交通、信息技术、社工等专业的学习内容中，培养的人才几乎没有无障碍的意识，很难主动解决无障碍问题。无障碍环境建设的相关培训还存在一定局限性，缺少强有力的组织机构和完善的保障机制，培训的次数少、内容宏观、覆盖面不足。笔者调查了熟悉无障碍环境的 89 名专家，询问无障碍培训是否能满足其需求，仅有 10%的专家认为能满足，68%的专家认为不能有效满足，22%的专家认为远不能满足。国际上一些经验和做法值得借鉴。① 比如，要持续加强宣传培训，使社会各界了解无障碍环境在经济社会中的价值，激发更多相关主体建设无障碍环境的能动性、积极性和创造性，引导全社会了解无障碍环境数字化的溢出效应和社会价值。无障碍环境建设重在全社会的参与，政府应牵头建立全社会共建共治共享的机制，促成各主体间建立良好伙伴关系，定期举办会议，协调无障碍环境建设的推动工作。国际上特别注重残疾人及其组织的参与，充分激发和利用残疾人的才能，发挥残疾人及其组织在反映需求、体验监督、提供专业建议中的作用。成立专门机构承担无障碍人才培养和技术培训。如美国无障碍委员会由联邦部门人员和公众成员组成，公众成员大多是残疾人，委员会专门负责标准、规范、指南的制定与人才培训，在解决人才培养、技术培训和法律贯彻落实问题中发挥了很大作用。

（五）积极参与国际合作，加大无障碍全球公共物品的供给力度

为不断做强做优做大我国数字经济，习近平总书记提出，要积极参与数

① Economic and Social Commission for Asia and the Pacific，Disability at a Glance 2019：Investing in Accessibility in Asia and the Pacific. https：//www. unescap. org/publications/disability-glance-2019.

字经济国际合作。[①]《公约》规定，为促进所有残疾人充分和平等地享有一切人权和基本自由，缔约国应承诺开展和促进国际合作，包括促进和支持能力建设，便利科学技术知识的获取。得益于通用设计理念的普及和无障碍环境建设经验、知识和技术的积累，国际社会在2013年开始明确提出要转变观念，把无障碍视作全球公共物品，在2015年以后的发展议程中把无障碍纳入发展主流，承诺实现所有人的无障碍。[②] 当前全球公共物品供给不足的矛盾日益突出，全球治理要解决的核心问题之一就是协调相关主体尽可能多地提供全球公共物品。[③] 提供更多的全球公共物品是中国积极参与全球治理的理性选择和主要手段。[④] 在无障碍领域，存在突出的供需矛盾。比如，世界盲人联盟最新数据显示，在所有出版物中，可供盲人或低视力者使用的还不到10%，存在严重的书荒问题。2016年，发展中国家残疾人的固定宽度普及率仅为8.7%；2018年，在193个国家中，61%的国家互联网仍然无法无障碍访问；新冠肺炎疫情影响下，全球只有18%的残疾儿童可以无障碍获取广播和电视学习资源，只有29%的残疾儿童家长可以无障碍获取计算机；目前世界上只有1/10的残疾人能够获得辅助技术产品和服务。[⑤] 无障碍的设备、产品和服务具有全球公共物品的属性，我国向世界提供更多的无障碍设备、产品和服务，不仅可以向世界展示中国的大国形象和人权保障成就，而且可以作为积极推动全球人权治理的重要抓手。实践中，我国也进行了积极探索，随着《关于为盲人、视力障碍者或其他印刷品阅读障碍者获得已出版作品提供便利的马拉喀什条约》的落地生效，我国正在与世界知识产权组织等国际组织合作，推动有声读物等

---

① 习近平：《不断做强做优做大我国数字经济》，《求是》2022年第2期。

② United Nations Department of Economic and Social Affairs, Accessibility and Development: Mainstreaming Disability in the Post - 2015 Development Agenda. https://www.un.org/disabilities/documents/accessibility_and_development.pdf.

③ 张宇燕：《全球治理的中国视角》，《世界经济与政治》2016年第9期，第4~9页。

④ 蔡拓：《中国参与全球治理的新问题与新关切》，《学术界》2016年第9期，第5~14、323页。

⑤ United Nations, Convention on the Rights of Persons with Disabilities. https://undocs.org/CRPD/CSP/2022/2.

无障碍格式版作品跨境交换，为弥合全球数字鸿沟提供中国方案、做出中国贡献。未来我国应该继续加大无障碍公共产品的供给力度，参与全球数字治理，借鉴国外先进数字技术在无障碍环境建设中的应用，促进无障碍环境数字化发展。

分 报 告

Topical Reports

B.2

数字包容发展与扎实推进共同富裕研究报告（2022）*

易莹莹**

摘　要： 我国正处于数字经济快速发展与共同富裕扎实推进的发展阶段，数字经济与共同富裕两者具有很强的契合性。然而，数字经济发展带来效率不断提升的同时，数字鸿沟引致的公平问题不断凸显。本报告从数字包容推动经济高质量发展的战略意义出发，全面梳理我国共同富裕与数字包容的内涵和进程，深入探讨数字包容推动共同富裕的机理，探索以数字包容为抓手扎实推进中国共同富裕的实现路径。借鉴发达国家经验，从政府、个体、社会三方面提出以下建议：大力发展数字技术，增加弱势群体数字收

* 本报告为江苏省高等学校自然科学研究重大项目“中国残疾人发展数据库建设及应用”（项目号：18KJA520006）、江苏高校哲学社会科学研究重大项目“全面推进江苏农村残疾人脱贫攻坚同乡村振兴有效衔接研究”（项目号：2022SJZD092）和国家社会科学基金年度项目“残疾人融合发展评价及提升路径研究”（项目号：20BRK029）阶段性研究成果。

** 易莹莹，博士，南京邮电大学副教授，硕士生导师，研究领域为数字经济、残疾统计。

益；完善数字包容政策，健全数字经济法律法规；发展公共图书馆，促进数字包容新使命；鼓励三农自媒体，助力农业、农村、农民收入增长；从供给端和需求端推动实现共同富裕；家庭成员内部互帮互助；社区积极宣传、主动帮助；学校、企业、政府协同帮扶和教育。

关键词： 数字包容　数字鸿沟　共同富裕

一　从扎实推进共同富裕来看数字包容发展

（一）共同富裕的内涵和要求

当前，我们已经完成第一个百年奋斗目标——全面建成小康社会，历史性地消除了绝对贫困。与此同时，我们踏上了实现第二个百年奋斗目标——全面建成社会主义现代化强国的新征程。在新征程上，我们要坚持以人民为中心，更加注重在高质量发展中促进共同富裕。然而，区域发展不平衡、中等收入群体比重过低、城乡收入差距大等问题依然很严重。随着数字化变革的推进，数字经济已经成为我国经济高质量发展的新引擎。数字经济发展带来效率提升的同时，数字鸿沟引致的公平问题不断凸显，习近平总书记多次对弥合数字鸿沟作出重要指示。在数字经济新发展时代下，如何高效抢抓数字经济发展机遇，促进经济包容性增长和全体人民共同富裕，业已成为中国经济社会高质量发展过程中需要着力解决的重大理论与现实问题。

1. 共同富裕的内涵

共同富裕是分阶段、大多数、不同步的，既是过程也是目标。随着时代的变迁，我国对于共同富裕的认识也在不断变化。1953 年，共同富裕被首次定义为“农民逐步脱贫并生活质量普遍提升”。1992 年，其被定义为“社会主义的本质，消除剥削，消除两极分化”。党的十八大以来，党和中央更加重视“共同富裕”，将其视为“不仅是一个经济问题，更是关系党的执政基础的重大政治问题”①。

共同富裕不是平均主义，而是机会平等的富裕。平均主义的特点是全体人民的劳动成果按人口平均分配，而不是按劳动量进行分配，这就导致总有人在付出很少劳动的情况下，仍享受到和其他付出巨大工作量的人相同的成果，当这种思想开始传播，懒惰的人会越来越多，勤劳的人也会因为不公而失去斗志，最终全体人民生产的成果会越来越少，每个人分配到的成果也会越来越少，非但无法实现共同富裕，反而使人们更加贫困。1978 年党的十一届三中全会之后，我国开始实施按劳分配为主体、多种分配方式并存的分配制度，大大激发了人民劳动的积极性。可是，富人越来越富，穷人越来越穷，造成这种现象的一大原因正是参与劳动、投入资金的机会不平等。共同富裕要求更加注重机会平等，能有效帮助弱势群体增加收益，享受社会发展进步的成果。

2. 共同富裕的要求

共同富裕的要求因时代背景而变化，在新时代下，“共同富裕”的要求从其字面意思中可以得到答案。“共同”要求分配制度合理，“富裕”要求生产力发达。因此，“共同富裕”要求既要有效率，也要兼顾公平。在没有强大生产力的情况下公平也很难持续，没有公平，效率再高成果也只是由少数人享受。同时，共同富裕要求进一步解放和发展生产力。没有更高的生产力，公平也只是在贫困下的公平，不符合共同富裕的目标。更高的生产力能带动总体的富裕，虽然这种富裕不是同步的，但却是实现共同富裕的最优途径。最后，共同富裕要求更加公平的分配制度，保障成果合理享有。②

首先，共同富裕要求更加注重实现经济高质量发展。2017 年，党中央明确提出要实现高质量发展，以创新为第一动力，不断推动数字化改革，推动产业不断升级，提升经济增长效率，最终推动经济增长，这对于把握好数字革命所带来的机遇是非常关键的。习近平总书记强调，要在高质量发展中

① 周文、施炫伶：《共同富裕的内涵特征与实践路径》，《政治经济学评论》2022 年第 3 期，第 3~23 页。

② 杜志章：《新时代“共同富裕”的新语境和新要求》，《湖北大学学报》（哲学社会科学版）2022 年第 3 期，第 1~12、180 页。

促进共同富裕，提高发展的平衡性、协调性、包容性。[①] 可见，在新发展阶段，推动实现共同富裕仍是以发展为突破口，以前的发展是效率低、成本高、代价大的发展，现在，我们要转变发展模式，使经济发展具有创新性、协调性、绿色性、开放性、共享性，为实现共同富裕打好经济基础。

其次，共同富裕要求更加注重机会公平。如果把全体人们创造出的财富比喻为“蛋糕”的话，以前我们的发展更关注于做大“蛋糕”，虽然取得了很大的成就，完成了很多奇迹，国内生产总值实现了飞速增长，可是做大“蛋糕”的人却是少数人，根据按劳分配为主体、多种分配方式并存的分配制度，这块大“蛋糕”虽然属于国家人民，但却是由少部分人所享有。现在，国家要求共同富裕更加注重成果的公平分配，就需要给予每个人平等地参与做大“蛋糕”的机会，从而达到分好“蛋糕”的目的。

再次，共同富裕要求更加注重发展成果由全体人民共享。虽然我国在经济增长上取得了巨大成就，但区域、城乡之间地区生产总值差距较大，造成了医疗、教育、养老等福利投入差距较大，发展的成果作为福利分配时在不同人群、行业、城乡以及地区间出现了差别。共同富裕更加注重全民共享，让社会福利更多地投入弱势群体、行业、乡村之中。

最后，共同富裕要求更加注重人的全面发展。马克思主义追求的根本价值目标是实现人的自由而全面的发展，同时这也是共产主义社会的根本特征，共同富裕要求人在精神和物质上都富足，最终实现德、智、体、美、劳全面发展。共同富裕的最终目标是实现人的全面发展，共同富裕的完成质量也可以用人的全面发展来衡量。

（二）数字包容的概念界定

1. 数字鸿沟

随着数字经济的不断发展，数字鸿沟（digital divide，DD）问题不断凸显。数字鸿沟概念最早是在20世纪80年代末被提出的，当时表述为“不同

① 习近平：《扎实推动共同富裕》，《求是》2021年第20期。

群体个人计算机拥有率的差异”。随着研究的深入，数字鸿沟概念的内涵和外延都有所突破。1995 年，数字鸿沟被美国商业部电信与信息局正式定义为“不同群体互联网的接受和使用的差异”。1999 年，美国国家远程通信和信息管理局定义数字鸿沟是“拥有信息时代工具的人与未曾拥有的人之间存在的鸿沟”。2001 年，OECD 在《理解数字鸿沟》报告中将数字鸿沟定义为“个人、家庭、企业和地区在接入互联网和利用信息数字技术上的不平等”。2002 年，国际电信联盟将数字鸿沟定义为“国家、城乡之间以及代际在接触信息和通信技术方面的各种差距”。2004 年，全球信息基础设施委员会将数字鸿沟解释为“与信息经济相关的技术以及实现应用这些技术的教育技能等的差距”。2013 年，我国国家信息中心在《中国数字鸿沟报告 2013》中将数字鸿沟定义为“不同社会群体之间在拥有和使用现代信息技术方面存在的差距”。数字鸿沟可以分为两级：一级数字鸿沟指的是信息的可接入性，通常以是否使用或接触互联网来度量；二级数字鸿沟指的是对互联网信息的利用和鉴别能力。①

2. 数字包容

21 世纪以来，随着数字鸿沟现象越发得到各国的重视，数字包容开始进入人们的视野。至今，学术界未能确定一个统一的数字包容概念。数字包容概念最早在 2000 年八国首脑会议发布的《全球信息社会冲绳宪章》中出现，是指“任何人、任何地方都应该参与并受益于信息社会，任何人不应该被排除在外”。欧盟在 2006 年正式引入“数字包容”一词。数字欧洲咨询组将数字包容定义为个人和社区利用数字技术实现消除数字排斥，实现信息无障碍，按照自身意愿和能力参与和享受数字服务，最终从中获得数字红利。国际电信联盟认为数字包容是利用信息与通信技术，让更多的人获得接入互联网的权利，增加弱势群体（土著居民、农村居民、老年群体以及残疾群体等）使用数字技术的机会，并通过数字技术推动他们发展。有学者认为数字包容是

① 许竹青、郑风田、陈洁：《“数字鸿沟”还是“信息红利”？信息的有效供给与农民的销售价格——一个微观角度的实证研究》，《经济学》（季刊）2013 年第 4 期，第 1513~1536 页。

电信、电视、互联网的融合与 IP 化的趋势。[①] 还有学者从技术的接入与使用、参与社会活动、关注弱势群体、突破社会壁垒以及消减数字鸿沟五个角度定义数字包容。[②] 可以看出，这些对于数字包容的定义都有一个共同之处：缩小数字鸿沟。数字包容和数字排斥是对立统一体，实现数字包容必然消除数字排斥，换句话说，数字鸿沟的弥合程度越高，数字社会的数字包容程度也就越高。

3. 信息无障碍

信息无障碍是实现数字包容的要求之一。1992 年，信息无障碍的概念被提出，是指保障所有群体平等、方便、无障碍地获取和使用信息。也就是任何群体（包括健全群体、残疾群体、青年群体、老年群体）在任何情况下都能平等、方便、无障碍地获取信息和利用信息。

在数字经济时代，获取信息的速度、途径、门槛在不同群体之间具有明显的差异，特别是对于老年群体和残疾群体而言，许多信息的接受和上传需要通过数字化设备，这就造成了数字排斥现象。以健康码为例，有老年人因为没有智能手机而无法去很多需要扫码才能进入的场所，甚至会因为没有健康码而受到他人歧视。信息无障碍和数字包容追求的目标是一致的——人人都能享受信息发展带来的好处。不同的是，信息无障碍更多的是关注如何惠及弱势群体。[③]

（三）共同富裕与数字包容的内在联系

当今，信息化对国民经济发展与人类社会进步产生深远影响，不仅仅是发达国家，越来越多的发展中国家都将目光投向信息化，纷纷把更快地推进信息化建设视为推动国民经济发展与人类社会进步的重要战略任务，以信息化和信息产业发展水平为主要特点的综合国力竞争愈演愈烈。由于数字鸿沟的存在，许多人特别是弱势群体无法获得数字技术带来的便利，数字鸿沟是

① 周庆山、李彦篁：《台湾数字融合发展的规制政策初探》，《情报资料工作》2014 年第 1 期，第 31~35 页。

② 闫慧、张鑫灿、殷宪斌：《数字包容研究进展：内涵、影响因素与公共政策》，《图书与情报》2018 年第 3 期，第 80~89 页。

③ 李燕英：《基于包容性数字服务的信息无障碍供给实现途径研究》，《图书馆》2022 年第 2 期，第 32~36、50 页。

数字时代全球贫富差距的重要表征，是实现包容性发展和共同富裕的新挑战。与之相反，数字包容赋予了数字经济发展的共享性、普惠性，有利于微观家庭创造收入、实现追求美好生活的愿景。因此，可以通过提升数字包容水平扎实推进共同富裕实现。

二　共同富裕与数字包容的发展现状

（一）共同富裕的发展现状

当前，我国社会主要矛盾已经转化为人民日益增长的美好生活需要和不平衡不充分发展之间的矛盾。我们正在向第二个百年奋斗目标迈进，这表明我国的经济发展已经摆脱了之前物资匮乏、经济停滞不前的状态，对美好生活的向往随着经济社会的发展越来越明显，人们更加追求实现共同富裕。同时，社会主义制度的建立和不断完善保证了我们能从政权上和经济基础上坚持和维护人民利益。我国现在已成为世界第二大经济体，人均国内生产总值超过 1 万美元，实现了全面建成小康社会的目标。但与此同时，我国低收入人口数量和所占比例依旧巨大，存在一定程度的收入分配差距问题，城乡差距、地区差距、人际差距三大差距仍旧存在难以跨越的鸿沟，虽然政府采取的措施在一定程度上起到了缓解的效果，但是根本性问题仍未能得到切实解决，这些差距甚至可能危害经济平衡稳定发展，同时这也是阻碍共同富裕的主要障碍。

1. 城乡收入差距

城乡收入差距是指统计意义上城镇居民的收入与农村居民收入的一般水平存在差距。1978 年，我国城镇居民人均可支配收入为农村居民的 2.56 倍；1984 年，缩小至 1.84 倍；2012 年，再次扩大至 2.88 倍，达到极值；2021 年，我国城乡居民人均可支配收入比为 2.50：1。从 2013 年到 2021 年，我国基尼系数在 0.4 至 0.5 之间波动（超过 0.4 被认为有较大的收入差距），高于部分发达国家的基尼系数。城镇居民人均可支配收入始终高于农村居民，差距从2013年的18059元扩大到2021年的28481元，[①] 增加了10422元。城乡间收入差距过大，会严重阻碍农村、农民共同富裕的实现。

2. 行业收入差距

目前，我国行业间的收入差距也比较大。根据《中国统计年鉴（2021）》，2020年，信息传输、计算机服务和软件业城镇单位就业人员平均工资最高，达177544元；农、林、牧、渔业城镇单位就业人员平均工资最低，只有48540元。纵向来看，2013~2020年，信息传输、计算机服务和软件业城镇单位就业人员平均工资从90915元上涨至177544元；农、林、牧、渔业城镇单位就业人员平均工资从25820元上涨至48540元。[②] 信息传输、计算机服务和软件业城镇单位就业人员平均工资始终高于农、林、牧、渔业城镇单位就业人员平均工资，其差距增加了63909元。行业之间收入差距过大，严重阻碍了各行业之间共同富裕的实现。

3. 地区收入差距

将我国按照东部、中部、西部、东北部四个地区划分，2020年，东部、中部、西部、东北部四个地区的人均可支配收入分别为41239.7元、27152.4元、25416.0元、28266.2元；与2014年相比，分别增长了15285.7元、10284.7元、10039.9元和8661.8元。[③] 可以看到，在这四个地区中，东部地区收入较高、增长较快；中部、西部、东北部地区收入相差不大。

4. 群体收入差距

根据《中国统计年鉴（2021）》，按五等分组比较，2014~2020年，20%低收入组家庭人均可支配收入从4747.3元上涨至7868.8元；20%中间偏下收入组家庭人均可支配收入从10887.4元上涨至16442.7元；20%中间收入组家庭人均可支配收入从17631.0元上涨至26248.9元；20%中间偏上

① 《中国统计年鉴（2021）》，国家统计局官网，http：//www.stats.gov.cn/tjsj/ndsj/2021/indexch.htm。

② 《中国统计年鉴（2021）》，国家统计局官网，http：//www.stats.gov.cn/tjsj/ndsj/2021/indexch.htm。

③ 《中国统计年鉴（2021）》，国家统计局官网，http：//www.stats.gov.cn/tjsj/ndsj/2021/indexch.htm。

收入组家庭人均可支配收入从 26937. 4 元上涨至 41171. 7 元；20%高收入组家庭人均可支配收入从 50968. 0 元上涨至 80293. 8 元。[①] 最高组和最低组比较，差距增加了 26204. 3 元。

（二）数字包容的发展现状

数字经济日益成为农村经济增长的重要动力，并对中国城乡居民收入的趋同产生更为深刻的影响。然而，数字经济发展并不必然带来共同富裕，运用数字技术在高质量发展中促进共同富裕，必须克服“鲍莫尔病”和数字鸿沟，实现数字包容。

1. 城乡数字包容发展

在中国的城乡二元经济背景下，城乡数字鸿沟已成为我国数字鸿沟的主要要素之一。近年来，中国政府高度重视农村数字建设。在 2019 年颁发的《数字乡村发展战略纲要》指出“到 2025 年，数字乡村建设取得重要进展；到 2035 年，数字乡村建设取得长足进展；到本世纪中叶，全面建成数字乡村”。然而，城乡数字鸿沟现状仍不容忽视。乡村地区数字知识的增长主要来自本地区青年群体的培养，绝大部分留在乡村地区的群体都是土生土长的本地人；城市地区在各方面具有强大的吸引力，数字人才源源不断地流入、数字技术不断革新，导致当前我国城乡居民间有明显的数字鸿沟，城市内部、乡村内部居民间也有明显的数字鸿沟，具体表现为城市居民的互联网使用率明显高于乡村居民，经济较为发达的东部城市居民互联网使用率高于中西部地区，经济发展较好的乡村地区居民互联网使用率高于经济欠发达的乡村地区。[②] 截至 2021 年 12 月，中国城镇网民规模为 7. 48 亿人（互联网普及率为 81. 3%），农村网民规模为 2. 84 亿人（互联网普及率为 57. 6%），[③] 城镇居民互联网普及率是农村居

① 《中国统计年鉴（2021）》，国家统计局官网，http：//www. stats. gov. cn/tjsj/ndsj/2021/indexch. htm。

② 张家平、程名望、龚小梅：《中国城乡数字鸿沟特征及影响因素研究》，《统计与信息论坛》2021 年第 12 期，第 92~102 页。

③ 中国互联网络信息中心：第 49 次《中国互联网络发展状况统计报告》。

民的 1.41 倍。城乡之间数字鸿沟仍然比较大，这是城乡数字包容发展面临的一大困境，也将直接影响到数字时代城乡居民的共同富裕推进。

2. 区域数字包容发展

区域数字鸿沟是指由数字基础设施和信息技术人才禀赋的差异引起的不同地区之间的数字鸿沟。我国东部和中部地区的数字经济发展较快，数字化程度较高；西部地区发展较慢，数字化程度较低。根据《全国数字经济发展指数（2021）》中的数据，截至 2021 年 12 月，我国数字经济规模超 45 万亿元，数字经济占国内生产总值的比重增长至 39.8%，全国数字经济发展指数为 130.9。其中，东部、中部、西部、东北部地区数字经济发展指数分别为 167.8、115.3、102.5 和 103.0，数字经济发展指数高于全国平均水平的 12 个省（自治区、直辖市）中，75%为东部地区省市，数字经济发展指数排名前五的省市是广东、北京、江苏、浙江、上海，重庆和四川是仅有的两个排名跻身前十的中西部地区省市，[①] 数字经济发展不平衡现象仍然存在，实现区域数字包容任重而道远。

3. 群体数字包容发展

群体数字鸿沟是指不同的人群之间因为对数字化产品的掌握和接受程度不同而产生的数字鸿沟，尤其是老年人与年轻人之间的“银发数字鸿沟”。第七次全国人口普查数据显示，我国 60 岁及以上人口（老年群体）占比超过 18%，老龄化进一步加深。然而，我国大多数老年人无法融入数字化时代，互联网、智能手机、大数据的出现方便了中青年群体，却在客观上排斥了老年群体。他们落后于中青年群体的生理、观念、智力等也扩大了数字鸿沟。“二维码”“老年人”“微信支付”等词在以前看来毫无关联，可现在看来却是联系紧密，因为大多数老年人或多或少遭遇过扫码、在线支付的困扰。第 49 次《中国互联网络发展状况统计报告》数据显示，截至 2021 年 12 月，我国 60 岁及以上非网民群体占非网民总体的比例为 39.4%，较全国

① 杨曦：《国家工信安全中心发布〈全国数字经济发展指数（2021）〉》，“金台资讯”百家号，2022 年 7 月 6 日，https://baijiahao.baidu.com/s?id=1737588151140515597&wfr=spider&for=pc。

60 岁及以上人口比例高出 20 多个百分点。虽然有 69.7%的老年群体能够独立完成出示“健康码/行程卡”，但仍有 47.9%的老年人无法网络购物，53.8%的老年人不能够独立进行网络查询信息。[①] 这些现象产生的原因可以归结于三个方面——科技发展过快、接受新事物能力退化、对数字化产品的恐惧与排斥。[②] 随着老年群体年龄的增长，促进老年群体数字包容的难度会越来越大。此外，老年群体观念保守、学习能力较差的特征，也增加了实现老年群体数字包容的困难。

三　数字包容推动共同富裕的机理分析

（一）数字包容能够减少权利贫困，促进共同富裕

人们对于贫困的认识，历经了收入贫困、能力贫困以及权利贫困的深化过程，贫困的本质是贫困者所享有权利的贫困。权利贫困不仅表现为低收入，还表现为被客观或主观地限制发展机会并受到社会排斥。我们已经消除了绝对贫困，为实现共同富裕，必须消除权利贫困。人们关于经济增长的认识也在不断深化，增长理念经历了从单纯强调增长到对穷人友善的增长以及“包容性增长”的演进。[③] 数字包容强调赋予弱势群体更多参与数字发展的机会，目的在于消除数字鸿沟，有效减少弱势群体的权利贫困，实现社会发展成果共享。

（二）数字包容更关注弱势群体，缩小数字鸿沟

国际社会高度重视如何促进数字包容、缩小数字鸿沟。2021 年，联合

---

① 《第 49 次〈中国互联网络发展状况统计报告〉》，中国互联网络信息中心官网，http：//www.cnnic.net.cn/n4/2022/0401/c88-1131.html。

② 张建新：《信息时代老年群体数字鸿沟的弥合机制研究》，《新闻爱好者》2021 年第 7 期，第 73~75 页。

③ 蔡荣鑫：《“包容性增长”理念的形成及其政策内涵》，《经济学家》2009 年第 1 期，第 102~104 页。

国社会发展委员会强调当前的关键在于要以更加公平的方式利用数字技术推动人类社会发展，做到人人能够享受数字化带来的红利，最终实现可持续发展。数字包容的核心在于使每一个成员参与社会财富的生产、分配，实现成果惠及所有人，特别是边缘群体，减少数字排斥。[①] 在数字经济时代，提升数字包容有助于增加弱势群体参与经济发展的机会、更公平地分配发展的成果、缩小不同群体间的收入差距，最终推动实现共同富裕。

（三）数字包容为促进共同富裕提供了科学途径

当今世界，人工智能、云计算、大数据等飞速发展，推动世界进入以数字经济为特色的时期。数字经济的发展壮大不是偶然，而是符合人类社会发展趋势的必然，世界各国均十分重视数字经济对经济增长发挥的积极作用，纷纷将发展数字经济作为重要战略。我国数字经济发展具有数字基础设施建设处于世界一流水平、数字经济总量呈现持续增加趋势的特征，并且已经成为新常态下中国经济发展的新的推动力。数字包容的实现要求建立数字化统一平台，比如，若将身份证和健康码建立联合数据库，就可以在疫情防控常态化时期减少对于老年群体的数字排斥。同时，数字化统一平台能够改善数字服务，有效提升工作效率，减少设备的维护和升级成本，并且在执行政策方针时保证步调一致。在这种协同下，不仅减少了信息获取障碍，实现数字包容，而且降低了数字产品的使用障碍，最终达到“1+1>2”的效果。因此，实现共同富裕应当充分利用数字经济，数字包容赋予了数字经济共享性、公平性，能够在最大限度上消除弱势群体遭受的数字排斥，打破弱势群体参与数字经济发展的壁垒，保证数字经济发展成果人人共享，从而扎实推进共同富裕。

（四）数字包容与共同富裕具有内在一致性

从数字包容与共同富裕的定义来看，它们具有共同点，即更加关注

---

① 蒋永穆、亢勇杰：《数字经济促进共同富裕：内在机理、风险研判与实践要求》，《经济纵横》2022 年第 5 期，第 21~30、135 页。

公平和更加注重弱势群体。数字包容关注的公平在于数字服务的获取以及数字红利的分配公平，在数字服务供给遍及所有群体的基础上，致力于保障老年群体、残疾群体等弱势群体参与数字改革，共享数字红利，推动共同富裕。共同富裕关注的公平在于机会平等，致力于缩小贫富差距，在实现共同富裕的同时帮助弱势群体更多获利。从数字包容与共同富裕的践行时间来看，数字包容和共同富裕都处于我国重点发展清单中，它们协同发展，以数字包容促进共同富裕在时间上是十分恰当的。

四　数字包容推动共同富裕面临的挑战

（一）数字包容与城乡差距

为推进信息技术与数字信息的发展，我国构建了一套推动城乡数字包容发展的方案。首先，建成了全球规模最大的信息通信网络，加速技术转型升级；其次，基本实现了城乡网络全覆盖，提升农村网络速度，在疫情期间也努力确保数字信息服务的稳定性，确保满足农村线上教学和工作的需要；再次，针对农业进行相关变革，通过数字技术探索智慧农业，提升农业生产等环节的效率，提升农村居民的生活质量，甚至可以通过互联网进行自我创业；最后，城乡数字包容让教育、医疗等服务可以被农村人民所享受，乡村治理效率也得到了进一步提高。

但面临机遇的同时，缩小城乡数字鸿沟依旧存在问题和困难。农村居民虽然有了可以参与数字经济的渠道，但是规模很小、普及率较低，与城镇相比还有较大的落差，即使有了先进的数字技术，但如果不应用在实际生活中，仍然不会产生相应的效果。城乡产业数字化水平存在显著的差距，农村生产的数字化转型缓慢。大多数农村居民还停留在大量人力从事农业劳动的阶段，效率远远比不上城镇的机械生产，从而影响农村经济等方面的发展。农产品销售也由于应用数字技术时间较短，增速缓慢，相应体系不够完善，需要大力调整和改变。

（二）数字包容与区域差距

区域差距主要体现在东部、中部、西部、东北部地区数字包容发展上，尤其是在东部和西部城市之间，虽然数字包容对于推动共同富裕来说利大于弊，但不同地区因此受到的影响程度很大部分取决于该区域本身的状况。东部地区发展速度普遍比中部、西部地区要快，数字包容在数字经济等快速发展的前提下，可以更好地推动各地实现共同富裕，这些举措导致的弊端，比如失业率有所升高等带来的经济损失相对不断提升的经济增长速度和增长量而言影响力度并不大，但对于发展缓慢且技术落后的中部、西部地区来说，在现阶段，数字包容还处在被应用的初期，很多弊端都在这个时候显现，如果不及时解决这些问题，很有可能最终取得的效果不是经济增长速度加快，而是拉大了与东部地区在经济等方面的差距，不仅没有全面实现共同富裕，反而让区域差距变得越来越大。

（三）数字包容与群体差距

在偏远地区以及经济发展缓慢的地方，数字技术的不均衡扩散和应用造成的信息分化，对社会流动性和人们获得发展机会造成了不小的障碍，以至于不仅没有缩小原有的贫富差距，甚至产生了新的社会分化——信息群体分化。信息分化与经济分化、文化分化相互作用，会形成对部分群体的权利排斥和限制，从而产生信息社会的群体新形态——信息富裕群体、信息中产群体和信息贫困群体。由于信息资源占有的多寡、信息技术应用能力大小基本都存在差异，信息新群体存在于城乡之间以及城市和乡村内部。信息分化与落后的经济、文化等因素交互作用，加剧了数字经济下财富分配的不均衡与不平等，进而影响共同富裕的经济基础，使得群体差距被拉大。

1. 老年群体和青年群体的数字鸿沟

我国现阶段老龄化严重，且处于数字化飞速发展阶段，这加剧了老年群体所面临的数字鸿沟现象。老年群体对智能手机的使用能力有限，网络接入人数较少，随着时间的推移，与青年群体的数字鸿沟会越来越大。数字鸿沟的扩大意味着老年群体获得数字红利的机会越少，加剧不同受教育程度和年龄层群体获取数字服务的差异，从而引发获益程度的分化，产生新的金融不平等，最终导致一种新的贫富差距，老年群体和青年群体的数字鸿沟不断扩大。

2. 残疾群体和健全群体的数字鸿沟

我国拥有庞大的残疾群体，在推动数字包容水平提高和促进全体人民共同富裕的战略背景下，我们都要保证其跟上数字化发展的潮流，共享数字化发展带来的福利，携手实现精神和物质上的富裕。在疫情防控常态化下，习惯于“离线”状态的人们开始逐渐适应“在线”状态，体验着数字化带来的便利。但是，对于习惯了现实生活模式的残疾群体而言却是不友好的。尤其是当前数字化改革仍处于初级阶段，考虑到收益与成本，数字化供给商推出的数字服务、更新的数字技术往往会优先考虑健全群体，从而忽略了残疾群体，如果政府、公益机构等组织不主动参与帮助残疾群体，残疾群体和健全群体的数字鸿沟会持续扩大。

五　提高数字包容发展与扎实推进共同富裕的对策和建议

（一）国外经验借鉴及启示

1. 美国经验借鉴及启示

美国主要从立法、宣传和公共服务三个方面采取一定的措施。首先是通过完善、修订有关法律，以提升电信企业发展的公平性和服务的普遍性为目的，既要确保全国人民都能享受使用互联网的权利，又要保障服务范围可以拓宽到乡村人群。其次是为了解数字包容现状及探索公共图书馆实现数字包容的方式、合理制定战略决策，开展数字包容调研与数字包容社区活动，通过宣传转变人们的固有意识，由政府带头号召全社会人民参与数字包容，重视数字鸿沟所带来的问题的严重性。为提升数字包容水平，开展大型宽带项目（部署宽带基础设施、提高宽带采纳率、提升宽带质量），向用户提供不同主题的技术培训与服务。最后是强化公共服务设施建设，特别是公共图书馆等，帮助老年人群拥有便捷且人性化的学习环境，学习一些数字技能和数字知识。具体措施包括：第一，使用计算机网络基础服务保证老年人正常享有数字包容服务；第二，使用医疗健康信息资源服务满足老年群体获取医疗健康信息的巨大需求；第三，使用数字技术降低视力和听力障碍者由生理因素带来的不便；第四，使用生活主题类型数字资源整合服务提升信息查找的便利性；第五，开发特殊老年群体数字服务，缓解阿尔兹海默症类特殊群体的病情；第六，提供代际项目服务，不仅让老年人和青年人之间相互学习，而且增进了他们之间的情感交流。①

2. 英国经验借鉴及启示

英国十分注重提高公民的数字技能和数字知识以减少公民数字鸿沟，是全世界较早提出数字包容战略并加以实施的国家之一。英国政府数字包容战略参与者包括政府、慈善机构以及相关企业，实施对象为遭受数字排斥的所有人。为了解本国公民的数字包容水平，英国政府从数字环境、经济教育以及健康社交三个方面建立了个人数字包容评价体系，建立数字成熟度指标来测度企业的数字包容水平。英国政府还通过调研、培训、签订宪章等方式减少数字排斥，促进数字包容。② 英国政府同样认识到公共图书馆在数字化过程中发挥的巨大作用，出台公共图书馆数字包容政策来吸引公众对公共图书馆的关注和投资；立法保证公共图书馆服务的包容性；领导公共图书馆统一行动，提升数字包容服务能力；提供数字包容特色服务，包括数字技能培训、法律援助、资源访问等。一方面，英国政府通过制定政策、投入资金、立法、规范服务等促进公共图书馆实现数字包容；另一方面，公共图书馆也在不断提升自身服务水平并积极创新。③ 此外，英国一些民间组织也会自发建立全国服务型网站，不仅提供适合年轻群体和高智商群体的知识和技能，

---

① 李宇佳：《美国公共图书馆老年人数字包容服务研究》，《图书馆建设》2016 年第 10 期，第 57~62 页。

② 徐瑞朝、曾一昕：《英国政府数字包容战略及启示》，《图书情报工作》2017 年第 5 期，第 66~72 页。

③ 张娟：《英国公共图书馆数字包容实践及启示》，《图书馆建设》2022 年第 4 期，第 61~70 页。

而且还会针对老年群体和乡镇人民开辟专门的板块以供其可以更好地接触“知识网”。

3. 澳大利亚经验借鉴及启示

澳大利亚的不同区域、不同群体之间同样面临较大的数字鸿沟。为了提升数字包容水平，需要了解整个澳大利亚的数字包容水平，为此，首先，澳大利亚的大学与研究中心开展积极合作，根据居民的访问能力、获取能力以及数字能力构建了数字包容水平指数（ADII），来衡量数字包容水平，并对研究对象进行跟踪调查，观测数字包容水平的变化。其次，根据测出的数字包容水平，揭示数字鸿沟问题，并对导致数字包容水平低的原因进行分析。尤其是对澳大利亚本土居民存在的问题展开了充分的调查研究。最后，分别从居民所处的地理位置、经济水平、受教育程度、生活习惯、接受的传统文化、对外部环境的理解力、对数字技术的包容度等方面解释了造成数字鸿沟的原因。①

（二）我国适用的对策和建议

我国正处于数字经济快速发展与共同富裕扎实推进的黄金时代，数字经济与共同富裕两者具有很强的契合性。然而，数字经济发展在带来效率不断提升的同时，数字鸿沟引致的公平问题不断凸显，对数字包容发展与推进共同富裕的冲击需引起重视。

1. 政府方面

（1）大力发展数字技术，增加弱势群体数字收益

数字技术是把“双刃剑”，能够带动经济增长方式转变，提升经济增长效率，降低生产成本，同时也会扩大数字鸿沟。数字包容水平的提升离不开数字技术的发展，应注重数字基础设施的建设，为促进数字包容打好基础。互联网企业作为数字化改革的先锋，拥有许多数字资源和数字人才，市场竞

---

① 朱明、周倩、廖熙铸：《澳大利亚数字包容指数对我国公共图书馆促进少数民族数字包容的启示》，《新世纪图书馆》2020 年第 1 期，第 72~77 页。

争越发激烈的环境不断推动互联网企业进行数字技术改革，促进人类社会进步。微信、QQ 的出现使我们交流更加方便，信息传输更加迅速；支付宝、微信支付等缩短了人们在交易上花费的时间；美团、饿了么、淘宝以及京东等让我们足不出户便能购买到想要的商品；腾讯会议、钉钉等在疫情下成功实现在线教学。数字技术提升了人们的生活质量。但是，利用数字技术专利实施垄断市场的行为，正在阻碍数字包容的实现。我国农村居民、老年群体等具有低学历、对新事物接受程度低、观念保守等特点，这是在数字经济时代收入差距进一步扩大的原因。当前，数据要素是拉动经济增长的一个重要因素，而该要素往往需要通过数字设备或接受数字服务才能获取，对于能够熟练且时常接触互联网的城镇居民、年轻群体来说，信息的获取障碍很小，对于农村居民、老年群体来说，实现信息无障碍仍然是一大挑战。因此，在大力发展数字技术的同时需要全面考虑弱势群体的实际需求，增加他们的数字收益。

（2）完善数字包容政策，健全数字经济法律法规

我国政府出台的数字包容政策不够具体，且没有细则及实施标准，[①] 制定符合实际的数字包容战略细则是关键。数字经济时代，政府要把握和应对数字经济带来的机遇和挑战，在推动数字经济发展、数字包容水平提升中扎实推动共同富裕。通过完善和细化相关数字经济法律法规，构建有益于数字经济发展的体制，不断提升数字经济治理能力，注重数据要素这一新兴生产要素的参与和分配，既发挥出新时代数字经济拉动国民经济高质量发展的积极作用，又能保障数字经济发展的包容性，从而推动全体人民实现共同富裕。

（3）发展公共图书馆，促进数字包容新使命

公共图书馆作为信息传播的重要场所，一直肩负着提升公民素质、信息传递、文化传播等重要使命。党的十九届五中全会提出“提升全民数字技能，实现信息服务全覆盖”的目标，赋予了公共图书馆新的使命——秉承

① 曾刚、邓胜利：《我国数字包容政策分析与对策研究——基于政策工具视角》，《信息资源管理学报》2021 年第 5 期，第 73~83 页。

免费性、共享性、非排他性和非竞争性等一系列特性和优势，成为传播数字知识、提供数字服务、促进数字包容的重要阵地。在人工智能飞速发展的当下，公共图书馆应该紧跟大潮，积极响应国家图书馆提出的建设智慧图书馆体系的思路：第一，充分利用云计算技术，构建全国各级图书馆实现开放共享的互联互通平台，让知识获取更方便、快捷、多元；第二，完善云基础设施，构建由中央统一管理调度的智慧图书馆管理系统，缩小城乡数字鸿沟，有效发挥乡村公共图书馆促进数字包容的作用；第三，要始终心系老年群体、残疾群体等弱势群体，充分考虑和理解他们在主观上和客观上面临的信息收集障碍、数字排斥等困难，主动加强对他们的数字技能培训，完成数字经济时代赋予公共图书馆促进数字包容的光荣使命。

（4）鼓励三农自媒体，助力农业、农村、农民收入增长

如今，人们更愿意用零碎的时间去接触新鲜事物，趁着抖音、快手等短视频平台正值火热之际，政府要鼓励农民利用自媒体直播带货，为自己的产品宣传和代言；政府要主动利用媒体宣传本地乡村特色，拉动旅游经济发展；网红、公益组织要有为民情怀，为农民带货，帮助农民增加销量。乡村经济的发展、农村居民的富裕要充分利用好数字经济，在利用数字技术的过程中增加数字知识，带动周边农村居民参与进来，助力实现乡村数字包容，促进共同富裕。

2. 个体方面

以数字包容推动实现共同富裕的前提是个体都应当做数字化的参与者、经济增长的实践者、社会发展的推动者，而绝不是等待政策下达后被动的接受者和受助者。因此，可以从供给端和需求端考虑，提升全民数字素养与技能，使每个个体都能参与数字化改革，享受数字化成果。

（1）从供给端推动实现共同富裕

数字包容推进共同富裕的一个必要条件是数字服务供给商提供优质的服务，这是吸引需求端参与的首要前提。为此，供给端需要从以下几方面做出努力。

加强数字基础设施建设。比如提高 Wi-Fi 的覆盖率，因为高昂的流量费

用仍然是一些人减少互联网接入的因素，甚至是排斥他们接入互联网的门槛。Wi-Fi 覆盖率越高，越可以降低接入互联网的成本，提高个体的数字接入率，推动数字包容水平提升。

提高数字资源的开放性和共享性。目前仍然有很多资源处于付费获取状态，以查阅参考文献为例，大学生往往只能够在指定的 IP 联网状态下才能免费查阅或下载参考文献，当离开这个 IP 联网后，则需要付高昂的成本才能阅读文献，这对于家庭条件不好的学生来说，无疑是一种信息障碍。为此，供给端要提高数字资源的开放性和共享性，提高人们的使用率。

加强数字技能培训，完善数字服务。数字产品和数字服务不同于一般的商品，其先进性、操作要求性往往使得老年群体、残疾群体等弱势群体望而却步。为此，供给端要积极开展数字技能培训，推出适用于老年人、残疾人的无障碍数字服务，同时保留适当人工服务以应对特殊情况。

（2）从需求端推动实现共同富裕

数字包容的实现是双向的，供给端保证了数字服务的质量和遍及度，而需求端决定了个体是否具有数字意愿且具有数字能力去参与数字化发展。

针对青年群体，要抓住其好奇心重、学习能力强的特征，通过在校组织学习并丰富教学内容、在家家长指导的方式，展示数字化的优势，提升其对数字化的接受度和操作熟练度，同时培养其数字安全意识。

针对老年群体，要充分考虑其生理和心理的特殊性，可以引导他们感受和体验数字产品和数字服务，耐心地介绍相关功能和安全性，并细心地进行相关培训，提升他们对数字化的接受度、信任度、操作熟练度、满足度等。

针对残疾群体，可以引进特殊设备，必要时配备服务人员，减少他们在使用数字产品和数字服务时面临的障碍。理解他们的难处，针对有不同残疾特征的群体推出适用于他们的数字产品，在推动数字包容中保证人人参与、人人享受数字服务。

3. 社会方面

（1）家庭成员内部互帮互助

家庭和睦是中华民族的传统美德，在促进数字包容上，家庭内部年轻成员的学习、理解、接受能力更强，在指导其他家庭成员熟练掌握数字产品、享受数字服务带来的便利、提升家庭的数字包容水平上发挥着重要作用，在家庭成员教与学的同时，亲人之间的感情也越发亲密。家庭内部的未成年成员和老年成员也需要具有主动学习的意愿，不怕困难、认真学习，尽早享受到数字化带来的便利，从而推进共同富裕的实现。

（2）社区积极宣传、主动帮助

社区肩负着积极开展便民利民的社区服务事业，宣传贯彻党的方针、政策，教育社区居民的责任。社区要积极开展数字包容政策宣传工作，还可以通过邀请相关专家进行讲解的形式，让居民实现从了解数字服务到接受数字服务，最后需要数字服务的转变。仅仅让居民产生对数字服务的需求仍然不能实现数字包容，实现数字包容是双方的事，居民还需掌握使用数字产品的技能，这就需要社区组织开展培训、社区志愿者面对面教授。需要注意，在这个过程中，对于有老年人、残疾人的家庭要更加完善数字服务网络，确保这些家庭都能享受到服务，实现社区数字包容水平的提升，从而拉动整体数字包容水平的提升，缩小居民间的收入差距，促进共同富裕。

（3）学校、企业、政府协同帮扶和教育

丰富学生的数字知识是学校教学的重点目标之一。学校可以开设数字化课程以带动学生对数字化产生兴趣、鼓励学生投身实践体验数字服务、教会学生利用数字技术以提升数字素养。

对员工进行培训是企业应尽的义务之一。企业的生产经营活动多多少少都与数字经济存在一定关联，在数字经济时代，能够运用互联网也是许多企业在招聘时对员工的基本要求。员工入职后的数字技能培训也不能停止，只有不断适应数字化发展的企业才能够有更长远的未来。所以，企业对于员工的培训是互利的，不仅有利于企业进行数字化转型，而且提高了员工的数字素养，提升了员工的数字包容水平。

提升公民数字素养是政府的职责之一。政府可以召集社会多方力量，定期聘请专业人才为公民进行数字技能培训；政府还可以成立数字化研究机构，以家庭为单位进行数字包容水平测度，根据测度结果进行差别化数字教育；政府工作人员要坚守为人民服务的初心，争做志愿者，为公民数字素养的提升贡献自己的一分力量。

参考文献

刘育猛：《数字包容视域下的老年人数字鸿沟协同治理：智慧实践与实践智慧》，《湖湘论坛》2022 年第 3 期。

罗明忠、刘子玉：《数字技术采纳、社会网络拓展与农户共同富裕》，《南方经济》2022 年第 3 期。

杨巧云、梁诗露、杨丹：《数字包容：发达国家的实践探索与经验借鉴》，《情报理论与实践》2022 年第 3 期。

国家工业信息安全发展研究中心信息政策所数字经济研究团队：《二十国集团与全球数字经济包容发展》，电子工业出版社，2021。

郑永年：《共同富裕的中国方案》，浙江人民出版社，2022。

中金研究院、中金公司研究部：《迈向橄榄型社会——增长、分配与公共政策选择》，中信出版集团，2022。

B.3

中国互联网网站适老化及无障碍发展报告（2022）

黄 畅*

摘 要： 随着互联网的普及和人口老龄化持续加深，互联网网站适老化及无障碍建设是包容性社会和可持续发展的内在要求。我国互联网网站适老化及无障碍政策体系逐渐形成，顶层设计不断加强，互联网网站适老化水平及无障碍普及率持续提升。本报告详细介绍了互联网网站适老化及无障碍改造和验收的标准规范、改造技术情况、最终评价的影响因素。最后，提出四点建议：一是完善无障碍立法体系；二是技术标准入法；三是在适老化及无障碍交互设计方面，要以人为本、提供多种操作方式、实现多样的推送形式、形成有效的服务闭环；四是采用自主先进和安全可靠的技术。

关键词： 互联网网站 适老化 无障碍

一 开展互联网网站适老化及无障碍建设的意义

（一）开展互联网网站适老化及无障碍建设是包容性社会可持续发展的内在要求

当今时代，信息如同阳光、空气和雨露一样，已成为每个人生存发展不

* 黄畅，中国互联网协会信息无障碍工作委员会副秘书长。

可或缺的基本要素。近年来，我国在信息通信基础设施建设、电子政务、互联网应用及服务方面取得了重大进展，使用互联网已成为大多数中国人工作生活的常态。一方面，虽然信息社会已经到来，但仍有老年人、残疾人等一些弱势群体在平等、便捷获取信息方面还面临巨大障碍。构建全面信息社会，已成为国家现代化建设的工作目标。如何消除数字鸿沟，确保老年人、残疾人等特殊群体能够无门槛、平等便捷地获取信息，顺畅地使用以互联网为核心的新一代信息技术，是社会发展走向更加文明的一道必答题。另一方面，信息技术的不断创新和发展，也让包括老年人、残疾人在内的社会群体看到了融入信息社会、充分参与社会生产生活的全新机遇。

（二）开展互联网网站适老化及无障碍建设是信息无障碍的重要内容

信息无障碍环境，指包括互联网应用的各种终端、网站和 App，以及各种信息通信设施设备的无障碍建设全覆盖。在信息社会里，对包括功能退化甚至丧失的老年人和身体部分机能缺失的残疾人在内的特定社会群体的生存和发展而言，信息无障碍较之于城市公共设施无障碍具有同等甚至更为重要的意义，这已成为国际社会的广泛共识。

无论是健全人还是残疾人，年轻人还是老年人，在任何情况下都有权利平等、方便、无障碍地获取和利用信息。我国是人口大国，目前有包括残疾人、老年人在内的近 6 亿人口在获取信息和使用信息方面存在不同的障碍。加强信息无障碍建设，可以更好地满足人民在经济、政治、文化、社会等方面日益增长的需要，是推动社会全面进步的重要举措。保障残疾人等便捷获取政务信息、公共服务信息的权利，改善和提高残疾人生活质量，对推进残疾人事业健康发展和全面建成小康社会具有十分重要的现实意义。深入开展互联网信息无障碍建设，是消除数字鸿沟，实现信息平等，使互联网更好地惠及民生，促进残疾人等社会群体充分参与社会生活、共享社会发展红利，建设包容性社会的必然要求，是社会文明进步的标志。

（三）我国互联网网站无障碍需求人数庞大

在世界总人口中，大约15%的人有不同程度的残障，其中2%~4%的人面临严重的功能性障碍。20世纪70年代，世卫组织估计全球残障率约为10%。随着人口老龄化和慢性疾病的蔓延，以及残障衡量方法的改进，全球残障率不断上升。我国人口总数为14.12亿人，残障人口总数约为8502万人，其中肢体残障2472万人，约占29%，是残障人口中规模最大的群体。[①] 同时，60岁及以上人口为26402万人，占总人口的18.70%，其中，65岁及以上人口为19064万人，占13.50%。与2010年相比，60岁及以上人口的比重上升了5.44个百分点。[②] 我国老年人人口年龄分布数据表明，中国已经全面进入老龄化社会。同时可以看出，残障群体是全体社会成员的重要组成部分之一。自1994年接入互联网，中国互联网经过20多年的快速发展，取得了举世瞩目的成就。让互联网发展成果惠及14亿中国人民，已成为中国互联网发展的主要方向。2021年底，我国60岁及以上老年人数量已超过2.6亿人，超过日本人口总数。到2030年，我国60岁及以上的老年人预计达到3.5亿人，超过美国人口规模。信息无障碍事业任重而道远。

二　中国互联网网站适老化及无障碍政策体系

开展互联网网站适老化及无障碍通用设计规范制定工作，是我国建设包容性信息社会的必然要求，是对全球信息无障碍技术要求和服务理念的提高与完善。早在1996年召开的第八届全国人大常委会第二十一次会议上，就通过了《中华人民共和国老年人权益保障法》，旨在保障老年人合法权益，发展老龄事业，其中第三条和第七条更是明确规定：老年人有从国家和社会

① 中国残疾人联合会编《中国残疾人事业统计年鉴2020》，中国统计出版社，2020。

②《第七次全国人口普查公报》，国家统计局官网，http：//www.stats.gov.cn/tjsj/tjgb/rkpcgb/qgrkpcgb/？ivk_ sa=1024320u。

获得物质帮助的权利，有享受社会服务和社会优待的权利，有参与社会发展和共享发展成果的权利；保障老年人合法权益是全社会的共同责任。2007年，中国代表在联合国总部签署《残疾人权利公约》。2008年，全国人大常务委员会公布施行修订后的《中华人民共和国残疾人保障法》，维护残疾人的合法权益，发展残疾人事业。

近年来，党中央和政府相关部门高度重视信息无障碍工作，纷纷出台相关法律法规，以适老、助残为目标，逐步完善无障碍环境建设相关法律体系。2012年，国务院颁布《无障碍环境建设条例》。2013年，住建部、工业和信息化部、民政部、中国残联、全国老龄办联合下发《关于开展创建无障碍环境市县工作的通知》，通知要求加快落实《无障碍环境建设条例》，构建信息无障碍服务环境。2016年3月，中国残疾人联合会、国家互联网信息办公室联合发布《关于加强网站无障碍服务能力建设的指导意见》。

根据国务院印发的《“十三五”加快残疾人小康进程规划纲要》，中国残联、住房和城乡建设部、教育部、公安部、民政部、交通运输部、工业和信息化部、国家新闻出版广电总局、国家互联网信息办公室、中国铁路总公司、国家旅游局、中国民航局、全国老龄工作委员会办公室联合制定了《无障碍环境建设“十三五”实施方案》。该方案指出，无障碍环境建设的任务目标在于以解决残疾人、老年人无障碍日常出行、获取信息为重点，全面提升城乡无障碍环境建设水平。

为贯彻落实“十三五”规划纲要，国务院根据《国家信息化发展战略纲要》发布了《“十三五”国家信息化规划》。作为“十三五”国家规划体系的重要组成部分，该规划是指导“十三五”期间各地区、各部门信息化工作的行动指南。在第三部分“主攻方向”中写道：“（五）推动共建共享，释放发展新红利……构建面向特殊人群的信息服务体系。针对孤寡老人、留守儿童、困境儿童、残障人士、流动人口、受灾人员、失独家庭等特殊人群的实际需求，整合利用网络设施、移动终端、信息内容、系统平台、公共服务等，积极发展网络公益，统筹构建国家特殊人群信息服务体系，提供精准优质高效的公共服务。”在相关规划、纲要文件的指导要求下，政府同信息无障碍主管部门、社会机构等积极制定相关标准，推动无障碍环境建设。

2021 年 2 月，中国互联网协会发布《Web 信息无障碍通用设计规范》，在 W3C 中的 WCAG2.0 规范和国内《网站设计无障碍技术要求》（YD/T 1761-2012）基础上增加了信息智能化规范和移动化方面的内容，为建设多终端、多渠道的信息无障碍服务提供了务实指导。

2020 年 9 月，工业和信息化部与中国残疾人联合会联合发布《关于推进信息无障碍的指导意见》，明确聚焦老年人、残疾人、偏远地区居民、文化差异人群等信息无障碍重点受益群体，着重消除信息消费资费、终端设备、服务与应用等三方面障碍，增强产品服务供给，补齐信息普惠短板，使各类社会群体都能平等方便地获取、使用信息，推动充分兼顾老年人、残疾人需求的信息化社会建设。

2020 年 11 月，国务院办公厅发布《关于切实解决老年人运用智能技术困难的实施方案》，要求各地区、各部门落实主体责任，加强工作统筹，建立工作台账，明确时间表和路线图，聚焦涉及老年人的高频事项和服务场景，坚持传统服务方式与智能化服务创新并行，切实解决老年人、残疾人等特殊群体在使用互联网等智能技术时遇到的突出困难，确保各项工作做实做细、落实到位，同时明确了工作要遵循的四项原则：坚持传统服务与智能创新相结合；坚持普遍适用与分类推进相结合；坚持线上服务与线下渠道相结合；坚持解决突出问题与形成长效机制相结合。为落实该项方案，全国老龄办决定开展“智慧助老”行动，并确立了“到 2022 年底前建立常态化工作机制，使用智能技术推动实现老龄社会治理体系和治理能力现代化”的行动目标。

为了解决老年人、残疾人等特殊群体在使用互联网等智能技术时遇到的实际困难，2020 年 12 月，工业和信息化部印发《互联网应用适老化及无障碍改造专项行动方案》，决定自 2021 年 1 月起，在全国范围内组织开展为期一年的互联网应用适老化及无障碍改造专项行动，工作重点放在互联网网站与移动互联网应用（App）适老化及无障碍改造、开展适老化及无障碍改造水平评测并纳入“企业信用评价”、授予信息无障碍标识及公示工作等三方面的七项具体内容上。

2021 年 8 月，国办发布《消除“数字鸿沟”，推进政府网站、政务新媒体适老化与无障碍改造的通知》（国办公开办函〔2021〕28 号），要求各省级人民政府和国务院部门的政府门户网站原则上在 2021 年底前完成改造，其他政府网站和政务新媒体应在 2023 年底前基本完成改造，拟开展政府网站集约化建设的地区和部门要将适老化及无障碍服务作为集约化平台基本功能统一部署、一体推进。

三　互联网网站适老化及无障碍普及情况

（一）国际方面

西方发达国家开展信息无障碍建设的时间要早于我国十年之久。它们高度重视网络信息无障碍服务，通过立法和制定相关标准，来推动本国的互联网信息无障碍建设。

在网站无障碍国际标准方面，主要是 W3C 组织制定的 WCAG（Web 网页无障碍指南）规范，这是指导性的要求。各国的无障碍标准基本上都是在此要求的框架下，按照本国实际情况进行编写的，内容和要求相同或相似。国外的网站无障碍服务建立在网站网页的标准化书写的基础上，保证网页信息的可感知、可理解、可操作和兼容性，其主要是支持使用读屏软件的视障人群无障碍获取网页的信息，网站对低视力者和低文化者等人群基本上不提供无障碍服务。

在网站无障碍普及率方面，美国、英国和德国等西方国家，以及日本、韩国和新加坡等亚洲国家的政府、公共事业和从事公众服务的网站，于 21 世纪初基本完成了无障碍改造；在网站的适老化服务方面，据目前的调查统计情况看，国外极个别的 PC 网站对网页的正文提供语音阅读服务，以及具有网页及文字的放大和缩小功能，可以满足老年人群使用，未见其他的适老化服务。

有待改善的方面。国际上，无障碍及适老化技术和应用需求有待大幅度提升，尤其是在移动网站和 App 方面，均未有相关的标准支撑，未能完全实现无障碍；在服务人群的全面性方面存在不足，现在国际上的信息无障碍主要是面对视障人群，对其他人群支持不够；对多种实现方式考虑不足，没有提供多渠道、多终端的方式来实现无障碍访问，比如 App、WAP 或者 PC 客户端。

（二）国内方面

我国开展信息无障碍建设的时间相对较晚。2013~2020 年，在国家相关部门的关注下，我国党政机关、事业单位网站中，完成信息无障碍建设的网站已有 3 万多个，取得了可喜的成就。①

在网站无障碍普及率方面，国家部委单位门户网站的无障碍普及率有待进一步提高；各省人民政府门户网站已实现 100%普及；市级人民政府普及率在 70%以上，但是能够完全达到无障碍建设标准、满足盲人需求的网站不多。

在网站的适老化服务方面，目前已完成适老化建设的网站，基本上都提供了在线的语音阅读及网页、文字的放大和缩小等阅读补偿功能，部分单位有较为完整的适老化服务。

在网站的无障碍辅助方面，以多用途、多渠道的方式，为各种障碍人群提供无障碍服务：一是实现了网页的无障碍标准化，和国际标准接轨，以支持各种软件无障碍访问；二是全面实现网页信息的语音和网页样式的多样化服务，满足视力低下和文化低下人群的信息获取需求；三是为没有读屏软件的盲人提供 Web 的在线读屏服务，使盲人和明眼人一样，可以完整浏览网页信息；四是为盲人和无法用手操作的残疾人提供无障碍客户端，为他们提供全程键盘和语音操作，使网站的无障碍服务

① 喻思南：《我用耳朵“看”世界》，《人民日报》2020 年 1 月 2 日，第 7 版。

更加便捷和智能。①

智能技术助力实施适老化及无障碍全面发展。在智能解析技术中，以“中国政务信息无障碍服务体系”为例，在体系构架方面，一是采用顶层设计，在不改变各建设单位的安全和运行模式的同时，完成信息互联互通，形成安全统一、独立自主的中国政务信息无障碍服务体系；二是充分发挥我国社会主义制度的优越性，通过搭建信息无障碍公共服务平台，聚集社会各界能力，资源共享节约化发展，大力推动技术进步，保障可持续发展；三是支持自主技术创新，扭转长期以来我国的无障碍技术和标准受困于西方发达国家且功能和服务无法满足社会需求的局面；四是推动产业发展，支撑信息智能化发展和智慧城市应用。

与时俱进，充分发挥国家和社会公共服务优势，促进技术和资源共享，尽可能避免重复投资，以高效、集约化发展方式，节省各级政府的财政支出，加速推动我国信息无障碍事业和信息智能化产业发展。

（三）我国适老化及信息无障碍面临的问题②

一是未开展无障碍建设的政府网站基本不符合无障碍规范，各单位网站在建设和升级过程中，对信息无障碍标准缺少关注和执行。

二是各级政府网站对适老化及信息无障碍的重视程度不够、了解不足，同时专业的技术人员欠缺，这些也是影响标准执行的困难所在。

三是在适老化及信息无障碍建设方面，我国政府网站在建设工作中，没有按照相关标准书写。如果所有网站重新按照标准规范进行书写，将会出现以下问题：如果技术采用不当会对网站的样式和正常运行产生一定影响；在缺少专业人员的情况下，会带来技术人才和资金的大量投入。

四是已经完成适老化及无障碍改造的单位，需要根据工信部发布的

---

① 《中国新闻网：第 24 个“全国助残日”中国信息无障碍报告公布》，人民网，2014 年 5 月 21 日，http://wza.people.com.cn/wza2013/a/xinwensudi/2019/0318/41.html。

② 《全球无障碍日丨信息无障碍建设概览》，人民网，2020 年 5 月 22 日，http://wza.people.com.cn/wza2013/a/xinwensudi/2020/0521/3267.html。

《互联网应用适老化及无障碍水平评测体系》开展评测验收，以保障为用户提供能用、易用的适老化及无障碍服务。同时，要将适老化及无障碍服务纳入工作规划中，要提供可持续的适老化及无障碍服务。

四　互联网网站适老化及无障碍改造和验收的标准规范

（一）适老化、无障碍改造参考的标准规范

为促进互联网应用适老化及无障碍服务有更好的体验感，保障用户群体有更多的获得感、安全感，工业和信息化部牵头制定了《互联网网站适老化通用设计规范》，中国互联网协会作为支撑单位参与规范的起草编制工作。相关单位参照国家标准《信息技术　互联网内容无障碍可访问性技术要求与测试方法》（GB/T37668-2019）、行业标准《信息无障碍　身体机能差异人群网站无障碍评级测试方法》（YD/T1822-2008）和《互联网网站适老化通用设计规范》相关技术要求进行互联网网站的适老化及无障碍改造。这里重点介绍一下《互联网网站适老化通用设计规范》要求的服务原则。

以人为本的人机交互。适老化应做到界面元素的简约化、服务形式的差异化、信息内容的扁平化、功能标识的统一化和操作流程的一致性，并符合《信息技术　互联网内容无障碍可访问性技术要求与测试方法》等国家标准。

提供多种的操作方式。计算机网站至少提供全程键盘和特大鼠标两种操作方式，移动网站应增加快速定位、语音阅读等规范性的适老化智能手势。在兼容性方面，网页应为各类辅助技术和语音识别等人工智能技术的访问操作，规范相应的服务功能与对应的标识信息。

实现多样的推送形式。网页在提供特大字体、背景色高对比度、文字放大和语音阅读等辅助阅读服务的同时，应提供简约界面版本和信息影像化的人工智能推送形式，以便更好地支持老年人感知网页内容和获取服务。

形成有效的服务闭环。有适老化服务的计算机和移动网站，应在用户的

操作系统桌面上，提供直接进入适老化服务的快捷方式或客户端，以形成有效的适老化及无障碍服务的闭环，解决大部分老年人和残障人士获取信息和服务的困难。

（二）关于评测验收规范

1. 评测权重

对于完成改造的网站，中国互联网协会进行评测验收后，为达标网站授予信息无障碍标识。评测验收严格按照《互联网应用适老化及无障碍水平评测体系》中的要求开展，评测指标及评测依据列举在表 1 中。互联网应用适老化及无障碍水平评测体系由用户满意度评价、技术评价和自我评价三部分构成，总分为 100 分，最终分数在 60 分以上为达标。

表 1　互联网适老化及无障碍评测指标及依据

单位：%

评测指标	权重	评测依据
用户满意度评价	40	组织老年人、残疾人满意度评价团，以问卷调查、上手体验、电话访谈等方式开展满意度调查，重点调查老年人、残疾人等重点受益群体对网页内容可访问性、访问操作效率性的满意度
技术评价	40	以 GB/T37668-2019《信息技术　互联网内容无障碍可访问性技术要求与测试方法》、YD/T1822-2008《信息无障碍　身体机能差异人群　网站无障碍评级测试方法》及《互联网网站适老化通用设计规范》为依据，通过自动化检测工具、人工检测等手段展开评测
自我评价	20	参与改造的企业、单位根据专项行动要求进行自我评价，并提交评价报告

2. 关于否决项

这里重点强调的是在适老化、无障碍评测里的一票否决项。

（1）适老化单项否决指标

出现表 2 中适老化单项否决指标的任意一种情形，则评测判定为不合格。

表 2　适老化单项否决指标

二级指标	三级指标	评分细则
友好性	禁止广告插件	提供适老化服务的网页或独立的适老化网站中，出现广告插件、弹窗或漂浮窗口
安全性	禁止诱导类按键	提供适老化服务的网页或独立的适老化网站中，出现下载、付款等诱导式按键

（2）无障碍单项否决指标

出现表 3 中无障碍单项否决指标的任意一种情形，则评测判定为不合格。

表 3　无障碍单项否决指标

二级指标	三级指标	评分细则
必要性	盲人用户群体	网页的所有内容应支持用户以键盘接口操作替代，为严重视力障碍的用户访问网页内容提供支持
	聋哑人用户群体	网站预留电话联络方式或其他以语音交流方式时，应为聋哑人提供以文本形式交流的替代方式
通用性	支持主流无障碍应用	支持争渡、阳光和永德等专业读屏软件，支持操作系统自带的辅助技术，如：Windows 操作系统的讲述人、Mac 及 iOS 的 Voiceover 和安卓的 Talkback 等

（三）适老化、无障碍改造案例

在众多开展完成适老化及无障碍的改造的网站中，以中国政协网站为例，分享一下网站改造后的服务功能与相关要求。

1. 网站适老化改造

老年人、残疾人可能因各网页的内容信息量大、操作或交互方式复杂、网页文字过小或图片不够大、信息内容及功能排序不统一等情况，在理解和操作方面出现各种各样的障碍。特此设计专门的适老化及无障碍网页样式。具体的要求和特点如下。

（1）技术要求

一是建设完成的网页符合相关无障碍规范要求；二是确保用户在当前屏幕视觉感知的信息量少；三是尽可能实现信息扁平化，支持用户视觉可见、操作可得；四是无复杂操作或不理解的操作流程；五是与原网站提供的服务完全相等。

（2）排序规定

依次为网站提示或重要服务、网站的 logo 图片或文字、搜索服务、头条新闻、轮播图片新闻、各主要信息内容区和网站自身信息区。

（3）样式规定

排列要求，各类信息的表现形式原则上以单列为主，网站目录和栏目标签等必需的表现方式除外；字型要求，PC 网页基础字型为 36px，移动网页基础字型为 18px；PC 网页导航及栏目字号为 36px 加粗。移动网页导航及栏目字号为 24px 加粗；文字间的行高为 200%；宽度要求，网页整体宽度为页面的 80%，网站搜索口居中并为页面的 60%，标签文字并列原则上每行不超过 5 个；色彩规定，在不做无障碍设置的前提下，前后背景色不低于 1∶3.5。

（4）服务特点

一是使老年人等视力不好的人群更加轻松方便地浏览网页；二是页面突出了主要内容，界面整体设计扁平化便于浏览操作，可视范围内页面小；三是页面结构清晰明了，增加了相应的描述信息，便于认知和理解。

（5）在线辅助技术

PC 端和移动网站适老化网页，需提供网页放大、高对比设置、文字语音阅读等在线辅助技术，以帮助视力或阅读能力下降的老年人无障碍浏览网站。同时，在 PC 端适老化网页，需为用户提供全程使用键盘访问操作的适老化功能，为不便使用鼠标的低视力老年人或不善使用鼠标的人士，提供适老化及无障碍服务。

2. PC 网站无障碍改造

（1）“轻松阅读”模式

PC 网站的“轻松阅读”模式是指专门支持视力退化或阅读能力下降的

老年人群，有光敏感、高度近视、弱视色盲等一定视力障碍的人士，以及存在文化或认知差异人士（语音阅读）无障碍浏览页面的在线辅助技术服务模式。

按照以上顺序，在网页样式和服务版本方面有适老版网页与原网页切换、读屏专用与轻松阅读的服务版本切换，在阅读补偿服务方面有声音开关、语速调节、连读或指读阅读方式的切换，在视觉补偿服务方面有配色、网页放大与缩小、特大鼠标样式、十字线和文字大字幕，在系统服务方面有服务重置、辅助工具固定与隐藏、无障碍操作说明和退出等 15 个在线无障碍服务功能按钮，以此来提供无障碍的轻松阅读服务。以中国政协网站为例，开启“轻松阅读”模式后，网页内容在可感知性、可操作性和可理解性三个方面有了极大的性能提升。

（2）“智能导盲”模式

智能导盲是为盲人及无法感知鼠标操作的其他障碍人士提供的无障碍服务，其特征是用户以全程操作键盘方式、辅以同步的语音阅读键盘访问的信息内容，适用于没有盲用读屏软件的视障人士。

工具条的主要作用是辅助用户家属更好地帮助盲人进行操作学习。按照以上顺序，主要包含盲人区域定位指引（整体将网页分割为视窗区、导航区、交互区、服务区、列表区、正文区六大板块）、适老版进入、读屏专用模式切换、声音开关、大字幕、说明（操作说明页面）和退出服务（退出无障碍服务）12 个按钮，所有按钮均有相应的快捷键可以使盲人用户完全借助键盘进行全程操作。其中，全程键盘是指盲人用户因无法使用鼠标（无法确认光标位置），故只能通过键盘进行操作的方式。口述影像与区域告知、上下文描述功能体现无障碍服务的可理解性，该功能通过提示相对详细的整体页面内容、区域信息和上下文描述，给予了盲人操作丰富的指引和说明。

（3）“读屏辅助技术兼容”模式

读屏辅助技术兼容模式与在线读屏模式没有本质上的不同，但读屏辅助技术兼容模式是全失明人群在外置读屏软件（如争渡、阳光等）辅助的情况下进行无障碍浏览页面的模式，其工具条的主要作用是辅助用户家属更好地帮助盲人进行操作学习。在操作上，盲人用户借助外置读屏软件进入网站，该模式将提示打开外置读屏软件支持模式和说明页面的快捷方式；该模式通过快捷键开启后，内置读屏语音将自动关闭，避免语音冲突。其余功能和操作方式均同在线读屏模式。

3. WAP 网站无障碍改造

在“长者模式”中，前景色与背景色对比设置为 1∶3，并要求放大程度需达原先网页的 130%，且网页不能发生变化。

在“读屏模式”中，WAP 网站应具备相应的连读与指读功能以及在线读屏功能。对于兼容性，这两种模式应兼容 WAP 端中如 Android（安卓）、iOS（苹果）、Windows Phone（微软）等操作系统，百度、QQ、谷歌、iphone、Windows 等主流浏览器，以及 Voiceover、Talkback 和智能手机自带的辅助工具。

五　互联网网站适老化及无障碍改造技术情况

（一）改造技术情况

国际上，尤其是西方发达国家，在网站建设初期就参照信息无障碍标准规范进行开发，用户可通过读屏软件获取网页基本信息。而我国大部分网站均未在建设初期考虑信息无障碍服务，在建成运营后再开展无障碍改造工作可能面临高昂的人力成本和经济成本，且网站改造后的服务效能及体验效果并不良好。大部分提供公共服务的互联网应用，在满足老年人和残疾人的信息需求方面存在一定短板，数字鸿沟现象仍凸显。市场上高昂的改造费用，是阻碍互联网公共服务适老化及无障碍环境发展进程的主要困难。同时，技术水平和服务方式的落后也带来了服务效能低、应用不稳定和用户体验差等诸多问题。

在网站的适老化及无障碍改造技术的不断发展下，我国已经有了源码改造、智能解析技术以及辅助工具条等方法，旨在让用户有更好的使用体验，这也是由我国中文网站的特点决定的，必须有高效低成本的技术与之匹配。当前，比较流行的技术手段是智能解析技术，在众多政府网站、残联网站和新闻媒体、交通出行、生活购物等领域有着广泛应用。

表 4　国内常用的改造技术情况分析比较

技术能力指标	辅助工具条	智能解析技术+辅助工具条	源码改造+辅助工具条
改造时间	极短	较短	长
服务人群	少	广泛	较广泛
改造成本	基本无	人力投入少	有一定的成本
内容维护	无	及时维护	无
技术升级	无	实时升级	较难

目前，中国拥有较为完备的以政务及公共事业为核心的互联网公共服务体系，为广大人民的生产生活带来了极大便利，特别是在抗击新冠肺炎疫情中发挥了重要作用。近年来，智能技术在适老化及无障碍改造方面的应用也大大降低了人力物力的投入。以“中国政务信息无障碍服务体系”为例，2012 年，中国互联网协会针对我国网站形成的基本特征和架构，立足于当前全球领先的智能解析技术，开展顶层设计，组织构建了“中国政务信息无障碍服务体系”，该体系是根据中文网站的特点，采用人工智能技术，通过智能解析的方式，为网站高效低成本完成无障碍改造，因此曾在日内瓦荣获“2017 信息社会世界峰会项目大奖”。

（二）智能解析技术

智能解析技术，是在智能识别、智能修复和人工干预纠正的运行机制下，在互联网应用中置入“智能解析引擎”，它无须修改网页源码便能对网站新增网页内容或部分网页内容变化进行实时监控，从而实现及时修正或进行人工干预纠正，使网站网页内容的适老化及无障碍规范化始终处于良好水平。智能解析技术适用于包括网站、App 在内的所有互联网应用，是中国自主创新的、技术先进的互联网应用适老化及无障碍改造与服务运行的解决方案。智能解析技术有着诸多优点：一是安全可靠，不影响网站正常运行，不访问网站数据内容，各网站只需在网页前端引用服务平台脚本即可实现适老化及无障碍服务改造；二是兼容辅助技术，智能解析技术在为各种障碍人士提供在线辅助技术的基础上，兼容争渡、永德、阳光和保益等读屏软件以及操作系统自带的辅助技术，如微软操作系统的讲述人、安卓操作系统的Talkback、苹果操作系统的Voiceover等；三是服务人群广，面向对象包括身体机能退化的老年人、部分身体机能丧失的残疾人，以及低文化、低认知人士和有临时障碍或需求的健全人等群体；四是技术服务持续发展，智能解析技术友好支持各单位网站改版、新增内容等一切工作，支持网站的运行维护与技术服务的不断更新迭代。由智能解析技术提供的适老化及无障碍服务，大幅度提升了残障用户以及普通用户的体验效果，同时也大大降低了网站方的资金投入，提高了改造效率。

下面简要介绍一下智能解析技术的基本原理。

1. 实现方式

（1）移动应用内容规范性解析（SDK）

SDK承担互联网应用中包括网站的各种页面类型、应用的原生态及H5等各种形式的信息内容，在互联网应用中运行开展内容识别、解析和一定程度的规范性修改工作，并对自身不能修改的内容给出解决方法。将智能解析引擎的SDK置入互联网应用中，实现对移动应用内容的规范性解析。

（2）智能解析技术管理控制系统

智能解析技术管理控制系统是运用大数据支撑，对包括网站和应用程序在内的互联网应用进行内容识别与管理控制的系统，具有对各接入服务产品的内容提供智能技术支撑，并提供个性化定制和商务运营等管理控制功能。

2. 技术优势

适用于各类政务网站、移动应用（两端）以及各类政务新媒体，实施智能快捷；改造工作不影响网站及政务新媒体正常运行、不改变交互流程和网站安全机制；在运行中智能解析技术实现了对内容的实时检测与修复，开放性技术框架确保了运行稳定；制定规范性的协议，提供标准化的接口；操作易实施、功能易升级、服务可持续。

（三）最终评价影响因素

PC 网站和 WAP 网站的最终评价分数，受全面性、可靠性两个方面的影响。以下是具体服务效能指标要求。

全面性。PC 网站未提供与其内容相等的适老化页面，其实际得分为原评测分数的 70%；WAP 网站没有进行改造或改造没有达标，则 WAP 网站不予通过评测；若网站自身无 WAP 网站，则评价报告中不显示 WAP 网站评测状态，同时去除对应服务指数。PC 网站和 WAP 网站在全面性方面测试要求相同。

可靠性。服务的平均响应时间在 300 毫秒及以下不扣分；在 300～800 毫秒为原总分数的 90%；在 800～1500 毫秒为原总分数的 80%；响应时间在 1500 毫秒以上，或出现三次及以上的连续卡顿或卡死，视同服务不成功，则不予通过评测。PC 网站和 WAP 网站在可靠性方面测试要求相同。

六　互联网网站适老化及无障碍改造建议

（一）完善无障碍立法体系

目前我们广泛讨论的信息无障碍的需求群体仍是比较小众的视力、听力障碍者，但实际上受到数字鸿沟影响的群体非常广泛，包括老年人、儿童等。虽然关于信息无障碍建设的法律法规政策文件不在少数，但大多数属于残保法、老年人权益保护法的社会法体系，对无障碍发展的推进效果不明显，推动范围仍有限。其中一个表现为当前互联网应用的无障碍化普及率低，适老化水平有待提升。例如手机的文本输入，如何针对无法使用键入和语音输入的人们实现输入方式的多样化优化仍是暂未解决的问题。同时，一些网站、App、小程序等交互复杂、操作不友好，且没有具体的操作步骤指引，导致老年人、残疾人不敢用甚至不能用。为了加快构建我国信息无障碍环境，实现信息更全面、更便捷地为人民服务，需要进一步加强法治层面的规划引导，从而推动我国政务信息无障碍和公共信息无障碍的全面深化建设。

另外，无障碍还没有在《中华人民共和国政府采购法》中作为单独的项目充分体现，也没有可参考的采购招投标的无障碍相关标准。比如，在残联公共采购的相关实践中，提供这些服务的企业或组织，首先要能够进入采购目录里，其次才是有机会和残联及政府部门沟通，提出使用这些服务的需求。政府要加大扶持力度，将无障碍建设纳入政府计划，加大对相关技术的研发支持，比如资金支持，实行专项拨款。同时，政府应完善采购规范，突出无障碍标识的重要参考意义。更重要的是，国家要加快立法进程，让无障碍发展有规可循、有法可依。国际上无障碍服务是人权的重要组成部分，是生存必不可少的重要事项，只有通过立法建立良好的法治环境，才能更好地促进信息无障碍的使用，引领技术创新，推动应用落地。融合发展是国家全面发展不可缺少的一环，这让无障碍环境发展有无限可能。当生存环境能够促进每个人的全面发展时，不仅仅实现了功能补偿，更有助于增能赋能、潜能开发和优能发挥，进一步推动社会进步。

（二）技术标准入法，规范技术研发无障碍

利用信息智能化等高新技术来推进残障人士信息交流的无障碍，将会给广大残障人士带来历史性的变化。提高残障人士在全新的经济形态中的生存能力和创造力，使他们能够借助高科技的手段，真正融入社会的主流生活中去。目前虽然已经陆续发布 14 部相关技术标准，但是由于均是鼓励性质的行业标准或国家标准，基于信息通信技术的研发过程被纳入信息无障碍标准考核得不到强制保证。残障人士还不能无障碍地获

取信息服务和各种文件，在传媒和电脑信息系统领域未实现无障碍。因此，需要将相关技术标准纳入信息化发展规划相关法律体系中，明确规定技术研发需充分考虑残障人士信息交流无障碍需求，从而规范技术研发流程。加强标准技术研究入法，进一步维护残障人士的合法权益，为我国无障碍事业健康发展提供强有力的动力，推动信息无障碍朝着规范、可持续方向发展。

（三）在适老化及无障碍交互设计方面

一是以人为本的人机交互。在适老化及无障碍改造设计中，基于用户的使用习惯，对交互设计有界面元素简约化、服务形式多样化、服务内容差异化（与健全人有区别）、网页架构扁平化、服务风格统一化、操作流程简单化和功能标识明显化等要求。二是提供多种操作方式。在计算机网站及客户端方面，至少应提供全程键盘和特大鼠标这两种操作方式；针对移动网站及 App，建议增加快速定位、语音阅读等适老化设置；综合考虑，网页设计符合内容可访问性要求，建立和开放网页及应用程序访问接口。三是实现多样的推送形式。根据老年人的障碍特征，提供特大字体、高对比度、语音阅读和信息影像化等多种信息推送形式，友好支持老年人感知信息内容，以便更好地帮助老年人访问和操作。四是形成有效的服务闭环。包括老年人在内的各类获取信息有障碍的群体，基本不可能使用浏览器进行上网。应提供计算机客户端或（无障碍）App，只有这样，他们才能真正使用起来。

（四）采用自主先进和安全可靠的技术

互联网及智能设备适老化是伴随中国互联网快速发展而提前出现的特有需求和市场，国外基本上没有先进经验和技术可以借鉴。从目前来看，我国的互联网适老化和无障碍的理念和技术在全球处于领先地位。近年来，我国语音识别与阅读、图文识别、音乐识别、大数据等人工智能技术处于世界先进水平，而互联网适老化将会推动人工智能技术更加快速发展，为人工智能技术自主创新注入新的动力。支持网站适老化服务的操作系统、语音阅读及识别系统等在运行时应避免出现闪退、卡顿等不稳定情况。改造工作不应影响网站的正常运行，不能改变网页原有样式和交互形式。无障碍及适老化服务应与网站服务相耦合，不影响网站的安全管理模式。

B.4

中国移动互联网应用无障碍发展报告（2022）

梁振宇　陈　澜　戴瑞凯*

摘　要： 数字化发展背景下，本报告梳理了我国信息无障碍政策体系与最新发展趋势，重点概述了国内移动互联网应用的无障碍发展情况，总结了近20年推动移动互联网应用无障碍发展的重要事件，展示了移动互联网应用企业的信息无障碍实践现状及具体案例。研究发现，政策法规体系缺乏强制效力与监督措施，信息无障碍相关标准有待完善，无障碍意识在移动互联网应用相关企业的渗透度有待提高，是推动移动互联网应用无障碍发展所需直面的三大挑战。报告最后提出，推动无障碍立法，建立信息无障碍生态系统运作的良性机制，重视第三方组织的力量，推动企业建立信息无障碍生态系统运作方式。

关键词： 信息无障碍　移动互联网应用　适老化

一　国内信息无障碍政策体系与发展趋势

自2001年发布《中国残疾人事业“十五”计划纲要（2001年—2005

---

* 梁振宇，深圳市信息无障碍研究会专家委员会主任，中国盲人协会信息无障碍促进委员会副主任，中国建筑学会无障碍专业委员会理事；陈澜，深圳市信息无障碍研究会研究员，研究领域为障碍用户研究；戴瑞凯，重庆大学法学院博士生，研究方向为残障数字包容与中国信息无障碍建设政策。

年）》以来，我国信息无障碍建设的政策体系已经经历了 20 多年的发展。整体上来看，从中央到地方的政策数量可观。近两年的政策制定趋势是扩大建设主体范围，创建多元制度保障手段，增强政策约束力，在一定程度上调动了信息无障碍建设主体的积极性。

（一）信息无障碍政策体系概述

无障碍建设是新时代人民群众美好生活需要的重要方面。随着信息化和数字化水平不断提高，残障人士、老年群体等信息弱势群体面临的数字鸿沟问题凸显，信息无障碍建设是解决好发展不均衡不充分问题的必然选择。通过提供平等可及的信息技术、产品和服务来构建无障碍的互联网、移动互联网、智慧城市等信息环境是实现残障人士包容发展的重要途径。截至 2021 年 9 月，我国有近百部法律、行政法规和地方立法文件关系到信息无障碍建设。具体而言，初步建立了以《中华人民共和国残疾人保障法》为核心，以国务院《无障碍环境建设条例》为主要任务，以党内法规、相关部委规章、地方性法规、地方政府规章和其他规范性法律文件为主的信息无障碍建设政策体系。

我国逐步形成了以无障碍设计原则和技术标准为重要支撑，推进信息无障碍建设进程的政策体系。其发展呈现出以下特征。首先，政策规制主体范围逐步扩大，从政府到具体的公共服务部门和残障人士组织，再到电信业务经营者、电信终端设备制造者、互联网服务提供商等私营主体；其次，从服务于残障人士、老年群体扩展到服务于信息障碍的所有人；最后，从“采取措施”“创造条件”等鼓励型政策工具到采用“检察公益诉讼”“企业信用评价”“文明城市测评指标”这类约束型政策工具。

但是，这一法律体系至今仍缺乏一定的强制力和惩罚措施。上述政策体系在信息无障碍建设的内容上，以规制公共权力机关在行政法上的义务为主，以规制私营部门责任为辅，几乎没有涉及规制信息无障碍使用者的条文。近两年兴起的无障碍环境检察公益诉讼有力发挥司法监督作用，但尚未建立公众参与的长效监督路径。同时，信息无障碍政策体系的发展体现出这一领域要求在扩展现有项目的实施范围的同时，继续开发新的产品和项目服务，但是立法存在的滞后性无法在信息技术快速发展的时代满足障碍人群日益增长的信息交流需要。最后，大多数地方立法文件缺乏符合当地实际的细化规定，原文照搬的现象不在少数，导致信息无障碍建设难以进行强有力的实践操作。

（二）信息无障碍制度保障多元，适用范围扩大

为应对老年数字鸿沟舆论和不可忽视的弱势群体数字困境，政策制定者必须解决信息无障碍建设缺乏具体实施细则的问题，即采取什么措施，如何采取措施，怎么创造条件，如何推进，达到什么效果。因此，自 2020 年 11 月 24 日国务院办公厅印发《关于切实解决老年人运用智能技术困难的实施方案》开始，政府通过颁布法规自上而下地推动全国性的“互联网应用适老化和无障碍改造专项行动”。国家工业和信息化部颁布的系列工作文件从指导原则、改造标准、改造名单、行动期限和政策工具五方面提供了行动的具体实施细则。同时，国务院及其各部委在部门工作领域内陆续发文，进一步丰富政策工具，为落实信息无障碍建设提供制度保障。

首先，国务院为解决老年人、残障人士等信息弱势群体的数字鸿沟问题创建制度保障机制。2020 年，《国务院办公厅关于促进养老托育服务健康发展的意见》提出“互联网+养老服务”的智慧养老新业态，具体要求工业和信息化部、科技部、国家发展改革委、民政部、国家卫生健康委、市场监管总局、中国残联按职责分工负责，促进开发适老化智能产品，简化应用程序使用步骤及操作界面，引导帮助老年人融入信息化社会。2021 年，国务院印发的《“十四五”残疾人保障和发展规划》明确提出：“将信息无障碍作为数字社会、数字政府、智慧城市建设的重要组成部分，纳入文明城市测评指标”。将信息无障碍建设纳入“文明城市测评指标”，重点强调了“互联网网站和移动互联网应用程序、自助服务终端、食品药品说明、应急服务”四大领域和“政务服务、自助就医、自助金融、公共交通、紧急避险”五大应用场景。文明城市测评有着清晰的测评内容和机制，加入“信息无障

碍”这一指标需要各级政府“促进信息无障碍国家标准推广应用，加强对互联网内容可访问性的测试、认证能力建设，开展互联网和移动互联网无障碍化评级评价”。这一举措进一步丰富了全国创建文明城市的工作内涵，可以调动地方政府积极探索因地制宜的信息无障碍建设的激励和管理模式，营造残障与非残障公民和谐参与的信息无障碍环境。

其次，国务院其他各部门在各自职责范围内进行制度创建，落实无障碍环境建设的推进工作。第一，国家发展改革委在《“智慧发改”建设规划（2021—2025）》中强调在涉及民生的领域，使用智能技术的同时，还要保留传统方式。在无障碍网站建设的具体领域要求按照信息无障碍国家标准“将适老化与无障碍作为互联网门户网站建设管理的一项重要任务，统一部署，着力推进，不断提高政府信息与服务的可用性、易用性”。第二，切实解决老年群体在民政服务领域遇到的数字产品及服务获取使用困境是民政工作职责所在，因此民政部围绕老年人需求颁布政策要求采取以下四项措施：优化民政系统“互联网+政务服务”应用、加强老年人智能技术设备应用培训、持续优化民政领域信息技术应用的适老化水平、加快适老化智能康复辅助器具研发。民政部计划开展建立智慧健康养老试点示范、智慧健康养老产品及服务推广等工作。第三，文化和旅游部、国家文物局推行相关政策以解决文旅、文物等领域老年群体获取及使用数字产品和服务的难题，以保障老年人基本文化权益。具体采取“三步走”的整改工作计划：第一步，以传统人工服务和互联网服务相结合的方式整改文化场馆和旅游景区；第二步，引导公共文化机构、文化和旅游类企业围绕老年人在文化娱乐方面的高频事项和服务场景提供更多适老化智能产品和服务；第三步，借助5G、超高清、虚拟现实、增强现实等技术提升文旅、文物领域的智能化服务水平。第四，国家卫生健康委聚焦老年人反映突出的就医问题，从信息无障碍角度不断优化医疗服务流程，改善老年人就医体验。国家卫生健康委办公厅发布的《关于实施进一步便利老年人就医举措的通知》提出了便利老年人就医的十项举措，其中多项与信息无障碍建设密切相关，如提供多渠道预约挂号服务、优化线上线下服务流程等。国家卫生健康委基层司进一步结合基层医疗部门职责，发布《关于做好方便老年人在基层医疗卫生机构看病就医有关工作的通知》，制定了更详细的落实措施，如“对网络办理就医的智能终端、智能 App 开展适老化改造，使其具备大屏幕、大字体、大音量，设计大字版、语音版、简洁版等终端产品”。

再次，与之相呼应的地方立法和行业规范也逐渐出台，其中不乏因地制宜、发挥地方政府和行业龙头优势的规范文件。在地方立法方面，北京市、广东省相关部门发布政策延续工信部相关规定，进一步指导当地的网站和 App 完成改造任务。值得注意的是，上海市由经济和信息化委员会领头发文，参照国家适老化和无障碍相关标准，根据《上海市互联网适老化和无障碍设计规范》，全面推进本市互联网信息服务能力建设。同时，在延续工信部考核监督要求的基础上，上海市创造性地将“评估结果纳入本市政务服务相关年度测评”，以保障互联网应用适老化和无障碍建设的工作质量。在行业规范方面，中国人民银行聚焦移动金融领域制定了《移动金融客户端应用软件无障碍服务建设方案》，以切实提升金融服务的可得性、易用性和安全性。该方案不仅要求中国人民银行总部、各分行、各支行，国家开发银行等实体银行进行无障碍改造，而且要求各非银行支付机构明确改造的时间表和路线图。

最后，随着专项行动的影响力在全国各地扩大，信息无障碍建设的必要性和紧迫性被更多领域的法律法规政策的制定者看到，通过提高立法位阶、丰富执法手段为信息无障碍建设提供法治保障。《中华人民共和国国民经济和社会发展第十四个五年规划和 2035 年远景目标纲要》将“加快信息无障碍建设，帮助老年人、残疾人等共享数字生活”作为美好数字生活新图景之一，将无障碍环境纳入新型“宜居、创新、智慧、绿色、人文、韧性城市”建设，将无障碍的重要性和必要性提高到空前的高度。同时，全国人民代表大会常务委员会通过的《中华人民共和国数据安全法》在第二章“数据安全与发展”中单独设立一条强调：“国家支持开发利用数据提升公共服务的智能化水平”，要求在提供智能化公共服务方面，应当充分考虑老年人、残疾人的需求，避免对老年人、残疾人的日常生活造成障碍。在党内法规层面，中央网信办牵头发布的《数字乡村建设指南 1.0》以数字乡村战略为指引，重点关注偏远地区居民、文化差异人群、乡村老年群体等信息无障碍重点受益群体的需求，从“互联网+教育”“互联网+医疗健康”和智慧养老三个领域切入，推动乡村中医疗健康、教育公平和养老管理领域信息无障碍建设，助力实现信息惠民服务。这是近 20 年无障碍环境建设行动取得的成果，无障碍环境建设不仅从城市到村镇推行，而且从无障碍环境到信息无障碍建设领域垂直地推行。

二　中国移动互联网应用的无障碍发展情况

中国残联等机构发布的数据显示，我国残障群体人数超过 8500 万人，涉及全国 1/5 家庭，关联 2.6 亿家庭人口，视障群体人数已达 1700 万人，听障人群超过 2400 万人。第七次全国人口普查数据显示，我国 60 岁及以上老年人口高达 2.64 亿人。受环境、自身条件限制，他们在信息获取、信息使用上存在许多障碍。开展信息无障碍工作，是弥合数字鸿沟的重要举措，是帮助残障人士、老年人等群体实现美好生活的重要方面。

截至 2021 年 6 月，我国先后颁布了信息无障碍领域相关国家标准 4 项、行业标准若干项，初步形成了以《信息技术　互联网内容无障碍可访问性技术要求与测试方法》国家标准为核心的信息无障碍标准规范体系，目前信息无障碍相关的标准规范体系还有不少领域是空白的，尚不完善。

在我国，互联网产品及技术的发展，伴随着各个领域对无障碍概念的理解深化及实践的尝试，经历了从以政府、残联等公共服务部门为主导到互联网企业的入局，从各类门户网站到主流数字产品，从网页端到移动端，从硬件系统到软件服务等多个层面的无障碍实践。互联网企业，特别是移动互联网企业成为推动无障碍发展的关键力量。

2005 年，深圳市信息无障碍研究会在深圳成立，这是我国首个以第三方身份为企业和产品提供信息无障碍服务的组织。深圳市信息无障碍研究会在此后与我国主流互联网企业建立了合作。随着移动互联网浪潮的兴起，移动智能设备和移动互联网应用成为移动互联网领域推动无障碍发展的实践主体，其中腾讯、阿里巴巴、百度、抖音集团（原字节跳动）旗下的主流移动互联网应用的无障碍优化起到了示范作用，通过组建信息无障碍专业团队以推动主流产品的无障碍优化，关注以人工智能为主的新兴技术、其他领域成熟技术等在信息无障碍领域的应用。从中国互联网协会与中国残疾人福利基金会等部门于2004年启动信息无障碍论坛，到2012年中国互联网协会信息无障碍工作委员会和2013年信息无障碍产品联盟（CAPA）的成立，到2017年发起的“中国信息无障碍公益行动”，以及2018年至今每年举办的科技无障碍发展大会（TADC），再到2022年信息无障碍联席会议的成立，[①]我国互联网信息无障碍发展的企业实践主体从“各自为政”逐步迈向联合政府、第三方组织共同发展的阶段，有效整合资源，进一步推动更大范围以及更高水平的信息无障碍建设。[②]

三　中国移动互联网应用无障碍发展的现状及行动

（一）中国移动互联网应用无障碍发展的现状

互联网产品的无障碍优化和技术的不断创新为信息无障碍建设提供了全新的发展机遇。目前国内已有许多移动互联网企业开始落实信息无障碍工作，积极践行企业社会责任，我国政府也推出了一系列政策法规，为信息无障碍建设提供制度保障。工信部先后发布了一系列信息无障碍技术标准，为信息无障碍建设提供技术依据。2020年12月，工业和信息化部印发《互联网应用适老化及无障碍改造专项行动方案》，开展互联网应用适老化及无障碍改造专项行动，推动越来越多的移动互联网企业参与进来，对其旗下的数字产品进行无障碍优化，并提供更有针对性的信息无障碍服

① 信息无障碍研究会网站，https：//www. siaa. org. cn。

② 李东晓、熊梦琪：《新中国信息无障碍70年：理念、实践与变迁》，《浙江学刊》2019年第5期，第14~23页。

务，为改善包括残疾人、老年群体在内的所有人的生活质量做出了贡献。目前改造工作已取得阶段性成效，有 51 款 App 通过适老化及无障碍评测，覆盖新闻资讯、社交通信、生活购物、金融服务、旅游出行、医疗健康六大领域。[①]

除了推动产品的无障碍优化及适老化，越来越多的企业开始重视各类障碍群体的需求，并尝试将其他领域已然成熟的技术及人工智能等新技术应用在信息无障碍事业中，解决一些产品功能无法满足的无障碍需求。

（二）移动互联网企业积极参与信息无障碍建设案例

信息无障碍建设是一项点多面广的系统性工程，需要建立在深入了解和分析不同地区、不同障碍用户、不同应用场景的基础上，充分考虑地区自身的实际需求和发展现状，结合建设项目特点，探索相应的发展模式，实现各地区的创新、高效和可持续发展。

对于企业而言，推动信息无障碍发展就是为障碍群体提供更为平等、便捷的生活及工作场景，使障碍群体获取更完善的生活服务、更多的工作机会，也是实现共同富裕的重要方式之一。近几年也可看到不同移动互联网企业在无障碍领域的尝试，具体而言可大致分为五个方向：积极关注障碍群体需求，积极响应互联网应用适老化及无障碍改造专项行动，自主推动各类产品的无障碍优化及无障碍创新服务，尝试通过迁移成熟技术解决无障碍问题，积极参与行业联盟推动无障碍生态建设。

1.腾讯搜狗：积极关注各类障碍群体需求，实现人人可输入

随着科技信息化智能化水平的提高，人机关系也发生了重大变化。在人机交互的过程中，人们获取信息的第一个动作是输入。作为数字时代输入的重要工具，输入法是否符合无障碍的设计要求就显得尤其重要。

腾讯搜狗输入法一直是“无障碍输入”的践行者。在服务的障碍人群

---

① 中国信息通信研究院：《信息无障碍白皮书（2022 年）》，2022 年 5 月，http：//www.caict.ac.cn/kxyj/qwfb/bps/202205/P020220518510041281463.pdf。

范围的变化上，从视力障碍群体逐步发展为涵盖多种障碍人群，如听力障碍群体、肢体障碍群体、老年群体等特殊群体。此外，腾讯搜狗输入法也积极在技术上不断突破，尝试深度解决各类障碍群体在无障碍输入时的困境，满足障碍群体的需求。

腾讯搜狗输入法通过深入研究各类障碍群体的特性，积累实践经验，探讨障碍群体多元的输入法需求与对应的无障碍解决方案，目前集成了面向视力障碍群体、听力障碍群体、肢体障碍群体、老年群体四类障碍群体的无障碍输入方式。具体内容包括以下几方面。

首先，为了解决视力障碍用户在输入法使用中的读屏软件兼容问题，提升语音交互精准度，拓宽信息获取渠道，腾讯搜狗输入法运用领先的智能按键预测技术，通过字符级文本输入纠错，帮助视力障碍用户更精准地打字输入。独创自定义手势和上屏方式，进行 AI 语音功能无障碍适配，探索振动反馈技术的应用，以拓宽信息获取渠道。

其次，为解决听力障碍用户在输入效率、输入准确率、输入体验等方面的问题，腾讯搜狗输入法推出了“声文互转”功能。听力障碍用户只需开启腾讯搜狗输入法，就能在手机系统中任何场景下无障碍地获取、传递声音及文字信息，声文互转提供在同一屏幕内实时语音与文字的精准互译，包括中英文识别、11 种方言识别、掌声笑声识别等多项功能。通过定制的中远场识别模型，可以有效提高语音转文字的准确度，帮助听力障碍用户获取更有质量的声音信息。并且能帮助听力障碍用户将自己想说的话实时转成语音并播报。同时提供 8 种不同年龄段风格的个性化音色供用户选择，适用于多人对话、开会、学习等场景。

再次，为了向肢体障碍用户持续提供效率、准确率更高的输入方式，腾讯搜狗输入法推出了“点点输入”功能，主要面向不便使用键盘输入的用户，其可以通过点点输入进行鼠标打字。默认通过“部首—选字”两步操作即可快速选择候选字，达到使用鼠标即可高效输入的目的。在最新版的点点输入中，用户还可以通过拼音进行点选输入，通过“声母—韵母—选字”进行快速输入。同时联合全球顶级眼动仪厂商 Tobii 共同推出适用于我国渐冻症患者等肢体不便的特殊群体的眼动输入方法。基于眼动仪设备和交互软件，结合腾讯搜狗输入法在业内领先的中文输入核心能力和特有的声韵母虚拟键盘方案，用户可根据自身情况通过眼动输入自由选择点点输入、全拼输入、简拼输入、基于 U 模式的笔画/拆分输入几种模式。相关测评数据显示，基于腾讯搜狗输入法的眼动输入，使肢体障碍人士在输入上的准确率提升了一倍以上。

最后，考虑到老年群体的特殊性，腾讯搜狗输入法推出“长辈模式”，精简了输入功能，提供手写功能，并将书写笔迹加粗加重。为了方便老年群体看清看准，实现更准确书写，同时默认自带“随写”模式，方便老年人快速连写或叠写，助力老年群体的高效沟通；加入 20 多种方言和语种的语音输入能力，方便普通话不太好的老年人与晚辈顺畅沟通。除此之外，为了增强老年用户日常线上沟通乐趣，为老年用户提供多样化的长辈热门表情包合集，让老年人也能够轻松实现斗图，一键选择最爱的表情包发送。

2. 铁路12306：积极响应互联网应用适老化及无障碍改造专项行动，助力无障碍出行

为贯彻落实互联网应用适老化及无障碍改造专项行动，着力解决老年群体、残障人士等特殊群体在使用互联网等数字产品及智能技术时遇到的困难，推动充分兼顾老年群体、残障人士需求的交通出行信息化建设，铁路 12306 科创中心按照国铁集团指示及工信部相关行动方案和通知要求，对铁路 12306App 主业务、相关辅助功能及主界面功能开展并完成适老化及无障碍优化工作，提供对老年用户更为友好的爱心版和标准版模式切换，方便用户进行火车票购票操作，提高用户铁路出行体验。

铁路 12306App 适老化版本充分考虑了老年群体因身体机能衰退而产生的使用产品的困境，针对性地优化了产品原有功能，如设置大字体、大图标，并对业务流程进行简化，降低功能的操作难度，适配读屏软件及屏蔽广告内容，除此之外为方便有不同习惯的老年群体，铁路 12306App 提供了三个鲜明入口：从“我的—设置”页面进入；通过搜索功能获得爱心版入口；从“我的—温馨服务”页面进入。

除了对原本基础功能的适老化优化，铁路 12306App 还为老年群体提供了专项便捷服务。如，为老年用户在较为复杂的订票功能上提供电话订票服务，为重点旅客提供提前预约服务，让老年人及障碍人群出行更便捷；并支持将爱心版设为默认首页，设置后老年用户可直接进入爱心版，在其他位置也通过大数据的形式为老年用户推荐爱心版专区。同时在专区内，提供购票及候车补票教程，为新用户提供智能向导，使操作更直观便捷。

铁路 12306App 适老化及无障碍版本自 2021 年 9 月上线以来，爱心版累计服务用户 109 万人次，适老化相关功能累计使用 230 万次，无障碍功能累计提供服务 36 万次，组织线下助残活动 2.7 万次。

目前，铁路 12306App 除了考虑产品的适老化，还考虑了产品的通用性，在标准版也设置了放大字体及调节颜色对比度功能，用户在标准版模式内也可以根据需求自行设置字体大小和对比度。

3. 支付宝、今日头条：以产品基础功能的无障碍优化为基石，推动无障碍创新服务发展

支付宝 App 应用广泛，2016 年便开始对产品基础功能进行无障碍优化。目前，基础功能的无障碍优化已成为支付宝 App 产品的常态化工作。2022 年 1 月，工业和信息化部“互联网应用适老化及无障碍改造专项行动”公布了首批通过适老化及无障碍水平评测的 App，支付宝成为首批通过评测的 App 之一。支付宝 App 针对老年人推出长辈模式，梳理老年人常用功能清单，并对老年人常用功能进行适老化改造，帮助老年用户看得清、用得懂、玩得转。

除此之外，为着力解决残障人士、老年群体在使用互联网等智能技术时遇到的困难，蚂蚁集团开发了一系列暖心科技手段，持续推进产品和服务的改造优化。支付宝 App 面向视障用户在登录、注册等 10 多个场景上线“划一划”密码，有效避免以往密码被朗读或输入慢等问题，安全性和便利性更高。同时支付宝 App 上线“挥一挥”验证码，逐步替换支付宝登录时出现的拖动滑块验证，视障用户只需按照语音提示完成指令动作即可通过验证。除了推动产品基础功能的无障碍优化及新功能创新，蚂蚁集团还开展了

许多面向残障人士、老年群体的惠民服务，如“蓝风铃”无障碍计划，致力于支持有就业意愿的残障人士在生活、培训、就业等方面获得更多平等发展机会，并提供语音转文字 IoT 收银设备、客人到店自动感应灯箱等无障碍工具。目前，蓝风铃旅行指南收录 20 多个城市 80 多家残障人士开设和就业的小店，通过“无障碍商家工具包”支持他们做好生意。“聚光便利店”服务，联合中国残疾人福利基金会和国内金融机构，共同打造中国首个“一站式无障碍智能理财服务及投教基地”，帮助视障人士走进金融世界，让理财服务人人可用。截至目前，“聚光便利店”共服务超过 2000 位视障投资者。2021 年，支付宝及社会各界共同参与“蓝马甲”助老公益行动，教老年人用手机、向老年人传播防骗知识。支付宝 App 开通针对 65 岁以上老年人的“暖洋洋专线”，开放一键呼入直联人工的快速通道，并陆续提供服务权益定制、虚拟人伴随引导、助老公益等数字智能服务，已服务超 52. 18 万名长辈，服务满意度达 92%。

2018 年，今日头条开始开展无障碍优化相关工作，最初的模式是与深圳市联谛信息无障碍有限责任公司合作，第三方机构专业的视障工程师对产品进行定期的无障碍优化测试，将测试结果反馈至今日头条 App 产品团队进行排期优化，维持一定程度的产品无障碍基础体验。

其后，抖音集团自上而下逐渐开始重视无障碍，自 2021 年起，企业社会责任部进行参与，进一步和各产品线协同，升级无障碍相关工作的运作机制。其间，抖音集团意识到要将无障碍体验进一步提升，不仅需要相关的质量管理专家，也需要更多来自用户侧的直接视角。基于此，在内部展开了招募信息无障碍测试工程师的一系列工作。

目前，抖音集团已正式成立了近 10 人的信息无障碍测试工程师团队，主要负责今日头条的产品无障碍测试。该团队的成立，对于抖音集团来说，除了要面对前所未有的挑战，同时也在挑战中积累了一定的“残健协作经验”，抖音集团将根据前期积累的经验，计划有序投入信息无障碍测试工程师进入抖音团队。

为了更好创建残障就业的企业环境，抖音集团在经过一段时间的观察和调研后，持续进行了一系列的动作。在相关办公区为残障员工铺设了盲道，在电梯、会议室、卫生间、饮水机旁粘贴了盲文标识，对墙角进行软包以防撞伤，安保团队辅助残障员工上下车并引导乘坐电梯等。在一定程度上实现了通过推动产品的无障碍优化促进残障人士融合就业，积极探索助力残障人士更好地赋能社会，持续完善企业残障就业环境。

4. 腾讯游戏 MTGPA 团队：推动触觉反馈技术在无障碍领域应用，实现游戏技术助力信息无障碍发展

残障人士及老年群体均在视觉、听觉、运动能力、认知能力等方面面临不同程度的困境。根据用户的差异化需求，适配和开发适用于他们的无障碍产品，既是国家的政策导向，也是互联网行业的整体发展趋势。

腾讯游戏 MTGPA 团队通过与残障群体面对面交流，并让用户实际体验，识别到触觉反馈技术在科技助残、信息无障碍领域蕴藏着强大的潜力。通过产、学、研联合的方式，推动触觉反馈技术在无障碍领域应用，并将技术成果赋能行业，努力用科技向善推动新时代残疾人事业发展。

目前，腾讯游戏 MTGPA 团队基于已在游戏领域累积的成熟的振动触觉反馈技术方案，同时结合视障群体相较于其他障碍群体而言，面临更为严峻的信息缺失的事实，将振动触觉反馈技术最先尝试解决的障碍场景落脚于视障人士的互联网生活场景中。已实现三大重要场景，分别是输入法场景，在输入法键盘特定字符引入不同振动效果，使用户在不便使用声音反馈时通过触觉识别键盘中的字母和数字，在保护用户隐私的同时，提升用户的输入效率和准确度；外出步行导航偏移角矫正场景，在步行导航中，当用户与导航路线有角度偏差时，会通过振动提醒协同语音播报，帮助用户回到正确方向；公交地铁导航振动提醒场景，在“到站候车、即将到站、到站、到达目的地”四种场景下，通过定制振动效果提醒用户。作为振动触觉反馈技术在无障碍领域探索的先行者，腾讯游戏 MTGPA 团队希望联动无障碍生态系统中的各个角色共同推动无障碍问题解决，助力完善无障碍生态系统的建设。

5. 积极参与行业联合体或创新联合体，推动无障碍生态系统建设

加快信息无障碍建设是促进基本公共服务均等化的基础条件之一，体现发展的平等性、协调性与包容性，是“可持续价值创新”战略的价值主张实践的抓手。对于移动互联网企业而言，推动更多的科技向善解决方案提出，对最佳实践进行系统归纳梳理，总结方法论和适用价值是对整个无障碍生态系统注入力量的最佳方式。而随着科技和社会发展的复杂化，近年来由单一或少数企业推动无障碍发展或创新的难度越来越大，以行业联合体或创新联合体为代表的创新组织模式将更多主导推动未来的无障碍发展。

为更好地将无障碍工作连点成线、连线成面，要不断普及无障碍理念、持续深化内涵、不断拓展外延，推动越来越多企业关注和投入信息无障碍工作，积极促进自身产品的无障碍优化，提升对各类型障碍群体的服务能力，为他们提供多元化发展可能。信息无障碍产品联盟（CAPA）于 2022 年 5 月 26 日召开了 2021 年度会议，会上提出将联盟更新升级为信息无障碍联席会议。腾讯、阿里巴巴、微软（中国）、抖音等多个移动互联网企业及信息无障碍研究会等数十家成员单位代表参会。

信息无障碍联席会议将建立无障碍专家库，并继续支持各成员单位开展适老化及无障碍改造工作。同时，联席会议还将联合各成员单位持续开展各类面向残障群体的课程培训活动，助力残障群体全面提升就业创业能力。在无障碍专业人才培养方面，深圳市信息无障碍研究会与国际无障碍专业人才协会（IAAP）达成合作，将引入国际无障碍课程和认证体系，帮助成员单位培养专业的无障碍人才。信息无障碍联席会议这一机制，将发挥其合作共益、资源共享的优势，成为推动信息无障碍领域发展的中坚力量，加速中国信息无障碍生态系统建设的进程，推动科技普惠所有人的愿景实现。

四　中国移动互联网应用无障碍发展的问题与挑战

我国一直十分重视保障残障人士及老年群体的权益，建立了政府主导的社会保障体系。改革开放以来，我国的信息无障碍建设从理念、政策到应用层面，都取得了非常大的突破和进展。信息无障碍理念在公众意识层面的不断深入，信息无障碍政策、标准体系的不断健全与完善，参与到信息无障碍优化的数字产品的日益丰富，互联网技术、产品、服务的不断创新为信息无障碍建设提供了全新的发展机遇。

但我国移动互联网应用的无障碍及适老化的发展仍处于初级阶段。与国际发展相比，我国移动互联网应用发展具有一定的特殊性，信息无障碍发展水平与世界先进国家还存在一定的差距。在信息及科技发展日新月异的当下，离“惠及全民、友好包容”的信息无障碍环境还有很大的差距，仍存在许多发展问题亟待解决。

（一）政策法规体系缺乏强制效力与监督措施

第一，国内与残障人士无障碍发展相关的关键性政策法规体系多以“规范”“通知”“方案”“标准”为主，很多内容较为笼统，操作空间受到限制，且国家层面的立法较为缺失，尚未有针对信息无障碍的专项立法，内容较为模糊，缺乏系统性。相关的法律法规较少，规范性政策文件较多，法律效力较弱。第二，责任主体较为模糊，信息无障碍环境相关法律法规中主体职责划分不够清晰，信息无障碍环境权益的规定分散于部分条款，条文中多以“有关部门”“可以依法”等模糊词语进行表述，缺乏明确的法律责任主体及救济措施，导致对应的法律条文的适用性及操作性不强。第三，信息无障碍相关内容不够完善，法律效力较弱。无障碍环境立法中对信息技术、信息服务等信息无障碍立法的考虑较为滞后，这与当今信息社会的快速发展是不相适应的，立法前瞻性不足。①

（二）信息无障碍相关标准有待完善

信息无障碍标准是开展信息无障碍工作的重要依据，是引导互联网企业

① 中国信息通信研究院：《信息无障碍白皮书（2022 年）》，2022 年 5 月，http：//www.caict. ac. cn/kxyj/qwfb/bps/202205/P020220518510041281463. pdf。

推动无障碍产品设计、开发、系统建设、服务提供的重要技术依据，也是监督和检验相应产品、系统、服务的质量的重要维度。

随着信息无障碍工作的广泛开展，信息无障碍相关标准的制定力度应进一步加强，除了着力制定推动产品在设计、开发、测试、使用等各环节充分考虑残障人士需求的通用性规范外，还应结合人工智能、多模态交互等高新技术制定服务于特殊群体、特殊场景的专用技术规范，在技术规范层面满足各类障碍人群在信息领域的需求。

（三）无障碍意识在移动互联网企业中的渗透度有待提高

目前推动无障碍发展的移动互联网企业主要以头部企业为主，各类头部企业旗下的很多产品在研发过程中，尚未在设计开发之初就考虑到各类障碍群体的需求、产品需具备信息无障碍属性，这就导致企业对产品的无障碍优化一般处于产品生命周期的中后期，无障碍改造难度大，无法覆盖产品的全部功能。其他中小型企业内部的无障碍意识还较为缺乏。很多中小型互联网企业缺乏主动支持无障碍服务、对产品进行更新迭代的意识，无障碍需求优先级低，甚至未曾考虑。目前对互联网应用的适老化及无障碍改造并非强制性要求，也并非企业自身经营刚需。企业尤其是中小型企业很难将资源投入内部产品的无障碍建设之中。

为了促进移动互联网企业在产品初设阶段就全面考虑不同类型用户的需求，并将信息无障碍理念融入产品的整个研发流程中，要建立稳定机制保证企业可以持续积极投入信息无障碍建设生态系统，促使移动互联网企业在产品的研究、设计、开发、测试等各个环节中落实信息无障碍要求，将信息无障碍工作制度化、标准化，最大限度地保证产品无障碍体验的稳定性。而移动互联网企业无障碍发展面临的挑战集中在以下几个方面。

1. 对障碍用户的关注不够全面

人类在生活中约有八成以上的信息是通过视觉获取的，且当今的互联网信息传播，更偏重于视觉信息的传递，移动互联网产品功能也主要是面向健全用户的交互方式，从而让视力障碍用户，特别是全盲用户在使用移动互联网产品时感到十分困难。基于此，许多移动互联网企业的产品团队在开展信息无障碍工作时，重点考虑如何提升屏幕阅读器与移动互联网应用的兼容性，先保证视障用户可使用产品，因此对其他障碍人群的关注度相对较低，但 2020 年《关于推进信息无障碍的指导意见》提出信息无障碍重点受益群体为老年人、残疾人、偏远地区居民、文化差异人群等。可见从信息无障碍重点受益群体视角看移动互联网应用的无障碍优化，移动互联网应用所服务的障碍群体是远远不够的，对障碍群体的认知还需持续深化。

2. 无障碍问题依旧随处可见

移动互联网应用的无障碍经过多年发展，特别是互联网应用适老化及无障碍改造专项行动的推动，使许多产品的无障碍体验有了长足发展，但仍有许多常见无障碍问题并未得到解决，视障用户在使用产品时仍有被差别对待的感受。主要体现为以下几点。第一，不能使用产品的全部功能及服务，在对障碍用户的研究中发现，视障用户在使用产品时会产生被差别对待的愤怒感，这主要体现在视障用户无法独立使用产品的全部功能及服务上，因此，各类移动互联网应用的全场景无障碍优化十分重要。第二，移动互联网应用的新功能无障碍能力适配不及时，视障用户不能及时享受到产品的新功能。因此当产品推出新功能时，建议各产品团队能将无障碍优化工作考虑其中，让视障用户也能同步享受和体验到新功能。第三，许多场景下仍有很多老大难无障碍问题尚未解决，如医疗场景线上挂号、滑块验证码、复杂的图片信息等场景的无障碍优化问题。

产品无障碍体验的稳定性对于障碍用户而言是至关重要的，会直接影响障碍用户对该产品的信任程度。一款产品出现版本的无障碍体验倒退，即原本能用的功能随着版本更新不能用了，对障碍用户的影响比较大。

3. 企业内部产品无障碍优化缺乏系统规划及无障碍专业人才

《2021 中国数字包容用户调研报告》表明，影响企业内部推动无障碍工作常态化的常遇问题有：产品规划早期缺乏对无障碍和适老化等方面的通盘考虑，增加了后续工作的难度；产品功能点的规划、设计与验证缺少对真实用户的调研和市场调查等。无障碍相关岗位相对小众，部分从业者对个人能力的发展和向上晋升存在顾虑，以及相关专业方法的学习、行业交流的内容与方式相对缺乏等。

五　推动中国移动互联网应用无障碍发展的趋势及对策建议

（一）推动无障碍立法

《中华人民共和国国民经济和社会发展第十四个五年规划和2035年远景目标纲要》将无障碍环境建设作为突出重点工作予以强调，要求加快信息无障碍建设，帮助老年人、残疾人等共享数字生活。2021年7月国务院印发的《“十四五”残疾人保障和发展规划》，将信息无障碍作为数字社会、数字政府、智慧城市建设的重要组成部分，纳入文明城市测评指标。2021年9月开始实施的《中华人民共和国数据安全法》第十五条提出，国家支持开发利用数据提升公共服务的智能化水平。提供智能化公共服务应当充分考虑老年人、残疾人的需求，避免对老年人、残疾人的日常生活造成障碍。无障碍法治建设是推动信息无障碍建设发展的重要力量。

党中央、国务院高度重视并全面支持开展信息无障碍工作，工信部、中国残联等各部委及相关机构也制定了相对完善的规范性文件和技术标准。但由于相关政策缺乏强制效力和有力监督措施，各项法规、政策的落地实施存在较大差异，信息无障碍建设仍然存在诸多问题和挑战。《关于推进信息无障碍的指导意见》已经提出了加强信息无障碍法规制度建设，推进信息无障碍相关立法工作的任务。建议加快推进信息无障碍立法进程，提升信息无障碍建设法律地位，为任何人在任何时候都可以共享美好数字生活新图景提供法律保障。①

① 凌亢主编《无障碍环境蓝皮书：中国无障碍环境发展报告（2021）》，社会科学文献出版社，2021，第264页。

（二）建立信息无障碍生态系统运作的良性机制

信息无障碍建设是一项系统工程，需要从法律、标准、技术，以及观念、意识等方面同时着力。通过与ISO、W3C等国家标准化组织和IBM、Microsoft等跨国企业交流与分享，结合大量的国内外实践经验，实行“国家法规+方针政策+技术标准+意识理念”的协同运作模式，是推动信息无障碍生态系统良性运转的最有效方法。政府主导相关法律法规、政策的落地与实施，结合媒体的宣传作用，形成示范效应，促使企业投入更多一线研发和运营资源，提高信息无障碍的研发和运营优先级。企业、第三方组织积极参与技术标准制定，保证技术标准具备可执行性。第三方组织加强面向社会、企业的无障碍理念普及。

实际情况是企业为响应政策而开展的信息无障碍及适老化行动投入成本高，若想要维持企业在信息无障碍及适老化工作上的投入，需正视企业在开展无障碍及适老化相关工作时投入的高成本，而政策的持久性和长效机制是维护企业积极性最大的保障。

除此之外，企业可通过与第三方组织联动合作，将各类障碍群体的需求融入产品设计、研发、生产与迭代的全周期中，对企业而言，这也可以在最大限度上节约产品的运维成本。基于此，也需要建立信息无障碍相关的激励机制，如加强信息无障碍领域相关的研讨，鼓励相关高校、研究机构的专家学者从事信息无障碍领域相关的研究，打破全社会对残障人士的歧视和偏见，倡导平等、包容的理念，形成一种积极的社会氛围。

信息无障碍技术标准是联结信息无障碍技术、产业、服务和各类障碍用户之间的桥梁。完善和细化信息无障碍技术标准，可以有效帮助企业内部统筹建设信息无障碍标准体系，推动标准化运作。因此，首先，需建立完善总体性标准，还需建立完善通用性标准，建立健全针对疫情等公共突发事件的信息无障碍应急服务规范；其次，需强化相关信息无障碍标准的实施力度，推动信息无障碍测评机制建设，按照信息无障碍标准进行产品的评测，激励相关行业参与标准的实施；最后，通过逐步完善标准，出台强制性要求，并融入信息无障碍法律体系。

（三）重视第三方组织的力量，保障“政府部门+企业+第三方组织”的有效联动

推进信息无障碍生态系统良性运转，需形成全社会的合力，政府部门、互联网企业、第三方组织以及公众等全体社会成员都应认识到信息无障碍生态系统建设，不仅是为残障人士等特殊群体提供包容性服务，更是一项为全体社会成员提供便利的社会保障措施。通过政府政策支持、企业和第三方组织联动，各司其职，搭建无障碍生态系统的良性运转机制。同时政府部门需加大投入力度并更公平地协调配置社会资源，建立健全信息无障碍评价体系，将信息无障碍建设相关指标强制纳入文明城市、智慧城市评比指标中，在关键指标上实行“一票否决”制度。

第三方组织，如各省（区、市）相关服务，障碍群体的机构组织，如残障人士联合会、盲人协会、聋人协会、老年协会、高校以及信息无障碍相关专业研究机构等，是对接用户需求与政府部门、企业的纽带与桥梁，企业可通过第三方组织加强与主管单位、用户及行业协会的合作，从实际需求出发，开发出更实用的无障碍产品。政府部门可通过第三方组织了解用户使用产品的实际情况以及企业在开展无障碍、适老化相关工作过程中的痛点，为法律、政策、标准的制定提供客观科学的依据。

（四）推动企业建立信息无障碍生态系统运作方式

从技术角度看，要保障各类障碍群体可无障碍地获取并顺畅使用移动互联网产品及服务，企业内部需要搭建可持续发展的信息无障碍生态系统。生态系统大致可分为底层系统层（iOS、安卓等系统）、产品应用层（各类移动互联网应用）以及辅助工具层（如读屏软件、助听设备等）三个层次。其中，产品应用层在这个生态系统中起着承上启下的作用，是将底层系统层和辅助工具层有效联结起来的媒介。如何发挥产品应用层的枢纽作用，让信

息无障碍生态系统的建设更加科学，是整个行业需要关注的重点问题。

对于产品应用层的企业，保持产品具有良好且稳定的无障碍体验是重要的，有以下两个层面是需要开发者重点关注的。其一，保证产品界面的可访问性，也就是这个产品信息可以被辅助技术访问，如视障用户可以通过屏幕阅读器获取产品的所有主要界面的信息，并且能按所定义的预期与之交互。其二，在产品优化或迭代过程中，增强通用性的设计意识，加入无障碍检测流程，使其成为发版前重要的参考维度，最大限度保障每一次迭代障碍用户均能顺利使用所有更新特性。要达到上述要求，移动互联网企业的相关从业者需要以用户为中心，尊重人的差异性，充分考虑用户自身和其所处情境的差异，公平地对待不同能力、偏好和需求的用户，避免歧视任何用户，看到社会中的弱势群体能做的事，弥补他们做不到的事。除此之外，为实现产品无障碍效果的最大化，推动无障碍产品设计、开发、测试标准建立，行业共识的形成极为关键。这需要行业从技术创新和用户价值切入，在无障碍产品改造上达成共识，通过开源无障碍相关领域的技术能力，助力无障碍行业专项标准建立，为推动信息无障碍生态系统的发展添砖加瓦。

参考文献

中国人民银行：《移动金融客户端应用软件无障碍服务建设方案》，2021。

上海市经济和信息化委员会、上海市民政局、上海市残疾人联合会、上海市大数据中心：《关于开展互联网应用适老化和无障碍改造的通知》，2021。

广东省通信管理局：《关于组织开展互联网应用适老化及无障碍改造专项行动的通知》，2021。

北京市残疾人联合会、北京市政务服务管理局、北京市通信管理局：《北京市互联网应用适老化和无障碍改造专项实施方案》，2021。

中国工业设计研究院、深圳市信息无障碍研究会、埃森哲（中国）有限公司：《数字包容 科技普惠》2022 白皮书，2022，https://www.siaa.org.cn/static/image/img_media/1655791131602.pdf。

深圳市信息无障碍研究会、腾讯游戏 MTGPA（腾讯移动终端技术优化）项目团队、腾讯游戏学堂、腾讯标准、东南大学：《振动触觉反馈技术在无障碍领域应用白皮书-场景篇》，2022，https：//www. siaa. org. cn/static/image/img_ media/1655791281539. pdf。

深圳市信息无障碍研究会、腾讯搜狗输入法：《人人可输入，助力障碍人群全场景自由表达白皮书》，2022，https：//www. siaa. org. cn/static/image/img_ media/1655791296499. pdf。

深圳市信息无障碍研究会、凤凰网、凰家评测：《2022 可及信息无障碍案例汇编》，2022，https：//tadc. siaa. org. cn/。

蚂蚁集团：《蚂蚁集团 2021 年可持续发展报告》，2022，https：//gw. alipayobjects. com/os/bmw-prod/2c4f049f-d96e-4108-918f-8e08027e0e22. pdf。

字节跳动：《北京字节跳动企业社会责任报告》，2021，http：//p3-bd-official. byteimg. com/obj/bytedance-cn/2021%E5%8C%97%E4%BA%AC%E5%AD%97%E8%8A%82%E8%B7%B3%E5%8A%A8%E4%BC%81%E4%B8%9A%E7%A4%BE%E4%BC%9A%E8%B4%A3%E4%BB%BB%E6%8A%A5%E5%91%8A. pdf。

IXDC、华为 UCD 中心、深圳市信息无障碍研究会：《2021 中国数字包容用户调研报告》，2021，https：//meia. me/article/907。

B.5
中国信息无障碍终端产品发展报告（2022）

陈 晨 李筱菁*

摘 要： 信息无障碍终端产品指能够帮助所有人平等、方便、安全地获取、交互、使用信息的终端产品。本报告对国内外信息无障碍终端产品发展历程进行了梳理，并总结出我国信息无障碍终端产品在政策发展、法律法规、行业标准以及产品类型方面的现状。研究指出，我国信息无障碍终端产品目前存在相关政策有待健全、产品市场供给无力、企业研发动力不足、科技成果转化瓶颈有待突破、信息无障碍社会意识有待增强以及使用者的主体地位有待提升等问题和挑战。报告最后，就我国信息无障碍终端产品的数字化发展提出健全政策环境，推进法治建设，提升信息无障碍终端普及率，反向推动终端产品质量提升，多措并举促进研发成果落地，多元力量提升社会意识以及坚持特定群体的主体地位等建议。

关键词： 信息无障碍 智能终端产品 数字化发展

2020年9月，工业和信息化部与中国残疾人联合会共同发布《关于推进信息无障碍的指导意见》，其中明确指出，加快推进我国信息无障碍建设

---

* 陈晨，博士，南京林业大学信息科学技术学院物联网工程专业讲师，研究领域为物联网和可穿戴传感器；李筱菁，博士，南京特殊教育师范学院中国残疾人数据科学研究院讲师，研究领域为残疾人事业。

的主要任务之一是扩大信息无障碍终端产品供给，明确了信息无障碍终端产品发展的重要地位。近年来，我国信息无障碍终端产品研究取得了较大进展，越来越多科技水平高、性价比优良的智能化辅助器具等无障碍终端产品出现。但由于我国信息无障碍发展起步较晚，终端产品的数字化建设存在诸多挑战。本报告对国内外信息无障碍终端产品发展历程进行了梳理，着重介绍了我国信息无障碍终端产品的发展现状，并针对目前信息无障碍终端产品数字化发展面临的问题和挑战提出了相应建议。

一　信息无障碍终端产品的内涵

“信息无障碍”的理念在2000年7月于日本冲绳召开的G8会议上发表的《全球信息社会冲绳宪章》中被首次明确提出。[①] 2006年，联合国大会通过的《残疾人权利公约》进一步明确了与信息无障碍发展相关的条款与举措，即“从事或促进研究和开发适合残疾人的新技术，包括信息通信技术、助行器具、用品、辅助技术”“设计、开发、生产、推行无障碍信息、通信技术和系统”等。在此基础上，通过通信接口或应用界面处理信息以支持通信功能的信息终端设备开始被用于服务残疾人，以残疾人可使用的语音、文字提示、盲文、手语信息服务等形式出现，帮助残疾人减轻障碍，满足他们的信息需求，更加平等地参与社会生活。随着人工智能、5G、物联网、大数据等新一代信息技术的发展，科技成果转化进程不断加快。作为新一代产业升级的核心驱动力，信息技术在语音识别、生物识别、肢体控制等各个领域的赋能作用进一步凸显出来，大大提升了面向残疾人服务的质量。

近年来，随着信息无障碍领域的加速拓展与公共信息服务无障碍范围的不断扩大，信息无障碍终端产品类型也由助残产品向适老化产品及残健融合型产品过渡。人口老龄化的不断加剧使得老年人的功能恢复和健康管

① 《信息无障碍》，人民网，2013年5月20日，http：//wza. people. com. cn/wza2013/info. php。

理需求日益增加。2020 年 11 月，国务院办公厅颁布《关于切实解决老年人运用智能技术困难的实施方案》，要求近期“围绕老年人获取信息的需求，提升信息无障碍水平”，并在下一工作阶段“扩大老年人终端智能产品供给”。[①] 这就要求信息技术与适老化领域深度融合应用，进一步开发适老化标准，研发符合老年人生活场景的智能终端产品，重视适老化改造升级，以更灵活的方式在老年群体中普及智能技术，帮助老年人解决“数字鸿沟”问题。

随着社会发展和文明的进步，无障碍的概念也在不断演化和扩充。广义的信息无障碍除为残疾人、老年人等特定群体服务外，还要实现全体人的信息平等，保障所有人获取、使用信息的权利。国际社会上，“无障碍”一词的表述从 barrier-free 转变为 accessibility，也体现了无障碍概念由残疾人群、老年人群向全社会人群的扩充。[②] 全社会无障碍理念的提升以及信息技术对社会群体的赋能也催生了各种类型的终端产品。在数字经济的背景下，信息无障碍及其终端产品也要加快数字化发展，从而帮助全社会消除数字鸿沟，促进共同富裕。

根据《信息终端设备信息无障碍辅助技术的要求和评测方法》，信息交流障碍可分为身体障碍和习惯差异障碍、感官/感知障碍、认知障碍或文化差异、沟通障碍及混合型障碍。相应地，中国标准化协会于 2006 年制定并发布的《信息无障碍标准体系框架》将信息无障碍的使用对象划分为身体机能差异人群、基础环境差异人群、语言文化差异人群和行为习惯差异人群。基于以上概念梳理和内容划分，本报告将信息无障碍终端产品定义为保障全社会信息无障碍实现的联结通信网络和通信应用的工具。其研发、推广与应用是信息无障碍建设的重要层面，对弱化残疾人与健全人的界限、努力应对老龄化、改善民生等方面都具有重要的社会意义。

---

① 《国务院办公厅印发关于切实解决老年人运用智能技术困难实施方案的通知》，2020 年 11 月 24 日，http：//www. gov. cn/zhengce/content/2020-11/24/content_ 5563804. htm。

② 厉才茂：《无障碍概念辨析》，《残疾人研究》2019 年第 4 期，第 64~72 页。

二　信息无障碍终端产品国内外发展历程

（一）国外发展历程

无障碍环境建设起步较早的国家和地区包括美国、欧洲、日本等。这些国家和地区的信息无障碍建设法律、法规都相对完善，也较早开始研发和推广面向残疾人和老年人的信息无障碍终端产品。

1. 政策支持

1990 年通过的《美国残疾人法案》明确禁止在公共设施上歧视残障人士。1998 年颁布的《条例 508》是对《美国劳工康复法案》的修订，也是美国和国际信息无障碍相关法案的起始。它明确规定了“所有由联邦政府发展、取得、维持或使用的电子和信息技术都必须让残疾人可以接近”。2006 年，美国修订的《残疾人康复法案》又明确规定联邦政府的供应商对 IT 产品和服务（包括电信、音视频、PC 及笔记本电脑等）必须主动证明其符合信息无障碍标准，联邦机构所采用的电子和信息技术都不能对残障人士形成障碍。

欧洲国家的信息、通信无障碍相关条例完善程度也始终处于世界前列。受美国相关法案的推动，英国先后出台了《英国残疾人法案》《残疾歧视法案 1995》《特殊教育需求和残疾法案 2001》，开启信息无障碍的立法进程。西班牙、瑞典、荷兰等国家在 2000 年前后分别制定了计算机和网络无障碍法规。欧盟在《欧洲残疾人战略（2010—2020）》中修订了关于“无障碍欧洲”的说明，对政府产品、服务购买都提出了相应的无障碍要求。2015 年 12 月，欧洲委员会编制了《欧洲无障碍法》草案，明确将致力于为残疾人提供无障碍的信息、通信技术和系统及其产品或服务。该草案明确涉及“具有电话语音服务、视听媒体服务或先进计算机能力的用户终端设备”等产品和服务。针对无障碍产品和服务标准，欧洲电工标准化委员会也提出了相关要求，如“双向语音通信产品需提供实时文本或其他另一种获取音频信息的方法”“具有视频功能的产品要具备字幕同步播放功能”等，以无障碍特性和验证程序来评估进入欧盟市场的通信技术和系统产品服务是否满足无障碍要求。

2. 产品发展

在信息无障碍这一概念正式出现之前，无障碍终端产品的主要形式为残疾人用辅助器具。20 世纪七八十年代起，信息技术开始应用到盲用辅助产品中，为盲人文化知识的获取方式、获取速度、获取渠道和社会生活参与度带来了翻天覆地的变化。1996 年，日本科学技术机构 STA 批准的“老年人和残疾人参与的辅助工程”就有包括虚拟现实训练系统、多媒体通信器具在内的残疾人辅助工程开发项目。1998 年在东京举办的“老年人和残疾人辅助技术研讨会”，介绍了日本残疾人康复协会信息中心开发的“数字式听说系统”、日立公司的“虚拟现实步行训练器”等。进入 21 世纪以来，这些智能终端设备越来越多地得以落地推广。全球各大技术公司先后投入研发无障碍技术。2000 年，IBM 公司组建了全球信息无障碍中心。2012 年，谷歌宣布成功研发一款“拓展现实”眼镜，开启了智能可穿戴设备的时代。2013~2016 年，智能终端设备领域呈现出形式多样、产品丰富的特点，反映了智能可穿戴设备作为“智能终端”产业的巨大发展潜力。随着数年的无障碍技术发展和人们对无障碍需求的不断增加，人工智能技术近年来已经成为信息无障碍的主流。2018 年，微软推出了“人工智能无障碍计划”，发布了为视障人士开发的人工智能辅助视觉方案 Seeing AI、为帕金森病患者研发的消除手部震颤手表等一系列基于人工智能与人机交互技术的终端产品并加以推广，目标是放大人工智能在无障碍领域的影响力，让信息无障碍的福利实现最大化。

（二）国内发展历程

本报告将信息无障碍终端产品的国内发展历程分为起步阶段和快速发展阶段两个主要阶段。起步阶段为 2000 年左右至 2015 年，快速发展阶段为 2016 年及以后。

1. 起步阶段

（1）法规体系建设

2007 年，中国成为联合国《残疾人权利公约》的缔约国，象征着中国在信息无障碍建设方面与国际逐渐接轨。2008 年，我国修订了《中华人民共和国残疾人保障法》，党中央、国务院出台了《中共中央、国务院关于促进残疾人事业发展的意见》等。以上法规、文件明确提到“开发适合残疾人使用的信息交流技术和产品”“电子信息和通信产品要方便残疾人使用”等，从而对残疾人使用的终端设备提出了信息无障碍的要求。

（2）政策支持与行业标准

同时，信息无障碍终端产品作为辅助技术和辅助功能的相关标准也逐渐建立。2009 年 6 月 15 日，工业和信息化部起草并发布了《信息终端设备信息无障碍辅助技术的要求和评测方法》，这是我国首部专门针对终端设备的信息无障碍的行业标准规范。该标准将信息无障碍终端产品的主要用途限定为辅助技术和辅助功能，针对身体障碍，感官、感知障碍，认知障碍，文化差异，沟通障碍等各种类型的障碍制定了辅助技术和辅助功能要求。此后，又陆续出台了针对包括助听器等在内的一系列终端设备的国家标准和行业标准。

除主要面向残疾人的辅助技术之外，这一时期手机、PC 机等通信终端产品的大量普及使得全社会的信息传播和沟通的业态得到极大发展。2015 年以来，工业和信息化部联合财政部实施了八批电信普遍服务试点以支持农村地区的光纤宽带和基站建设，支持农村和贫困偏远地区的通信终端服务。

（3）平台建设

在国内，信息无障碍终端产品的发展起步较晚。2000 年以前，国内对终端产品的信息无障碍建设提及很少。2004 年，中国残疾人联合会、中国盲文出版社、中国互联网协会、全球信息无障碍中心等机构在北京共同举办了第一届中国信息无障碍论坛。会上，时任中国残疾人联合会主席邓朴方说道：“利用网络等高新技术来推进残疾人信息交流的无障碍，将会给广大残疾人带来历史性的改变。”迄今为止，论坛已成功举办了17届，为我国促进数字化发展背景下信息无障碍发展和“数字鸿沟”消除做出了贡献。2005年，深圳市信息无障碍研究会作为中国内地首个关注信息无障碍的公益性社会团体成立，以加速中国信息无障碍进程为主要职责，以“让每个人都能通过科技平等享受现代生活”为愿景，以起草行业标准、编制行业发展报告、组织无障碍宣传活动等形式推动信息无障碍发展。2009年浙江大学成立“中国残疾人信息和无障碍技术研究中心”，致力于该领域的理论研究、产品研发和社会服务等工作，这是中国残联系统之外成立的首个无障碍技术研发中心。作为该中心的执行单位，浙江大学参与策划的“中国残疾人信息无障碍关键技术支撑体系及示范应用”项目被纳入国家科技支撑计划重点项目，该项目取得一系列重大成果，其中包括无障碍信息家居系统等终端设备的信息无障碍研发工作，对残疾人信息无障碍核心服务支撑体系具有重要的助力作用。

2. 快速发展阶段

我国信息无障碍起步阶段的主要建设方向为互联网信息无障碍建设，包括网页、移动App等的无障碍建设。近年来，信息技术飞速发展，终端设备的信息无障碍建设也加速推进，并在相关政策出台、标准制定、行业发展态势等方面呈现行业革新趋势。

（1）政策文件持续出台

2016年10月25日，中共中央、国务院印发了《“健康中国2030”规划纲要》，提倡培育有特色的健康管理服务产业，探索推进可穿戴设备、智能健康电子产品和健康医疗移动应用服务等发展。[①] 2019年7月9日，国家卫生健康委牵头倡导“健康中国行动（2019—2030年）”，也提到了鼓励研发推广健康管理类人工智能和可穿戴设备。2020年9月，工业和信息化部、中国残疾人联合会共同发布了《关于推进信息无障碍的指导意见》，其中在

① 《中共中央　国务院印发〈“健康中国2030”规划纲要〉》，中国政府网，2016年10月25日，http：//www.gov.cn/xinwen/2016-10/25/content_5124174.htm。

关于信息无障碍终端的设备研发方面，提到“开发残健融合型无障碍智能终端产品”“提升信息辅助器具智能化水平”等。[①] 2021 年 2 月 10 日，工业和信息化部《关于切实解决老年人运用智能技术困难便利老年人使用智能化产品和服务的通知》，提到“推动手机等智能终端产品适老化改造”等。3 月，中国银保监会出台改进金融适老化服务政策，提升金融服务适老化水平，要求简化自助服务终端操作步骤，使用便携式智能终端为出行不便的老年人上门服务等。[②] 以上政策的出台体现了我国信息无障碍终端产品的两个转变方向：一是由残疾人辅助器具向残健融合型和适老化无障碍智能产品扩充；二是大力推进人工智能等关键技术在各类终端产品中的实际应用。

（2）企业加入平台建设

2021 年 12 月 2 日，在深圳市福田区残疾人联合会的支持下，腾讯游戏与深圳市信息无障碍研究会共同发起的“触觉反馈技术在无障碍领域应用”项目启动仪式在深圳举行。12 月 18 日，2021（首届）企业社会责任及公益论坛在京举行，科大讯飞等 60 余家企业及社会团体参与，目标为推动 5G 与人工智能的深度融合，让信息无障碍做到真正的普惠。除此之外，华为、阿里巴巴、字节跳动等多家企业与深圳市信息无障碍研究会开展合作，共同致力于信息无障碍产品的开发和平台推广工作。

（3）产品发展迎来重大机遇

随着我国加快以人工智能等新技术为代表的新型基础设施建设，信息无障碍终端产品发展和推广也迎来重大机遇。2022 年，数字技术适老化及信息无障碍联盟发布的《数字技术适老化发展报告（2022 年）》指出，我国预计“十四五”期间将逐步迈入中度老龄化社会，在这一背景下，“老年人红利”将带来巨大的发展前景。目前，智能电视和手机等终端产品已初步

---

① 《工业和信息化部　中国残疾人联合会关于推进信息无障碍的指导意见》，中国政府网，2020 年 9 月 11 日，http：//www.gov.cn/zhengce/zhengceku/2020－09/23/content_5546271.htm。

② 《中国银保监会办公厅关于银行保险机构切实解决老年人运用智能技术困难的通知》，中国政府网，2021 年 3 月 26 日，http：//www.gov.cn/zhengce/zhengceku/2021－03/31/content_5596890.htm。

实现适老化改造。未来更多的终端产品有望迎来适老化，乃至面向全体社会大众的智能化发展。智能可穿戴设备就是其中一例。目前，智能手环、智能手表等可穿戴设备已经在残疾人和老年人的健康管理中得到广泛应用。随着智能人机交互、虚拟现实、智能计算系统等技术发展不断成熟，新的终端设备也将被越来越多地应用于信息无障碍终端产品的研发和推广中去。

三　我国信息无障碍终端产品的发展现状

经过多年的发展，我国的信息无障碍终端产品形式逐渐丰富，终端产品性能逐渐多样，科技水平逐渐优化，为我国的残疾人和老年群体提供了性价比优异的选择。如今，信息无障碍重点受益群体已经可以借助信息无障碍终端产品方便快捷地获取各个渠道的信息资源。信息无障碍终端产品极大地辅助了他们的日常生活，帮助他们快速融入社会生活中。

（一）信息无障碍终端的政策发展和法律法规支持

1. 顶层制度不断完善

随着信息无障碍重点受益人群范围的扩大，全社会对信息无障碍概念有了深入的了解和认识。根据《中华人民共和国残疾人保障法》和《中华人民共和国老年人权益保障法》等法律，国务院于2012年颁布了《无障碍环境建设条例》，信息无障碍顶层制度不断完善。

2020年9月，工业和信息化部、中国残疾人联合会共同发布了《关于推进信息无障碍的指导意见》，其中指出鼓励信息无障碍终端设备研发，支持开发残健融合型无障碍智能终端产品，鼓励研发生产可穿戴、便携式监测、居家养老监护等智能养老设备。推进公共服务终端设备的无障碍改进，鼓励企业设计开发适应重点受益群体不同服务需求的自助公共服务终端设备，在城市范围内推进公共场所的无障碍自助公共服务终端设备的部署，① 并将终端设

① 《两部门：鼓励信息无障碍终端设备研发与无障碍化改造》，中国新闻网，2020年9月23日，https：//www. chinanews. com. cn/gn/2020/09-23/9297775. shtml。

备列为着重解决的障碍之一，强调完善基础设施建设，增强产品服务供给。

2021 年 7 月，国务院印发《“十四五”残疾人保障和发展规划》，提出五大重点任务，着重强调优化无障碍环境，为残疾人提供便利条件，保障残疾人平等权利。加快信息无障碍建设，推进医院、银行、地铁、机场等公共场所的自助服务终端设备无障碍改造，支持科技水平高、性价比优的信息无障碍终端产品研发生产。①

2022 年 2 月，国务院印发《“十四五”国家老龄事业发展和养老服务体系规划》，规划明确提出要大力发展银发经济，加强适老化智能终端产品的研发制造，促进老年用品向科技化智能化升级，应用重大科技攻关智慧健康养老，建设兼顾老年人需求的智慧社会。

此外，2021 年 12 月，由中央网络安全和信息化委员会印发的《“十四五”国家信息化规划》也多次明确优化信息无障碍环境的迫切性，要求在公共场所普及信息无障碍自助设备，推广智能终端设备，鼓励智慧城市开展信息无障碍全域部署，推动智慧养老服务，积极支持智能辅具、智能家居、健康监测和养老照护等智能终端产品开发。规划指出，“到 2023 年……适老化智能产品和服务不断丰富，有效支撑全国养老服务……到 2025 年，产业生态更加健康完善，为老年人提供有获得感、幸福感和安全感的老年生活”②。

2. 地方政策纷纷出台

与此同时，为了贯彻落实党中央、国务院的重要指示，让老年人和残疾人等群体享受到更好的信息化服务，各地纷纷出台地方性法规和政策，推动智慧养老产业和助残产业大力发展。

2022 年 3 月，浙江省经济和信息化厅印发《浙江省信息无障碍提升计划（2022—2025 年）》。计划指出，要将加强信息无障碍产品供给当成主要任务之一，指示省经信厅重点支持信息无障碍终端设备研发与改造；省经信厅、

---

① 《国务院关于印发“十四五”残疾人保障和发展规划的通知》，中国政府网，2021 年 7 月 21 日，http://www.gov.cn/zhengce/content/2021-07/21/content_5626391.htm。

② 《“十四五”国家信息化规划》，国家互联网信息办公室网站，2021 年 12 月 27 日，http://www.cac.gov.cn/2021-12/27/c_1642205314518676.htm。

省民政厅、省残联重点关注提高信息辅助器具智能化水平；省经信厅、省残联、省建设厅等负责完成对公共自助服务终端信息无障碍改造的推动。①

为了提高省内无障碍环境建设水平，满足日益增长的无障碍环境需求，福建省于2021年印发《福建省无障碍设施品质提升三年行动方案》。行动方案要求到2023年底，全省各类公共建筑和公共服务场所的无障碍设施基本完善。在制订改造计划的同时，积极鼓励残疾人参与到各类公共建筑和公共服务场所的无障碍设施设计、体验、验收等环节中去，推动残疾人融入城市生活建设，提升无障碍设施的改造质量和使用体验。同时，逐步将智能家居产品纳入残疾人家庭无障碍改造补贴目录。②

2021年6月，湖南省发布《湖南省无障碍环境建设五年行动计划（2021—2025年）》，同样要求省内各市州、县市区积极推动信息无障碍交流，完善信息无障碍建设环境，优化公共服务场所设施终端。要求省残联、省民政厅加快推进困难家庭无障碍（适老化）改造，为困难高龄、残疾老年人家庭配备辅助器具和智能防走失装置等。③

（二）信息无障碍终端的相关行业标准和规范

从2009年开始我国就有信息无障碍终端的相关标准问世。经过多年的发展，已经陆续颁布了多项关于信息无障碍终端的国家标准、行业标准和团体标准，内容囊括基础通用类、产品开发、技术评测等方面的技术要求和规范。此外，各地也纷纷出台了地方标准，为信息无障碍终端配置服务提供了具体的服务依据。这些标准和规范的出现，为推动信息无障碍终端产业化发展指明了方向，为企业信息无障碍终端的生产研发提供了理论和技术支撑，帮助建立了更加和

① 《浙江省信息无障碍提升计划（2022—2025年）》，浙江省经济和信息化厅官网，2022年3月28日，http://jxt.zj.gov.cn/art/2022/3/28/art_1229567696_23456.html。

② 《〈福建省无障碍设施品质提升三年行动方案〉政策解读》，福州市人民政府官网，2021年6月22日，http://www.fuzhou.gov.cn/zcjd/bs/202106/t20210622_4125795.htm。

③ 《湖南省人民政府办公厅关于印发〈湖南省无障碍环境建设五年行动计划（2021—2025年）〉的通知》，湖南省人民政府官网，2021年6月23日，http://www.hunan.gov.cn/hnszf/xxgk/wjk/szfbgt/202106/t20210628_19804410.html。

谐友善的信息无障碍环境，加快了残疾人和老年群体迈入智能化生活的步伐。

目前，我国关于信息无障碍终端的标准体系仍在不断的完善中，如表 1 所示。

表 1　我国现行的部分信息无障碍终端标准及规范

标准体系	标准名称	标准编号	发布日期
国家标准	手柄电话助听器耦合技术要求和测量方法	GB/T 26257-2010	2011 年 1 月 14 日
	信息无障碍 第 2 部分:通信终端设备无障碍设计原则	GB/T 32632. 2-2016	2016 年 4 月 25 日
	适用于老年人的家用电器 通用技术要求	GB/T 40443-2021	2021 年 8 月 20 日
	用于老年人生活辅助的智能家电系统 架构模型	GB/T 40439-2021	2021 年 8 月 20 日
行业标准	信息终端设备信息无障碍辅助技术的要求和评测方法	YD/T 1890-2009	2009 年 6 月 15 日
	信息无障碍 用于身体机能差异人群的通信终端设备设计导则	YD/T 2065-2009	2009 年 12 月 11 日
	无线通信设备与助听器的兼容性要求和测试方法	YD/T 1643-2015	2015 年 7 月 14 日
	移动通信手持机有线耳机接口技术要求和测试方法	YD/T 1885-2016	2016 年 7 月 11 日
	移动通信终端无障碍技术要求	YD/T 3329-2018	2018 年 10 月 22 日
	移动通信终端无障碍测试方法	YD/T 3694-2020	2020 年 4 月 16 日
团体标准	智能电视适老化设计技术要求	T/CVIA 82-2021	2021 年 6 月 29 日
	移动终端适老化技术要求	T/TAF 090-2021	2021 年 6 月 29 日
	移动终端适老化测试方法	T/TAF 091-2021	2021 年 6 月 29 日
	移动智能终端信息无障碍通用规范	T/CESA 1170-2021	2021 年 8 月 26 日
	智能家用电器的适老化技术	T/CAS 500-2021	2021 年 9 月 13 日
地方标准	(广西)假肢装配机构假肢配置路径的制定与实施	DB45/T 1644-2017	2017 年 12 月 30 日
	(合肥)养老机构辅助器具基本配置规范	DB3401/T 207—2020	2020 年 12 月 22 日
	(南京)肢体功能障碍辅助器具适配服务规范	DB3201/T 1030—2021	2021 年 3 月 12 日
	(广西)养老机构康复辅助器具配置规范	DB45/T 2476-2022	2022 年 1 月 26 日

资料来源：全国标准信息公共服务平台。

（三）信息无障碍终端产品

随着我国信息无障碍顶层制度的不断完善，以及多年来相关标准的逐渐充实，近年来，在各级政府的鼓励支持下，我国信息无障碍终端研究取得了较大进展，各类产品竞相面世，展现出百花齐放的市场业态。众多科技水平高、性价比优的智能无障碍终端产品的出现，表明我国的信息无障碍环境得到了进一步优化，功能完善多样的信息无障碍终端产品为残疾人、老年群体融入信息化社会提供了强有力的技术支撑。

按照终端产品的类型，本报告将目前我国生产的信息无障碍终端大体分为身体机能障碍智能化辅助器具终端、适老化移动终端、信息无障碍智能家居/家电终端和公共场所的信息无障碍自助终端四大类别。

1. 身体机能障碍智能化辅助器具终端

该类产品是在原有的辅助器具功能基础上，改进辅助器具的功能，为身体机能障碍人群提供便捷的智能化生活服务的无障碍终端工具。该类产品种类繁多、功能多样，可将其按照服务对象的身体机能障碍类型，进一步细分为视觉障碍、听觉/言语障碍、肢体操作能力障碍和认知能力障碍人群使用的智能化辅助器具终端。

（1）视觉障碍智能化辅助器具终端

视觉障碍者涵盖无视力、低视力及色盲这三类人群。我国有1700多万名视障者，也就是说，约每100人就有一位视障者。目前我国视障者最常用的信息终端是智能手机。智能手机中的读屏软件可以满足无视力和低视力人群的阅读需求；通过加粗加大字体和页面放大等方式，可以满足低视力人群屏幕阅读的需求。同时，智能手机厂商专为信息无障碍模式设置的颜色调节功能也可有效缓解色盲人群使用信息终端的困难。例如OPPO自研的千人千屏就是一种手机色觉障碍检测方案，为用户提供766种色彩补偿方案，可将色盲用户的辨色能力从原有的20%左右的准确率提升到80%。[①]

---

① 《信息无障碍，走到哪一步了?》，“腾讯研究院”微信公众号，2022年3月15日，https：//mp. weixin. qq. com/s/vsaX-KYRKAOdX8gdZ_ 831w。

电脑是另一种视障者较为常用的信息终端。电脑除了可以通过读屏软件和字体改变达成智能手机的同等功能之外，大尺寸的显示屏幕也为低视力视障者提供了友好的互动环境。我国现有部分企业机构已经着手开发视障人群专用的触觉显示屏和计算机（如 Dot Inc. 的 Dot Pad 和清华大学的盲人计算机项目等），通过触觉图形显示终端帮助盲人过上独立而充实的生活，且价格合理，仅为国外同类产品的十分之一。

其他种类的视觉障碍智能化辅助器具终端也逐渐地走入了大家的视野。可穿戴助视设备（或称盲人眼镜，如翠鸟视觉的慧眼 Aeye）利用机器视觉方案帮助低视力群体改善生活现状，获得国内外多项殊荣；智能盲杖则帮助视障人群走向户外，智能盲杖装配 GPS 和雷达，在使用过程中实时记录盲人的活动区域和行走路线，并通过后台算法合成到地图上，依托盲杖的回传数据建立信息库，可以更加正确地了解盲人的出行障碍并反哺城市无障碍环境建设，将公共财政资金精准投入盲人的活动区域和出行问题节点上。这些种类繁多、功能丰富的视障辅助终端，不仅可以帮助视障群体更好地融入信息化社会，而且可以降低城市的无障碍改造成本，同时提升视障群体对城市建设的参与感。

（2）听觉/言语障碍智能化辅助器具终端

听觉/言语障碍是指无听力、低听力或失语的身体机能障碍。除了为无听力障碍者安装人工耳蜗外，近年来我国生产出多种可服务于低听力人群的智能助听终端，如具有辅听功能的无线耳机，不仅可以帮助听障人群解决生活困难，而且外形时尚美观，获得了消费者的一致青睐。

另外，目前我国生产的智能手机和电脑里的语音转文字和文字转语音功能，可基本满足听障和失语人群拨打和接听电话、使用聊天软件的需求。有些辅助终端在语音转文字的技术基础上，演化出多种输出形式。例如百度智能云曦灵推出的“AI 手语平台一体机”，运用人工智能将语音转化为文字进而生成实时手语画面，经受住了北京冬奥会直播的考验，并可以应用到直播和游戏等其他场景中去，以流畅专业的手语服务让听障人士享受科技带来的便利。[①] 还有的终端可将语音转为字幕实时显示在各类输出显示终端上。例如增感科技的 AR 智能眼镜，在外观上保留着普通眼镜社交友好的形态，用户可在注视对方表情、唇语的同时看到 AI 转译过来的字幕，使用户在社交中保持着良好的心理状态，因而具有较高的社会接受度。

（3）肢体操作能力障碍智能化辅助器具终端

肢体操作能力障碍智能化辅助器具终端主要面向肢体操作能力缺失的障碍群体。目前我国此类智能终端的主要功能集中在借助大数据和人工智能等高科技技术，帮助残障用户恢复部分肢体功能上。比如具备 AI 语音助手的智能轮椅与智能假肢，在帮助残障人士行走的同时，可提供导航和查询功能。更有厂家在外骨骼与机器人的启发下，生产出国内首款柔性可穿戴肌肉外甲，其可通过机器学习预测用户的动作意图，协同身体给肌肉提供辅助，为用户的康复训练和日常生活提供动力辅助，帮助他们回归独立自主的生活。

面向无法利用手指功能正常操作终端的障碍人群，部分终端厂家已着手对产品进行优化。微软中国发布了自适应配件，可替代传统的鼠标、键盘和快捷方式，方便肢体残障人群对 PC 的使用，展现了微软软硬件的包容性。[②] 脑机接口是目前非常热门的研究领域，以臻泰智能为代表的脑机康复行业先行者，致力于通过脑机接口技术帮助脊髓损伤的用户重新走向生活，并已和国内多家顶尖三甲医院开展了临床应用研究，康复疗效整体提升 20%以上。

（4）认知能力障碍智能化辅助器具终端

认知能力障碍智能化辅助器具终端可以帮助有认知障碍的人群正常使用智能终端。此类终端通常通过简化操作流程和界面、使用语音指令、利用 AI 帮助用户完成操作，用户也可使用快捷方式和快捷键使用一些常用的功能。目前我国生产的智能终端很多都具备了简易模式和语音助手，也在出厂时预设了很多快捷键和一键呼叫等功能，协助用户简化操作，具有较好的产品易用性。

① 《听见你的声音！百度智能云曦灵-AI 手语平台来了！》，“百度”微信公众号，2022 年 3 月 3 日，https：//mp. weixin. qq. com/s/BAEh5qob1EIj9s_ QDrVuQg。

② Dave Dame：《微软发布更多包容性技术及举措》，Microsoft，2022 年 5 月 12 日，https：//news. microsoft. com/zh-cn/微软发布更多包容性技术及举措/。

2. 适老化移动终端

身体机能衰退的老年群体使用智能终端通常较为困难，适老化移动终端可以为他们提供生活帮助。我国现有的适老化移动终端功能以对老年人的健康监护及数据分析、室内外高精度定位、防走失、行为监测等为主流，终端形式主要是智能手机和各种可穿戴设备。

智能手机终端适老功能不断丰富。随着《移动终端适老化技术要求》标准的出现，各手机厂商都争相优化手机适老功能，以获取认证机构颁发的移动终端适老化认证证书。通过适老化认证的手机具备语音读屏、远程协助、语速减慢等功能，方便老年人看得见、听得清、用得了。

可穿戴设备形态和功能多样，大部分具有计算功能，部分具备通信功能，可外接手机或者电脑等各类终端。我国生产的可穿戴设备主要以手部附着（手表、手环、腕带等）、腿脚部附着（腿部绑带、鞋、袜等）、头部附着（眼镜、头盔、头带等）以及配饰（书包、服装、首饰等）等形态出现。这些可穿戴设备根据使用目的可划分为普通的通信电子类和医疗类，如智能手环、智能眼镜、无线耳机等都属于通信电子类可穿戴设备；而智能心电仪、腕式血压计、血氧仪、智能体温贴等都属于医疗类可穿戴设备。① 可穿戴设备的出现，为老年人独立生活提供了必要的技术支持，在我国逐渐进入老龄化的今天尤为重要。

3. 信息无障碍智能家居/家电终端

随着人工智能技术的成熟和普及，配备 AI 语音助手的智能家电也成为信息无障碍终端的新兴形式。由国内主流家电企业牵头发布的《智能家用电器的适老化技术》标准，预示着智能冰箱、智能电视等智能家电将不再是年轻人的专属。智能家电的操作界面面向老年人群和残疾人群进行了优化，和智能手机一样具有字体放大、读屏、简易模式、一键操作等无障碍功能，同时允许用户配合 AI 语音助手操作家电，使他们也能享受便捷和现代

---

① 中国信息通信研究院泰尔终端实验室、联想（北京）有限公司、中南大学湘雅三医院：《可穿戴设备质量研究报告》，2021 年 12 月，http：//www. caict. ac. cn/kxyj/qwfb/ztbg/202112/t20211229_ 394779. htm。

化的生活。智能音箱作为智能家电管家，可以关联周围的智能家电，残障人群只需使用语音唤醒 AI 语音助手，便可通过智能音箱中枢完成对全屋智能家电的操作。目前，我国大型家电厂家均推出了自己的 AI 语音助手，智能音箱价格也比较亲民，对于家中有较多智能家电的老年人群和残疾人群，是极其便利的生活协助工具。

另一类信息无障碍智能家居/家电终端主要聚焦照护领域，主要以机器人的形态出现。虽然目前还未进入大规模应用阶段，但对于我国的智能养老产业，以及残疾人群家庭极为重要。AI 机器人可以为信息无障碍重点人群提供搬运、护理、巡查等服务，可替代人类护工，为失去行动能力的老年人、残疾人以及具有认知障碍的人群提供 24 小时不间断的简单护理和陪伴等服务。对于照护家庭和机构而言，AI 机器人还可替代工作人员完成日常的送药、巡视、接送照顾对象往返医疗室等常规任务，对我国未来的老龄化社会养老产业升级及护理行业加快成熟，具有不可估量的潜在助益。

4. 公共场所的信息无障碍自助终端

自我国《无障碍环境建设条例》颁布以来，各地区的公共场所，包括机场、火车站、银行、医院、地铁站等，积极开展了信息无障碍自助终端改造。根据重点受益人群的不同服务需求改进自助公共服务设备，包括银行 ATM 机、机场自助值机设备、地铁自主检票设备、医院自助就医设备、车站自助售票设备等，为信息无障碍重点受益人群提供低位服务、有声语音服务、一键紧急呼叫服务和信息系统简易界面，改造效果显著，成为城市无障碍改造中不可或缺的一部分，在全国各示范性无障碍城市里成为一道靓丽的城市文明风景线，充分彰显了中国城市建设对信息无障碍重点受益人群的人文关怀。

四　我国信息无障碍终端产品数字化发展中的问题与挑战

（一）相关政策有待健全

一是从立法层面看，我国目前专门针对信息无障碍终端产品的法律法规欠缺，尚未出现面向信息无障碍终端产品的立法，相关规定分散在其他信息无障碍法律法规中。这些法律条款中提及信息无障碍终端产品的内容较为模糊，没有对于信息无障碍终端产品的清晰定义，法律权利设定不明确。从宏观层面上看，现阶段我国信息无障碍立法中对于信息技术相关部分的规定相对滞后，法律法规较少且效力较弱，行政执法不到位，社会无障碍体系尚未形成。

二是从标准层面看，现有的信息无障碍终端产品标准都是推荐而非强制性标准，对于终端产品生产和检测环节的约束力不足，还未能引起全社会的足够重视，标准的推行比较困难。同时，信息技术的快速发展、信息领域技术更迭迅速造成了一些技术标准相对滞后，标准的可操作性较弱，企业在执行中难度较大，如5G、大数据、云计算和物联网这些前沿技术在信息无障碍终端设备上的应用规范，在现行的无障碍信息交流技术标准中很少提及，对信息无障碍终端产品的发展和研究造成了一定的束缚，很多种类的产品无标准可依，最后导致信息无障碍终端产品无法满足目标人群的需求，大量质量参差不齐的终端产品充斥市场，损害了人民群众尤其是无障碍重点受益人群的基本利益。

总体而言，信息无障碍终端产品在制度层面缺乏强制效力与监督措施，在政策层面缺乏严格落实的办法，相关法律法规缺位，政策制定有待加强。

（二）产品市场供给无力，企业研发动力不足

尽管近年来信息无障碍终端产品市场飞速发展，但市场需求层面仍然存在较多障碍，企业技术层面开发不规范不积极。目前市面上信息无障碍终端产品种类繁多，但性价比高且真正符合无障碍重点受益人群使用需求的终端产品依旧较少，市场供给不足。由于相关法律的缺失和标准的非强制性，企业生产研发较为随意，缺乏强有力的监管，市场产品参差不齐，消费者选择面较小。

我国1700万名视障者中，仅有600万名左右的视障者持有智能手机，其中83%需要完全借助读屏软件才能使用手机。在这些智能手机持有者中，

66%的视障者认为国内信息无障碍水平一般，20%的视障者认为信息无障碍水平不好。[①] 另有调查显示，听力残疾对辅助器具的需求是所有残疾类别中最高的（31.64%）。[②] 中国拥有7200万名听障人士，尽管市面上已经可以买到和蓝牙耳机外形类似的助听器，但听障人士的助听器选配比例仅为5%，远低于国外的24%。[③] 这些数据表明，在我国还有很大一部分的残障群体无法通过信息无障碍终端产品来帮助自己改善生活，信息无障碍终端产品的普及之路任重而道远。

（三）科技成果转化瓶颈有待突破

虽然各类信息无障碍终端产品的研发是目前行业内的焦点，但始终面临产品设计创造同质化现象明显、产品质量存疑、采集数据质量不高、数据应用受阻等诸多问题。除了受限于自身技术创新瓶颈外，信息无障碍终端产品的发展在很大程度上取决于科技成果在无障碍领域的有效转化衔接水平。以可穿戴设备为例，近年来，各国在可穿戴设备领域的技术专利申请数量逐年增加，其中我国的技术专利申请数量在各个国家和地区中排名前3位。这说明在技术研发层面，中国在领域内处于相对领先的地位。然而，如何实现科技成果转化、将产品推向市场，我们还面临很多困境。一方面，受限于各部门之间协同模式，企业、高校及科研院所之间的对接机制不够完善，导致资源整合程度不够、对接效率不高。对于企业和需求方来说，高校、科研院所等研究机构的相关成果成熟度不高，需求对接受限。另一方面，以信息无障碍为专业的信息技术高层次人才相对匮乏、国家缺乏对信息无障碍领域内商业化复合型技术转移人才的培养，也是科技成果转化滞后的重要原因。截至2021年8月，我国开展无障碍相关专业硕士、博士人才培养的高校仅有30

① 数据来源：中国信息无障碍产品联盟。

② 第二次全国残疾人抽样调查办公室编《第二次全国残疾人抽样调查资料》，中国统计出版社，2007。

③ 《中国听障者助听器佩戴率不足5%（医说新语）》，新华网，2017年6月17日，http://www.xinhuanet.com/politics/2017-06/17/c_129634814.htm。

多所，且开设课程的学科覆盖面窄，这远无法满足该领域科技成果转化在人才上的需求。

（四）信息无障碍社会意识有待增强

目前，全社会对于信息无障碍尚未形成广泛共识，在较大程度上阻碍了信息无障碍终端产品最大限度地为特殊群体带来便利。一方面，产品在研发与设计过程中并未充分融入无障碍理念，由于信息无障碍社会意识普遍薄弱，许多所谓的信息无障碍终端产品设计不合理、市场监督不到位，并未能在真正意义上服务特殊群体。另一方面，社会共识不足导致从业人员为相关群体服务的意识和能力不足，这也导致信息无障碍终端产品不能最大限度地发挥服务作用。从本质上来说，这都是传统认识误区尚待突破，社会对特殊群体的接纳程度不高导致的。这也充分说明我国信息无障碍发展还处于起步阶段，全社会合力尚未形成，增强信息无障碍社会意识任重而道远。

（五）使用者的主体地位有待提升

虽然信息技术的发展催生的信息无障碍终端产品大大拓展了信息获取的渠道，但作为信息获取的主体，残疾人、老年人等群体距离“能够充分享受平等获取信息的权利”这一标准还有很长的距离。具体表现在两个方面。一是信息无障碍终端产品的设计未充分考虑到残疾人的切实需求。联合国《残疾人权利公约》的核心理念是“没有我们的参与，就不要为我们做决定”。然而实际生活中，绝大多数信息无障碍终端产品的研发并没有残障人士的参与，导致残疾人真正的需求不能得到很好的满足。如，盲用眼镜是近年来视障辅助终端产品发展的新方向，各类智能助视器的开发都是行业内关注的焦点，但目前多数产品在信息捕捉和过滤方面表现欠佳，视力障碍使用者并不能接收到真正需要的信息。在使用识别和避障功能时，画面受周围环境影响较大，准确性欠佳，导致使用者并不能轻松避开障碍，使用体验较差。二是残疾人、老年人等主动使用信息无障碍终端产品的意识较为薄弱。在信息无障碍终端产品开发和使用方面，残疾人和老年人普遍参与感较低，多数对信息无障碍这一理念的知晓程度很低，对无障碍环境的认识也只停留在盲道、坡道等基础物理设施方面。加之残疾人普遍受教育程度不高，对新技术的接受能力较差，许多残疾人、老年人还不能熟练使用智能手机等常见设备，对其他终端产品更是缺乏了解，这也是各类信息无障碍终端产品普及和推广的难点之一。

五　加快我国信息无障碍终端产品数字化发展的建议

（一）健全政策环境，推进法治建设

一是要保障现有政策的落地执行。应加强各行政单位之间的协作，制定切实可行的落地政策，细化政策措施，督促落实现有的信息无障碍终端产品法律法规，确保现有政策能够被强有力地执行。

二是要加强信息无障碍终端产品的立法建设。完善无障碍建设顶层制度，推动健全相关法律体系，并呼吁加快面向信息无障碍终端产品的立法建设，增设信息无障碍终端硬件设备相关条款。

三是推动信息无障碍终端行业出台强制性标准。信息无障碍终端产品的发展不能仅依靠行业和企业自律，强制性标准的出台可以有效解决现有的行业乱象，配合行政部门的严格监管，可促进企业在研发过程中自觉遵守无障碍规范，提高信息无障碍终端产品质量，提升企业发展信息无障碍终端产品的积极性，形成行业内良性循环，最终促使所有智能终端逐步达到国家信息无障碍标准。

（二）提升信息无障碍终端产品普及率，反向推动终端产品质量提升

信息无障碍终端产品的市场需求旺盛，而市场供给不足。需要调动地方主管部门配合参与信息无障碍终端产品的普及工作，开展针对老年人、残疾人群体的走访调研，了解他们对信息无障碍终端产品的需求，并将信息无障碍终端产品的选配比例纳入地方无障碍改造清单，用行政力量推动信息无障

碍终端产品的普及，同时配合强有力的监管，反哺生产企业，促使他们加大生产研发投入力度并牢牢把控质量关，反向促进终端产品质量的提升，在市场上形成良性竞争局面，推动信息无障碍终端产业可持续发展，这些措施将使广大的信息无障碍重点受益人群享受到信息无障碍终端产品带来的便利。

（三）多措并举促进研发成果落地

信息无障碍终端产品的技术研发和技术创新成果转化主要需从平台建设和人才培养两个方面进行推动。在平台建设方面，需要搭建政府、企业、高校、科研机构之间开展技术转移和成果转化的桥梁。近年来“中国信息无障碍论坛暨全国无障碍环境建设成果展示应用推广”活动、“科技无障碍发展大会”等行业盛会，聚集了来自国家部委、地方残联、高校和科研院所、相关企业、社会组织等的多方代表，他们共同探讨信息无障碍数字化发展的前景与实践。未来应当在充分利用已有平台的基础上，建立专门的成果转化基地，依照行业标准建立成果征集、筛选和评估机制，对优秀成果加大培育和扶持力度，促进成果转化。在人才培养方面，需要大力加强信息无障碍相关学科建设和专业人才培养。信息无障碍专业人才需要加强残障平等意识、无障碍意识，增进对残障类别和对应辅助技术的了解及对相关行业标准、法规、政策的了解等。此外，应对内容创作和设计、开发、测试等产品研发流程都有比较深入的了解，致力于成为信息无障碍技术成果转化的重要推力。

（四）多元力量提升社会意识

信息无障碍建设是一项系统性工程，不仅需要从硬件上着力，也需要从社会观念、意识等方面着眼。这就要求政府部门、企业单位、社会组织共同参与推进。政府部门需要在发展中以更大力度增进民生福祉，提高对老年人、残疾人的关注度，同时以多种形式普及信息无障碍的基本知识，宣传信息无障碍建设成果。企业单位需要加大市场供给力度，同时着重培养专业人员为特殊群体服务的意识和能力。企业在产品开发过程中，需要在充分接受无障碍理念的基础上，将理念注入产品创新，这样不仅有利于赢得市场竞争，也能惠及更多消费群体。对社会组织来说，要在充分发挥自身专业性、服务性的基础上广泛宣传无障碍理念，创建良好的社会氛围，从而在全社会形成共识，即每个人都是信息无障碍的需求者，也是参与者和分享者。

（五）坚持特定群体的主体地位

信息无障碍终端产品使用者的主体地位可主要从两个方面进行加强。一是广泛听取残疾人、老年人等群体的意见，充分调研他们的产品使用需求，确保立法、政策、行业标准等的制定符合他们的切身利益，提升他们的参与感，让他们切实感受到尊重和权利平等。二是以多种形式传递信息无障碍理念，特别是要充分调动残联和社区基层组织的作用，以组织参观、培训、座谈、知识竞赛等多样化方式把先进产品和技术传播给残疾人和老年人，鼓励每个人都参与到信息无障碍终端产品数字化发展的潮流中来。

B.6
残疾人信息融合研究报告（2022）*

李慕梓　戴连君　万　盛**

摘　要： 充分运用残疾人信息融合，可以精准把握残疾人的需求，增强残疾人服务的主动性和针对性，为残疾人融入社会带来新的机遇。本报告阐述了我国残疾人信息应用现状，总结信息应用面临的主要问题，分析了残疾人信息融合的内涵，提出了以数据融合、技术融合、服务融合为有机统一体的残疾人信息融合新思路，并梳理我国的应用实践。建议夯实全社会信息数据融合基础保障，加快新技术在信息无障碍领域的应用，深化“互联网+助残服务”一体化建设。

关键词： 互联网　残疾人信息融合　信息无障碍

一　我国残疾人信息应用现状

（一）残疾人互联网应用现状

互联网是残疾人共享数字生活的重要载体，对其学习、工作和生活都产生着重要影响。为了更好地了解残疾人互联网使用情况、充分利用互联网帮

---

* 本报告为江苏省高等学校自然科学研究面上项目“基于 ICF 的国际残疾统计及其应用研究”（项目号：19K7B310005）阶段性研究成果。

** 李慕梓，中国残疾人联合会信息中心信息处处长，研究领域为大数据分析、政务服务；戴连君，教授级高级工程师，研究领域为信息化建设；万盛，博士，中国残疾人联合会信息中心，研究领域为信息安全。

助残疾人，中国残疾人联合会信息中心选取我国部分地区 10~18 周岁视力残疾人、听力残疾人以及年满 18 周岁的成年残疾人为重点调研对象，通过问卷调查和实地访谈的方式，客观了解残疾人互联网使用情况及特点。基于对上述调查数据的统计分析，梳理总结我国残疾人互联网应用现状，具体情况如下。

残疾青少年互联网使用场景和应用范围有待扩展，普及率仍有较大提升空间。互联网对于残疾青少年的意义主要体现在娱乐放松、扩展视野、日常学习、便利生活、结交朋友等方面。目前，互联网在健康咨询和在线康复上的独特优势尚未在残疾青少年中得到充分利用；残疾青少年的数字技能水平有待提升，尤其是参与互联网功能应用和内容创造的技能较为欠缺；残疾青少年上网面临易受无用信息干扰、搜索信息困难、软件缺少无障碍设计等诸多困难；残疾青少年使用互联网时经常遭遇账号密码被盗、手机和计算机病毒、恶意或伤害性的信息、个人信息泄露以及网络诈骗等网络安全事件，其网络安全意识和互联网维权意识不足。

互联网和智能设备有效帮助成年残疾人更好融入社会，但如何使其无障碍使用互联网资源仍面临较多困难。成年残疾人积极使用互联网开展社交、休闲娱乐、学习、工作、购物、出行等活动，在智能设备的辅助下，成年残疾人的生活变得更加舒适和便利。但互联网空间只是残疾人生活的一部分，在互联网向线下延伸的诸多领域，成年残疾人正面临一系列线上线下服务脱节的困难，诸如自助设备缺少读屏功能、网站和 App 缺少无障碍阅读模式、二维码扫码困难、无法识别验证码等痛点堵点问题，使得成年残疾人无法享受线上线下融合带来的便利，他们迫切希望通过无障碍领域的新技术应用来破解困境，提高信息化带来的获得感和幸福感。

（二）残疾人“互联网+助残服务”现状

搭建网上残疾人需求服务框架，实现残疾人服务“最多跑一次”，提升服务便捷化水平。近几年，助残服务模式有了较大改进。各地政务服务纷纷建立了全面清晰的助残服务目录、办事指南和服务资源库，以互联网思维打破传统服务提供模式，简化了材料提交和审批环节，缩短了残疾人享受政策与服务所需手续的办理时间，增强了残疾人对网上一体化服务的认同感。自2021年4月22日起，全国范围内正式开展残疾人两项补贴资格认定申请“跨省通办”，残疾人申请补贴不再受户籍地限制，有效缓解了残疾人异地申领补贴面临的“多地跑”“折返跑”等难点堵点问题。在“跨省通办”基础上，从2022年5月15日起，在全国范围内实行残疾人两项补贴申请“全程网办”服务，残疾人可全程在线提交申请、查询修改补贴证明材料，从而实现申领两项补贴“一次都不跑”和“不见面审核”，进一步提升了服务便利化水平。自2021年6月28日起，残疾人证新办、换领、迁移、挂失补办、注销、残疾类别/等级变更等6项事项实现“跨省通办”，申请人可在经常居住地向当地县级残联提出办理申请，从而构建了残疾人证异地办理新模式，“让数据多跑腿，让残疾人少跑路”，方便了人户分离残疾人证件办理。各省级残联积极将涉残服务事项纳入本省政务服务平台，因地制宜开展“互联网+助残服务”。残疾人可以通过政务服务平台查询相关政策、规划计划、民生工程、统计数据等信息，在线申请残疾人证、生活保障、康复服务、辅助器具、居家无障碍改造等服务，与残联工作人员开展线上交流获得咨询建议和帮助。

以全国持证残疾人基本状况调查为基础，推动残疾人需求与服务对接，提高残疾人工作精准化和精细化水平。从“十三五”开始，中国残联拓展“互联网+助残服务”，推动大数据与残疾人事业深度融合，促进线上线下服务密切结合。为了客观反映残疾人工作的情况和残疾人生活改善的现实状况，中国残联每年开展面向全国持证残疾人的基本状况调查工作，全面了解掌握年度持证残疾人住房、教育、就业、社会保障、基本医疗与康复、无障碍、文化体育等方面的基本状况与服务需求信息，截至目前已获取了3800多万名持证残疾人基本状况和服务需求信息，“十三五”末，该调查已成为加快残疾人小康进程的重要基础性工程和密切联系残疾人的重要工作渠道。为推动“十四五”时期残疾人事业高质量发展，中国残联继续推动全国持证残疾人基本状况调查工作，通过调查分析，促进残疾人需求与公共服务对接，拓展残疾人服务渠道，提升服务的多样性和便利性。

积极探索残疾人“一人一案”服务响应，提升残疾人服务智能化水平。按照《“十四五”残疾人事业信息化发展实施方案》的要求，中国残联积极推进残疾人服务由“人找服务”逐步向“服务找人”转变。以全国残疾人人口库实名制信息为基础，面向残疾人基本公共服务需求开展“一人一案”探索。充分利用涉残数据资源，智能匹配残疾人需求与服务资源，为制定精准的服务方案提供有效支撑：汇聚包括残疾人基本情况、已享受到的服务记录、各类服务需求等残疾人个人信息，形成残疾人状况信息表；汇集各类涉残服务资源，理清各类服务资源的服务群体特征、服务内容、服务条件和服务期限，形成残疾人服务资源表；基于残疾人状况信息表和残疾人服务资源表，结合各地区服务资源和能力的实际分布情况，为残疾人制订切实可行的服务方案。

（三）残疾人信息无障碍现状

我国持续推进信息无障碍的相关制度建设。2012 年国务院颁布了《无障碍环境建设条例》，对互联网无障碍建设提出了明确要求。2016 年中国残疾人联合会等部门发布了《关于加强网站无障碍服务能力建设的指导意见》，就进一步做好网站无障碍服务能力建设工作进行部署，全面促进和改善网络信息无障碍服务环境，为残疾人等获取信息、享有公共服务提供便利。2020 年，工业和信息化部和中国残疾人联合会共同发布了《关于推进信息无障碍的指导意见》，鼓励信息无障碍终端设备研发与无障碍化改造，支持开发残健融合型无障碍智能终端产品。2021 年国务院印发《“十四五”残疾人保障和发展规划》，提出要加快政府政务、公共服务、电子商务、电子导航等信息无障碍建设，加快普及互联网网站、移动互联网应用程序和自助公共服务设备无障碍。这些相关政策的出台，为我国信息无障碍建设提供了政策支持。

我国信息无障碍技术标准不断完善。2012 年工业和信息化部制定了《网站设计无障碍技术要求》，对网页内容的可感知、接口组件的可操作、网站内容和控制的可理解提出了技术要求。2018 年，工业和信息化部制定了《移动通信终端无障碍技术要求》，从功能设计、操作方式、图形组件、语音处理、交互接口等方面规范了为残疾人研发无障碍移动通信终端应当具备的技术要求。2019年国家标准化管理委员会通过了《信息技术互联网内容无障碍可访问性技术要求与测试方法》，铺设互联网“盲道”终于有了58项具体指标，可以用明确且可测试的技术要求来规范互联网产品和服务，语音验证码、语义描述准确的网页标题等功能设计减少了视力残疾人和老年人访问互联网的障碍，让他们更好地融入信息社会，共享经济社会发展成果。这些技术标准的制定，推动了信息无障碍产品的健康发展。

我国积极推进残疾人无障碍产品的研发，力求为残疾人提供便捷服务。对于听力残疾人，利用自然语言处理、声纹识别、语音识别等技术实现语音和文字转译，[①] 方便听力残疾人接打电话，可生成与其声音接近的“发声人”，实现用“原声”接打电话；当听力残疾人不方便接听电话时，可让AI助理接听应答，接听内容通过短信息及时推送。对于视力残疾人，利用多语种识别、机器翻译等新技术，生成“虚拟主播”，其具备内容生产和编辑能力，可替代真人二十四小时播报，帮助视力残疾人“听见文字”。对于肢体残疾人，研发智能轮椅，驾驶这种轮椅可在凹凸不平的地面稳定行驶，平地爬坡的角度达到12度，帮助他们无障碍地出行各种场所。此外，通过定期举办科技助残博览会，引进欧美康复、辅具、养老、健康产业的最新成果，帮助我国相关的制造商和残疾人了解最新的无障碍终端设备。

（四）残疾人信息服务与应用面临的主要问题

信息化和科技力量为残疾人获取知识、提高职业技能、参与社会生活提供了很多便利，随着社会发展的进程和残疾人需求期望不断变化，如何更好地帮助他们突破局限、障碍，成为社会生活的积极参与者和享有者是残疾人服务的难点。目前，残疾人信息服务与应用面临的主要问题有以下几个方面。

---

① 罗枭：《基于深度学习的自然语言处理研究综述》，《智能计算机与应用》2020年第4期，第133~137页。

一是信息数据基础有待夯实。残疾人基础数据差异较大，需求数据采集深度不够，教育、就业、康复等各类信息数据由不同部门管理，数据多元，导致数据归集难度大。残疾人信息种类多，数据结构复杂，使得数据的存储和管理更加困难。由于残疾人之间存在较大差异，而不同平台对于信息共享需求也有所不同，数据共享难度大。数据融合的全面性、实时性和有效性仍有待进一步深化。

二是信息技术应用场景有待优化。人工智能等新技术带来了“数字鸿沟 2.0”，如何让残疾人共享“技术红利”是亟待解决的问题。电子残疾人证使用不够普遍，服务网点的电子证照应用环境建设也有待改善。“互联网+助残服务”的深度应用还不足，仍未彻底打通最后一公里。信息技术推动互联网应用和智能化设备不断创新突破，但应用范围亟待拓展，应用效果还需升级。

三是信息服务平台体系建设有待完善。当前残疾人信息服务平台体系还不健全，具体表现为平台提供的信息有限且更新不及时；平台功能不完善，残疾人并不能很好地享受平台服务带来的便利；残疾人需求的采集形式、范围以及频率都有待完善，残疾人大多被动接受服务，缺少主动表达诉求的途径和方式。

二　残疾人信息融合基本思路

（一）残疾人信息融合的内涵

信息融合的概念与数据融合紧密相连。数据融合的概念起源于军事领域，是指利用多个传感器获取数据，在一定规则下进行汇聚和处理，最终形成综合的发展趋势和判断决策。20 世纪 70 年代，为了侦查某海域的敌方海军，汇聚融合截获的多个连续敌方信号，并进行简单分析，这个时期仅仅是针对一些简单的数据源。20 世纪 80~90 年代，数据融合更多地应用到了军事行动中，包括战场实时感知、部队协同作战等方面。

信息融合是数据融合发展到一定程度的产物。信息融合是指从若干渠道获取信息和数据，通过选取合适的融合方法来整合和关联多源信息，得出更具有可靠性、准确性、有效性的信息，从而判断形势以及辅助决策的处理过程。[①] 该过程是信息处理不断自我修正、逐步求精的过程。随着新一代信息技术的飞速发展，互联网已经和人类的学习、工作、生活密不可分，由此带来了海量且快速增长的全球互联网数据，信息融合在挖掘数据价值方面发挥的作用将越来越明显。

党安荣等的研究强调以数据集中和共享为途径，建设全国一体化的国家大数据中心，推进技术融合、业务融合、数据融合。[②] 为了健全残疾人服务体系、提升服务水平，将信息融合与残疾人事业相结合的需求也十分迫切，需要打破业务系统之间、各级残联之间、残联与外部机构之间存在的信息壁垒，全面汇聚整合残疾人数据；单一技术的应用较难满足残疾人的特殊需求，需要多学科、多技术领域的交叉融合，从而提升残疾人辅助支撑工具的智能化水平；需要根据残疾人的需求，集成康复、医疗、补贴、就业等残疾人相关业务，为残疾人提供个性化的服务。

因此，我们提出以数据融合、技术融合、服务融合为有机统一体的残疾人信息融合模式。[③] 通过数据融合管理、共享、分析涉残数据，为涉残相关决策的制定提供全面、准确、科学的参考依据；通过技术融合方便残疾人随时随地无障碍地获取信息和服务，提升残疾人参与社会活动的能力；通过服务融合提升残疾人服务的主动性和针对性，使有限的服务资源得到更加有效的应用。充分利用残疾人信息融合，可以主动发现残疾人面临的困难和难题，多方位为残疾人打造精细化服务，切实帮助残疾人提升生活品质，共享信息社会发展成果。

---

① 赵宗贵、李君灵：《信息融合发展沿革与技术动态》，《指挥信息系统与技术》2017 年第 1 期，第 1~8 页。

② 党安荣、甄茂成、王丹、梁军：《中国新型智慧城市发展进程与趋势》，《科技导报》2018 年第 18 期，第 16~29 页。

③ 李慕梓、戴连君、万盛、张天舒、徐桂花：《残疾人信息融合模式探索》，《人口与发展》2022 年第 3 期，第 156~160 页。

（二）残疾人信息融合的理论框架

残疾人信息融合的根本目的是立足残疾人的需求，充分利用新一代信息通信技术采集、传输、分析、应用残疾人信息数据，为残疾人提供辅助支撑工具，有效解决残疾人生活、就业、教育等各个方面面临的现实问题，推动面向残疾人的服务不断朝着精准化、便捷化、智能化和个性化的方向发展。信息融合有助于打破地区、行业甚至国界的限制，实现跨地区、跨行业、全球化的资源共享，充分利用人类社会发展所创造的各种资源为残疾人服务。

综上，残疾人信息融合是以数据为生产要素，以信息技术为手段，以服务融合为落脚点的有机统一体。基于此，本报告提出“数据-技术-服务”的残疾人信息融合三维理论分析框架，如图 1 所示。

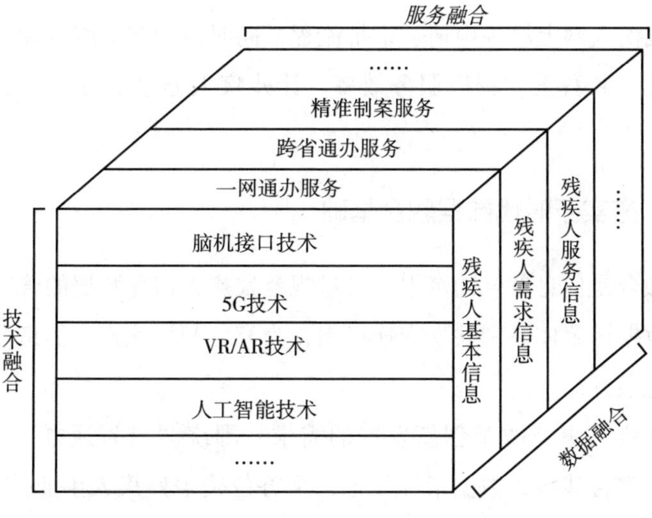

图 1　残疾人信息融合三维理论分析框架

数据融合是残疾人信息融合的牵引。汇聚分析残疾人信息资源，将残疾人信息资源标准化、规范化，进而通过对不同残疾人数据进行分析加工，得出新的信息或数据类型，以便更好地服务残疾人，释放残疾人数据红利。数据融合的过程主要包括数据采集汇聚、数据存储管理、数据共享应用和数据分析展示。依托大数据技术，深度挖掘残疾人数据价值，为残疾人个性化服务和政策制定提供支撑和依据。

技术融合是残疾人信息融合的工具。工具是人类器官的延伸，对于残疾人来说，工具、科技的力量更加重要，5G、人工智能、物联网、区块链、虚拟现实、脑机接口等新一代信息技术交叉融合，为残疾人信息融合深度赋能，有助于显著提高残疾人生活能力。信息技术融合也直接关系到信息无障碍环境的营造，例如利用图像识别、语音识别、语音合成等技术消除视力残疾人、听力残疾人的沟通障碍。

服务融合是残疾人信息融合的目标。以残疾人需求为中心，聚焦残疾人生活、工作、学习的重点领域升级服务质量，为残疾人提供更加精准化、精细化的服务。通过服务融合实现残疾人证、精准康复等服务事项“全程网办”“跨省通办”，扩展移动应用服务，以互联网思维简化网上助残服务流程，优化残疾人网上服务申请、审批流程，同时兼顾线上服务和线下服务的信息化以及一致程度，提高服务效率，让残疾人办事更方便、更快捷、更满意。

（三）夯实新时代数据融合基础

数据融合是信息融合的牵引，通过规范残疾人信息数据的管理，形成统一的信息数据汇聚体系和共享交换机制，为充分利用残疾人信息数据和各类新技术创造条件。

结合残疾人事业改革创新发展的需求，围绕“跨省通办”等新模式，研究制定和完善残疾人数据指标规范，全方位覆盖残疾人事业信息化工作。基于数据指标完善残疾人数据体系，不断更新和优化残疾人人口基础数据库、工作人员信息数据库、助残机构数据库、行政区划数据库四大核心基础数据库。以精准康复、家庭无障碍改造、托养服务等业务系统数据为基础，持续完善服务残疾人的业务数据库。进一步整合公安、民政、教育、卫生健康、乡村振兴、人力资源社会保障等部门和各级残联以及社会助残机构的公共资源，建设完善涉残共享数据库。汇集整合国家及地方各级的惠残政策信息，加快建成惠残政策信息库。融合基础数据库、业务数据库、共享数据库和政策信息库中的残疾人数据资源，形成包含总体指标、个人指标和资源指标的残疾人事业综合指标信息库，为辅助决策和业务协同提供数据支撑。

建设残疾人服务资源图，整合矢量地图数据、影像数据、地名地址数据和北斗定位数据等基础时空数据，融合残疾人基础信息、服务机构信息、行政区划信息等基础数据库资源，构建残疾人基础数据时空框架和底图。基于残疾人基础数据底图，整合叠加精准康复、无障碍设施、电子证照等业务数据库资源以及跨部门共享交换的业务协同数据、社会服务机构的残疾人服务数据等，通过数据抽取、比对、转换、挖掘等方式，实现智能计算、态势分析、时空可视化展示，多维度、多视角直观呈现残疾人服务情况和不同业务发展态势，为残联工作人员提供直观便捷的管理和服务监督，为残疾人服务机构、残疾人等提供细致高效的数据应用服务。

（四）积极拓展新技术助残思路

技术融合是信息融合的重要工具，数据融合为人工智能等相关技术的应用提供了高质量的海量数据样本，促进技术的交叉融合走向深化，为残疾人信息融合赋能。

运用机器学习、自然语言处理、自动推理和知识表示等多技术融合，建立残疾人服务领域通用的数据到知识的沉淀机制，挖掘残疾人相关数据中隐含的、有价值的知识因子及其关联关系，最大限度发挥数据价值。[①] 在现有的基础数据库、业务数据库、共享数据库和政策信息库等数据资源的基础上，结合残疾人家庭走访规则、残疾评定规则、工伤处置规则、送教上门规则等业务规则，挖掘残疾人服务领域具有规则性、规律性的知识结构，充分利用知识提取、知识匹配、知识推理等技术构建残疾人服务知识图谱，逐步形成残疾人智能服务知识体系。

---

① 杭婷婷、冯钧、陆佳民：《知识图谱构建技术：分类、调查和未来方向》，《计算机科学》2021 年第 2 期，第 175~189 页。

基于残疾人服务知识图谱，根据助残服务的业务流程和应用需求，运用人工智能算法，构建残疾人主动感知模型，从工伤致残、交通致残、先天致残、疾病致残等多个维度主动发现残疾人，引导其办理残疾人证等业务；构建政策补贴匹配模型，根据残疾人各方面状况，精准计算和发放两项补贴、教育补贴、社保补贴、就业补贴等各类补贴；构建人岗匹配模型，为残疾人推荐与其身体条件、技能水平相匹配的岗位，方便残疾人就业；构建残疾人服务机构选址模型，根据残疾人地理位置信息、助残资源分布信息选择残疾人之家、特教学校等服务机构的位置，方便服务更多残疾人。

此外，人工智能与移动互联网、物联网、脑机接口、VR/AR等技术的交叉融合，可以为残疾人信息融合进一步赋能。人工智能技术结合VR/AR技术，为残疾人提供更加逼真、更加系统化的康复训练环境，帮助其找回难以实现的户外运动体验，同时提供科学的训练强度及评估结果，提升康复训练的效果；人工智能技术结合物联网技术为残疾人提高物体相关的安全可靠性，例如将传感器嵌入交通信号灯中，并连接智能手机上的应用程序，该应用程序能够智能识别残疾人何时接近十字路口，助残安全过街；人工智能技术结合脑机接口技术，将残疾人的脑电信号提取出来，智能识别残疾人的意图，自动规划路线，导航电动轮椅到达目标位置。

（五）推动助残服务一体化建设

服务融合是信息融合的目标，聚焦残疾人教育、就业、康复、社会保障等需求，引领残疾人服务向精准化、精细化、个性化方向发展，满足残疾人对美好生活的向往和追求。

建设助残服务一体化平台，为残疾人、残疾人工作者和社会助残服务机构提供统一的应用门户。一体化平台汇聚各类保障政策和社会化助残服务资源，包含残疾人办事、生活、就业、辅具智配、出行和无障碍环境建设等各方面资源，构建残疾人爱用易用的数字化服务场景，为残疾人提供多样、均等、便捷的服务体验。同时，支持跨部门跨层级跨区域信息共享，减少信息重复录入，提高政务服务工作效率，不断接入社会服务资源，通过资源整合的方式扩大助残服务一体化平台的服务内容。

推动建设线上线下深度融合的助残服务体系，实现线上“云沟通”，线下“零距离”，打通服务残疾人“最后一公里”。在网站、微信公众号、手机App等移动端办理渠道的基础上，大力推行服务自助办理，推进并优化残疾人办事服务在政务服务自助终端的应用，实现群众就近可办、多点可办、少跑快办，推动服务PC端、移动端、大厅窗口端和自助终端融合发展。对残疾人服务事项保留必要的线下办事渠道，提升线下服务支撑能力，推进残疾人服务线上便捷办、线下有人办的融合发展模式。

推动助残服务还需要从根本上改变服务理念，利用大数据分析发现残疾人面临的困难和难题，主动解决问题，从“被动服务”向“主动服务”转变。例如，利用残疾类别、残疾等级、经济状况、就业状况、社保状况、康复状况、教育状况等残疾人历史全量数据，构建残疾人画像，从多个维度描绘残疾人的状态，并分析其变化趋势和规律，挖掘残疾人的需求，为残疾人提供动态可调整的服务方案，精准匹配、推荐和调度服务资源，助力残疾人融入信息社会。

三　残疾人信息融合创新实践

（一）数据融合应用实践

2021年，上海市残联以企业和群众高效办成“一件事”为目标，以数据共享打破信息壁垒，全面推进残疾人就业保障金业务流程革命性再造。建立跨税务、人力资源社会保障、残联、民政、市场监管、教育、退役军人、公安等部门的数据共享机制，汇集本市残疾人、伤残警察、残疾军人就业信息等数据，实现实时校验、实时反馈。将残疾人按比例就业情况联网认证“跨省通办”与本市残疾人就业保障金征缴“一件事”有效结合，顶层设计、同步布局、同步落地，全程“数据跑路”，大数据助力分析决策。

近年来，北京市初步建立大数据管理体系：整合各类业务数据资源，建设残疾人服务管理平台和数据管理平台，包括残疾人证办理、辅具申请、就业服务等 21 个模块，打通数据孤岛，实现各类数据的联通；建立数据资源共享交换机制，与中国残联、社会单位以及各委办局实现数据共享交换，目前，已与 14 个单位共享数据 33 类，有效支持了法律援助、院前急救、“两项补贴”等其他委办局业务开展；推进“一人一案”“精准帮扶”，整合全市 55.6 万名残疾人基本信息、状态信息、需求信息、服务信息，形成残疾人“电子档案”，为 7 万余名残疾人建立精准帮扶台账，并建设精准帮扶小程序，方便残疾人使用；助力防疫工作，及时提供最新的疫情信息，每月统计残疾人疫苗接种情况，每季度编制《北京市残疾人工作数据报告》，疫情期间及时编制《我市中高风险地区残疾人及服务机构情况报告》《封控管控地区残疾人情况报告》等数据报告，为领导决策和基层施策提供数据支撑。

2022 年，无锡市残联以无障碍出行为目标，围绕无障碍地图和助残服务机构图进行规划设计，全面建设“残疾人友好出行环境”线上服务体系。针对市内各大交通枢纽、公共交通站点、商场等场所的无障碍设施，智慧残联无障碍地图进行统一的登记管理、详情展示、出行导航、反馈优化，定期更新无障碍通道、电梯、坡道、厕所等设施信息，帮助残疾人精准定位身边的无障碍设施、规划出行路线，为残疾人外出保驾护航。此外，基于国家基础地理信息中心建设的“天地图”，建设助残服务爱心地图，展示无锡市各级残联、康复机构、辅具适配机构、残疾人之家、托养机构、爱心企业等机构信息，残疾人可随时查询助残服务机构的相关信息，为残疾人业务办理、康复服务等带来便利。

“十四五”期间，浙江省智慧残联大数据管理平台以实现数据多层级归集、跨应用支撑、跨部门共享为目标，打通省残联和人力资源社会保障、民政、医保、税务、市场监管、移动等 23 个部门和单位数据，汇聚残疾人证全域通办、按比例就业联网认证全域通办、关键小事智能速办等十余个应用的数据，共归集数据近十亿条，系统构建人口库、资源库、知识库等基础数据库。基于基础数据库，利用大数据分析，聚焦监测高发致残原因、重度残疾新增异常、儿童致残原因异常、一户多残、以老养残、残疾人维权高频事项等方面，及时预警异常情况，为残联工作提供数据支撑。

（二）技术融合应用实践

中国联通研制出安全5G自驾轮椅，基于5G和AGV技术，把工业互联网的AGV车辆控制与轮椅设备结合起来，生产出适合肢体残疾人使用、有安全保障的便捷自驾轮椅。安全5G自驾轮椅实现了室内精准定位、无人驾驶到目标地点、辅助安全上下车。此外，该设备可简单升降，跨越30厘米以下的台阶，并具备便捷避雨、便捷充电等功能。

为了在杭州亚残运会期间提升听力残疾人的服务保障水平，阿里巴巴达摩院研制出智能手语平台。该平台通过3D虚拟人技术、计算机视觉、机器翻译、语音技术等技术的交叉融合，打造出一款智能手语翻译官“小莫”。“小莫”具备手语识别和手语播报双重功能，既可以将自然语言翻译成手语，也可以识别听力残疾人的手语并翻译成自然语言。在杭州亚残运会期间，“小莫”将成为手语转播员，架起健全人和听力残疾人之间无障碍沟通的桥梁。

为了解决手语翻译供需缺口大、冬奥专业术语翻译难度大等问题，多家公司联合打造了“冬奥手语播报数字人”。手语生成涉及多领域交叉，包括计算机视觉、自然语言处理、跨媒体计算、人机交互等，面临的挑战巨大。“冬奥手语播报数字人”以超大规模预训练模型为核心技术，自主搭建多模态肢体动作、表情、手指同步采集系统，运用跨模态拟人生成算法、超高精度写实数字人等行业领先技术，实现冬奥期间赛事新闻的专业手语翻译播报。

为了实现听力残疾人与外界无障碍沟通，广州“音书”App利用自然语言处理、卷积神经网络、声纹识别、语音识别等技术实现实时语音转换文字，除了普通话、英语外，目前已能满足部分方言的翻译，比如四川话、粤语和河南话等。在准确度方面，可以在声源和手机距离20厘米、日常噪声环境以及口语标准的情况下达95%，帮助听力残疾人用文字感受世界，方便日常生活。

第二届康复与辅助技术论坛在上海举行，论坛上展出了一款三维上肢康复机器人，利用大数据、物联网、人工智能、仿生、碳纤维材料等技术，以精准力控模拟丰富的力学效果，具备高精度、高柔顺度、高灵敏性，还原治疗师的柔和力控动作，实现了从单关节、平面到三维空间运动的全覆盖，完成运动控制、肌力训练等，有效改善上肢功能障碍用户的肌力、关节活动度和运动控制能力，帮助其早日回归正常生活。

2021 年，杭州市推出“志愿助残云服务”，利用全球导航卫星系统、地理信息系统、移动互联网、云计算、大数据分析等新一代信息技术，将分散的志愿服务人员和志愿服务人员的碎片化时间通过数字化进行整合，汇聚成线上庞大的助残志愿服务队伍，需求发布端自动识别残疾人的身份信息，根据需求自动匹配对接志愿服务人员，实现线下服务的即时响应与落地。该场景改变了以往活动式、运动式志愿助残服务模式，不仅解决了志愿服务人员时间调配的问题，也满足了残疾人个性化的服务需求。

（三）服务融合应用实践

在工业和信息化部的推动下，首批 325 家网站和手机应用程序已经完成了适老化和信息无障碍改造。从场景上，贴近残疾人常用的电信服务、出行、购物等应用需求；从流程上，实现“一键订票”“一键叫车”等简易操作；从功能上，推出内容朗读、语音播报、人工直联“一对一”热线等暖心服务，帮助残疾人共享信息化成果。

近年来，北京市全面开展“互联网+助残服务”。一是残疾人服务事项全面上网，残疾人服务事项纳入全市政务服务体系，市政务服务事项目录内的 29 项事项全部实现在线办理，残疾人证和就业审核两大事项 7 个子事项实现跨省通办，19 个事项“全程网办”，3 个市级事项全部实现“全城通办”；二是残疾人网上服务渠道更加便利，市残联残疾人服务管理平台整合残联各业务模块，提供一站式便捷服务，与首都之窗合作建设残疾人服务频道，实现涉残业务跨部门集中展示和办理，在“北京通”App 建设残疾人专版，提供听力残疾人一键呼叫 120 等特色服务，方便残疾人利用公共服务渠道享受掌上服务；三是创新开展智能化残疾人服务，通过梳理政策条件和残疾人状况，探索开展政策匹配服务，与医保局合作开展残疾人医保申请与残疾人证申请跨部门协同办理，医保免缴“免申即享”等服务。

2021 年，江苏泰州市打造残疾人、残联、适配服务机构三端融合的辅具适配服务平台。残疾人在线选择辅具产品，提交相关需求，系统自动匹配申请条件，将符合政策要求的申请推送给适配服务机构，适配服务机构以在线远程评估和入户评估相结合的方式进行评估，通过平台提交评估意见，最后残联工作人员在线完成辅具评估审批。该平台统一了线上线下办理流程，且辅具适配评估、政策审核等环节实现智能化，改变了以往辅具适配审核周期长的工作痛点。

2022 年，天津市残联精准把握残疾人出行无障碍需求，以保障残疾人“融”入社会、“畅”行无阻为目标，组织对“融畅”App 导向标识系统进行了提质增效升级改造，优化“数字出行”“数字生活”“数字宣传”功能，让残疾人乐享数字生活。“数字出行”，不断完善天津市无障碍设施高精度地理信息数据库，用全域覆盖的无障碍设施电子分布地图，精准指示无障碍设施的具体位置，让残疾人能够了解和使用无障碍出入口、轮椅坡道、无障碍电梯、无障碍厕所等全市 13 类 16.1 万个无障碍设施点位；“数字生活”，利用无障碍出行大黄页让残疾人在地图上精准找到具备无障碍设施的餐厅、公园、图书馆等生活所需的各种目标，让“融畅”App 成为与残疾人息息相关的生活工具；“数字宣传”，传播天津市惠残生活资讯，展现文明天津精神风貌。

2022 年，无锡市建立残联智慧化、立体化综合服务平台，为残疾人提供线上服务申请窗口，也为残联工作人员提供线上业务审核通道。通过梳理整合现有的残疾人相关政策法规，结合信息化手段，构建无锡市残联智能政策法规库，覆盖教育就业、康复救助、社会保障等业务，实现残疾人基础信息与智能政策法规库业务规则的动态匹配。当残疾人有业务需求时可自主查看已享受政策和可享受政策信息，按需选择可享受政策，足不出户实现业务办理。同时，智能政策法规库可以为残联工作人员提供业务判断依据，残联工作人员在查看业务申请的残疾人相关政策信息和服务信息时，仅需核查、填写、确认关键信息即可完成业务初审和上报，减少审核时间，进一步提高残联基层工作人员办事效率。

“十四五”期间，浙江省残联重点推进“1+4+N 数字化改革”。“1”就是聚焦残疾人全周期服务保障综合集成改革，推进平台加强助残大脑建设，着力打造数字助残的动力源和能力集。“4”就是聚焦高质量发展，促进残疾人共同富裕，着力打造“残有所扶、残有优扶、残有众扶、残有智扶”等四大场景。“N”就是打造具有全国影响力的数字化改革标志性成果，通过部门支持、社会参与、全省联动，开发并迭代升级“政策驿站”“我要照护”“友好出行”等 N 个重点应用，其中“政策驿站”应用为残疾人提供各类“普惠+特惠”助残政策的查询、匹配和申请服务；“我要照护”应用归集全省残疾人之家基础数据，目前已在杭州上线运行，实现残疾人与 100 多家残疾人之家实时视频连线；“友好出行”应用利用社会力量参与建设，全景展现公共场所无障碍设施分布情况，运用智能导航算法为残疾人出行提供便利。

四　促进残疾人信息融合的建议

残疾人信息融合应立足残疾人的需求，充分应用新一代信息通信技术采集、存储、分析、共享、应用残疾人信息数据，为残疾人提供辅助支撑工具，有效解决残疾人生活、就业、教育等各方面的现实问题，推动残疾人服务不断朝着精准化、便捷化、智能化和个性化的方向发展。

一是夯实全社会信息数据融合基础保障。推动涉残数据资源共享，进一步整合政府部门公共涉残数据资源，统筹推进涉残数据资源开发利用，将涉残数据资源共享管理纳入全国一体化政务服务大数据管理体系，以数据共享为重点，适度超前布局，预留发展空间，在此基础上，明确各部门涉残数据共享的范围边界和使用方式，提升数据的一致性和准确性，不断提高数据应用支撑能力。建立政府部门和事业单位等公共机构涉残数据资源清单，制定涉残数据开放共享标准，落实数据开放和维护责任，明确争议数据处理机制，推进公共机构涉残数据资源统一汇聚和集中向社会开放，提升数据开放共享标准化程度。进一步提升数据采集、汇聚、治理、共享、开放和安全保护工作，在制度规范、技术防护、运行管理方面形成数据安全保障机制，规范、高效开展数据共享，通过数据融合，打造一体化、高水平的数据服务。

二是加快新技术在信息无障碍领域的应用。我国信息无障碍还处于起步爬坡阶段，还要继续加大无障碍智能化设备的开发力度，通过不断规范技术标准，培育一批科技水平高、产品性价比优的信息无障碍终端设备制造企业，推动现有无障碍终端设备迭代升级，支持开发残健融合型无障碍智能终端产品，鼓励研发生产可穿戴、便携式监测、居家监护等智能助残设备。针对残疾人康复和健康管理的需求，加大辅助器具研发力度，提升产品的通用性、安全性和便利性。重点加快智能轮椅、智能导盲设备、文字语音转换设备、康复机器人等智能终端产品的设计开发，积极研发虚拟现实、头控、眼控、声控、盲用、带字幕等智能硬件配套产品功能。同时，积极引导各级政府部门、社会组织、行业协会、慈善机构通过政府购买服务、无偿资助、后补助等方式，支持无障碍关键技术研发及产业发展，进一步扩大政策补贴的辅具范围，尤其是将残疾人评价高、质量好的产品纳入政策补贴产品目录清单。

三是深化“互联网+助残服务”一体化建设。以残疾人的需求为出发点，从政府管理和服务场景入手，推动业务牵引助残服务向深层次、多元化发展，除法律法规规定必须到现场办理的事项外，按照“应上尽上”的原则，持续拓展残疾人全程网上办理服务事项范围，优化网上服务办理流程，建设一体化服务平台，打通跨地区、跨部门、跨层级的业务办理渠道，全程实现“不见面”的“指尖办、随身办”网上服务。拓展完善多渠道、多终端、无障碍、线上线下融合的残疾人信息服务平台，随着残疾人社会参与广度和需求的不断深入，推动“互联网+远程医疗”“互联网+创业就业”“互联网+辅具适配”“互联网+养老助残”“互联网+在线教育”等重点服务领域为残疾人提供线上线下有效衔接的融合服务，促进残疾人参与社会生活。

B.7

中国盲文和手语数字化发展报告（2022）

张居晓　王向东　罗宇轩*

摘　要： 盲文和手语是视障和听障人员使用的特殊语言文字，是国家语言文字的重要组成部分。盲文和手语的数字化有利于提升信息无障碍水平；有利于视障和听障人员平等参与社会生活。但是，盲文和手语的规范化、标准化、信息化程度还不高，盲文和手语数字化程度与视障和听障人员的语言文字需求相比还较不平衡。首先，本报告梳理了我国盲文和手语数字化发展现状。其次，结合数字化主要技术手段，对比分析了目前我国手语、盲文数字化与国外的差距和不足，发现存在缺乏成熟、大规模的盲文和手语语料库，中国盲文数字化程度尚不高、盲文数字化的相关产品普及率不高、手语电视节目等数字媒体不能满足聋人需求等问题。最后，本报告给出加快建设手语和盲文语料库、尽快补齐盲文信息化短板、加大国产手语和盲文数字化产品扶持力度、加强人工智能在手语计算中的应用研究和丰富手语电视节目等数字资源供给等建议，从而厘清盲文和手语数字化发展方向。

关键词： 盲文　手语　数字化

* 张居晓，博士，南京特殊教育师范学院数学与信息科学学院副院长，教授，研究领域为信息无障碍、盲用信息技术；王向东，博士，中国科学院计算技术研究所高级工程师，研究领域为人机交互、机器学习、残疾人信息无障碍技术等；罗宇轩，中国科学院计算技术研究所硕士研究生，研究领域为人机交互、盲用信息技术。

一　国外盲文和手语数字化发展现状

盲文（Braille）是在1824年由法国盲人路易·布莱尔（Louis Braille）创造，并以其名字命名的。初期盲文作家使用手写笔在石板上刻画盲文字符，1892年第一台盲文书写机被Frank Haven Hall（伊利诺伊盲人学校负责人）提出，而后不断地进行更新迭代，这极大地推动了盲文的学习和传播。对于英语等字母文字，由于存在从字母到盲文符号的一一映射，因此双向转换都相对简单，其准确率可接近或达到100%。当前，英文、葡萄牙文、丹麦文、西班牙文、印地文等到盲文的自动转换，都已有可用的计算机系统。

美国盲人基金会（AFB）成立于1921年，以为视障人士创造一个无障碍的世界为使命。通过参与和促进研究共享知识，并与社会各领域单位建立合作关系来对视觉障碍者在技术方面提供帮助，包括通用技术方面的个人智能电子设备如电脑、手机等，辅助技术方面如盲文屏幕阅读器、盲文打印机等。皮尔森（Pearson）是一个无障碍评估团队，其目标是消除障碍并创建支持所有人访问和开发的产品和服务。皮尔森一直致力于改善所有学生（包括残疾学生）对于数字工具和内容的访问，所提供的屏幕阅读技术能够使失明或视力低下的用户访问数字内容，用户可以使用键盘或手势完全控制计算机或移动设备并在与应用程序交互的过程中得到语音反馈。印度K. S. 工程与管理学院的Shalini KV. 团队在2020年针对视障人士提出了数字盲文系统，该系统能够将电子文件和其他数字内容转换成盲文，操作简单，有助于改进视障人士的阅读方式，鼓励他们进行数字消费。①

手语（Sign Language）是使用视觉-手动模式来传达意义的语言，即通

① Shalini, KV., Keerthi, B. Shree, P. and Ashritha, KG., "Design and Implementation of Digital Braille System for The Visually Impaired," *International Journal of Computer Trends and Technology* 68 (2020): 80-83.

过手工发音结合非手工元素来表达。2021 年版的 *Ethnologue*：*Languages of the World*① 列出了 150 种手语。手语数字化主要分为手语识别和手语生成。手语识别是将含有手语的动作、表情和体态等翻译成文本（或者语音）词汇，并按照语法组合句子；手语生成是根据自然语言语句（文本/语音），先转写成自然手语的句子，再虚拟合成手语视频。② 手语数字化的两个过程互为逆过程。手语数字化主要任务包括视频理解、动作识别、手势识别、视频描述生成、虚拟现实技术等，是计算机视觉、视频识别、目标跟踪、模式识别、自然语言处理等多个研究领域的交叉。

（一）手语识别

手语识别是获取视频（连续帧），对手部进行目标跟踪，结合上下文信息完成信息转换。手语识别的方法有传统模型的方法、深度神经网络的方法和模型优化的方法。

1. 传统模型的方法

早期手语识别通过视觉特征或传感器的数据（肌电信号、骨架深度坐标、手部传感信号等）处理，获得特征信息，再进行分类。可以采用三维运动图的方向梯度直方图来描述手势的外观信息；可以采用多阶主成分分析技术降维，达到手语视频识别效率提高的目的；③ 可以采用标准差、协方差等方法对目标位置和运动进行跟踪；还可以对手语动作的几何特征建模，然后匹配曲线模式识别手语动作。

手语词汇识别的分类主要依靠支持向量机（Support Vector Machine，SVM），通过不断改进 SVM 算法来提高识别效果，比如提取手形和轨迹特

① 一年一度的印刷版和在线参考出版物，提供有关世界上现存语言的统计数据和其他信息。https：//en. wikipedia. org/wiki/Ethnologue。

② 郭丹、唐申庚、洪日昌、汪萌：《手语识别、翻译与生成综述》，《计算机科学》2021 年第 3 期，第 60~70 页。

③ Oliveira，M.，Sutherland A. and Farouk，M.，Two-stage PCA with Interpolated Data for Hand Shape Recognition in Sign Language [paper represented at the 2016 IEEE Applied Imagery Pattern Recognition Workshop（AIPR），2016].

征等。

手语识别是对视频的识别（即计算机视觉），仅仅通过特征提取与优化，不足以达到要求，必须增加时序建模。对时序建模的方法有动态时间规整算法（DTW）①、基于神经网络连接时序分类算法（CTC）和隐马尔可夫模型（HMM）。

2. 深度神经网络的方法

受到深度学习发展的影响，深度神经网络的方法在计算机视觉、视频识别、自然语言处理等领域应用广泛，深度学习具有较强的空间时序表达能力，基于深度学习的手语识别方法逐渐成为主流。常见网络模型有卷积神经网络（CNN）、循环神经网络（RNN）和图神经网络（GNN）等。

卷积神经网络（CNN）是一种深度前馈人工神经网络，其利用多层感知器的变化来达到最小的预处理，是一种共享权值架构。② CNN 通过卷积层、池化层不断提取特征信息，可以用于视频识别。研究者多使用 2D-CNN 和 3D-CNN 开展手语识别研究。KÖPÜKLÜ 等采用分层的 2D-CNN，一层的 CNN 用于检测手势，另外一层深度 CNN 对检测到的手势进行分类。③ PIGOU 等使用两组数据输入、CNN 分别提取手部特征和脸部表情，再使用神经网络进行分类，实现了手语识别。④ 3D-CNN 能够在上述基础上，增加视频的时空特征，获取相邻帧中手语的运动信息，从而提高手语识别的准确

① Plouffe, G., and Cretu, A. M., "Static and Dynamic Hand Gesture Recognition in Depth Data Using Dynamic Time Warping," *IEEE Transactions on Instrumentation and Measurement* 65 (2016): 305 - 316; Ahmed, W., Chanda, K. and Mitra, S., Vision based Hand Gesture Recognition using Dynamic Time Warping for Indian Sign Language (paper represented at the 2016 International Conference on Information Science, 2016), pp. 120-125.

② 米娜瓦尔·阿不拉、阿里甫·库尔班、解启娜、耿丽婷：《手语识别方法与技术综述》，《计算机工程与应用》2021 年第 18 期，第 1~12 页。

③ KÖPÜKLÜ, O., Gunduz, A., Kose, N., and Rigoll, G., Real-time Hand Gesture Detection and Classification Using Convolutional Neural Networks (paper represented at the 2019 14th IEEE International Conference on Automatic Face and Gesture Recognition, Lille, France, 2019), pp. 1-8.

④ Pigou, L., Dieleman, S., and Kindermans, P. J., et al. Sign Language Recognition Using Convolutional Neural Networks (paper represented at the European Conference on Computer Vision, Zurich, Switzerland, 2014), pp. 572-578.

性。Nutisa 等利用 Kinect 收集泰语手语 3D 视频流，然后利用 3D-CNN 学习时间和空间特征信息。[①] Jing 等使用 3D-CNN 构建了深度和光流信息的多通道及手部状态、脸部表情和肢体动作的多模态框架，[②] 进行美国手语识别，取得不错效果。还有研究者增加骨架关节点信息，较传统的 HMM 等模型准确率有所提升。

循环神经网络（RNN）在提取序列的非线性特征方面具有一定的优势，在计算机视觉、视频识别、语音识别等方面取得较好效果。常见的 RNN 有双向循环神经网络（Bidirectional RNN，Bi-RNN）和长短期记忆网络（Long Short-Term Memory Networks，LSTM）。尤其是 LSTM 擅长时序分类，在手语识别中有较好应用，比如该网络能感应手语中的时间变化、手势变化和手语分类。Aly 和 Aly 应用此方法，在阿拉伯手语集上进行了实验。[③]

图神经网络（GNN）对引入人体骨架坐标等非结构化数据用于手语识别具有重要作用。Amorim 等采集手语视频后，应用 GNN 获取视频多帧的骨架数据，再利用各骨架节点间的相互关系进行手语视频识别。[④] 在对骨架节点坐标建模基础上，Tunga 等应用 Transformer 描述帧间时序关系，并进行手语识别实验。[⑤]

手语识别要在复杂视频中识别精细动作，还要辅助脸部表情和肢体动作，难度极大。研究者们通过混合网络模型，充分利用各个模型的优

---

① Nutisa Sripairojthikoon and Jaturon Harnsomburana, Thai Sign Language Recognition Using 3D Convolutional Neural Networks [paper represented at the Proceedings of the 7th International Conference on Computer and Communications Management (ICCCM'19), New York, USA, 2019], pp. 186-189.

② Jing, L., Vahdani, E., and Huenerfauth, M., et al., "Recognizing American Sign Language Manual Signs from RGB-D Videos," *arXiv* 1906.02851 (2019).

③ Aly, S., and Aly, W., "DeepArSLR: A Novel Signer-Independent Deep Learning Framework for Isolated Arabic Sign Language Gestures Recognition," *IEEE Access* 8 (2020): 83199-83212.

④ Amorim, DE. CC., Macêdo, D., and Zanchettin, C. Spatial Temporal Graph Convolutional Networks for Sign Language Recognition (paper represented at the International Conference on Artificial Neural Networks, Springer, Cham, 2019), pp. 646-657.

⑤ Tunga, A., Nuthalapati, SV., and Wachs, J. Pose-based Sign Language Recognition Using GCN and BERT (paper represented at the IEEE Winter Conference on Applications of Computer Vision, 2020), pp. 31-40.

点来提高识别精度。比如 Cui 等采用视频序列的 RNN 来识别手语，同时使用 BLSTM 描述学习特征序列与标签序列的映射；使用 CTC 作为对齐方案的目标函数。[①] Ye 等采用 3D-CNN 与 RNN 组合，形成三维循环卷积神经网络（3DRCNN），其中 3D-CNN 用于提取光流和深度等特征，RNN 用于原始视频分割，获取视频序列时序信息。[②] 还有 3D-CNN 和 LSTM 融合的网络用于手语识别，使得这类网络模式既能提取空间特征，还能构建时间序列。

3. 模型优化的方法

研究者还通过优化模型，提高手语视频识别的准确性。常用的优化方法有最大期望模型优化法和度量学习模型优化法。

（二）手语生成

手语生成是指将文本（或者语音）虚拟仿真生成同语义的手语视频。手语生成包括手语动画合成技术、手语姿态视频合成技术和逼真手语视频合成技术。[③] 手语生成主要使用动画合成方法、自动编码器、Transformer 和生成对抗网络等模型。

1. 手语动画合成技术

首先将文本句子转写成手语语法词汇系列，然后对手语词汇的动作进行建模，再通过统计模型匹配手语库中手语词汇或短语，最后通过计算机图形学的动画合成技术合成对应语义的手语动画视频。Glauert 等基于统计的语言模型，匹配文本与手语库中的手语，再利用 SiGML 语言完成手语合成动

① Cui, R., Hu, L., and Zhang, C., "Recurrent Convolutional Neural Networks for Continuous Sign Language Recognition by Staged Optimization" (paper presented at the IEEE Conference on Computer Vision & Pattern Recognition, Honolulu, USA, 2017), pp. 7361-7369.

② YE, Y., Tian, Y., and Huenerfauth, M., et al. "Recognizing American Sign Language Gestures from within Continuous Videos" (paper presented at the 2018 IEEE/CVF Conference on Computer Vision and Pattern Recognition Workshops, Salt Lake City, UT, 2018), pp. 2064-2073.

③ 郭丹、唐申庚、洪日昌、汪萌：《手语识别、翻译与生成综述》，《计算机科学》2021 年第 3 期，第 60~70 页。

画描述。[①] SiGML 语言是一种手语手势标记语言，能够开发手语动画转录系统。Karpouzis 等通过语法解析器解码调整文本结构，然后匹配希腊手语库中的等效模式手语，最后运用动画合成技术合成手语动画视频。[②] Sagawa 和 Takeuchi 开发了日本手语的识别与生成的教学系统，先利用 3D 图形的动作参数对句子进行文本转写，再用手语语法文本描述生成同步的手语动画视频。[③] Brock 等采用 3 个 RNN，分别提取上半部身体动作、脸部表情和手指动作的 3D 位置数据，估算手语骨架数据，通过估计关节时序角位移虚拟出手语动画视频。[④] 手语动画合成技术构建方便，但是需要建设大规模的手语语料库，且动画粗糙，尤其是在两个动作之间的衔接跳动上。

2. 手语姿态视频合成技术

近年来，图像生成技术趋于成熟，有研究者试图直接从文本中挖掘语义信息，再生成相应语义的手语视频。前面方法相当于口语，这里相当于笔译。主要任务是将文本转换为手语骨架视频，提高准确度。Zelinka 和 Kanis 开发出自动播报天气捷克手语合成系统，设计出一种包含前馈和循环的姿态序列生成框架，通过骨骼模型生成人物手语视频。[⑤] Saunders 等对德语手语语料库开展研究，提出了一种对抗式多通道手语生成框架，将文本词序列和手语姿态序列同时输入判别器以鉴别手语姿态序列的匹配度，实现从文

① Glauert, J. R. W. , Glauert, J. R. W. , Elliott, R. , Cox, S. J. , Tryggvason, J. , and Sheard, M. , "Vanessa-A System for Communication between Deaf and Hearing People," *Technology and Disability* 18 (2006): 207-216.

② Karpouzis, K. , Caridakis, G. , Fotinea, SE. , and Efthimiou, E. , "Educational Resources and Implementation of A Greek Sign Language Synthesis Architecture," *Computers & Education* 49 (2007): 54-74.

③ Sagawa, H. , and Takeuchi, M. , A Teaching System of Japanese Sign Language Using Sign Language Recognition and Generation (paper represented at the ACM International Conference on Multimedia, 2002), pp. 137-145.

④ Brock, H. , Law, F. , Nakadai, K. , and Nagashima, Y. , "Learning Three-dimensional Skeleton Data from Sign Language Video," *ACM Transactions on Intelligent Systems and Technology* 11 (2020): 1-24.

⑤ Zelinka, J. , and Kanis, J. , Neural Sign Language Synthesis: Words Are Our Glosses (paper represented at the IEEE Winter Conference on Applications of Computer Vision, 2020), pp. 3395-3403.

本词序列转写成手语语法词汇序列，再将手语语法词汇序列转换成人体骨架视频。[①]

3. 逼真手语视频合成技术

逼真手语视频合成技术本质上还是手语动画合成技术。在手语姿态视频合成基础上，捕捉人体关键点坐标信息后进一步生成手语视频，使得视频更加逼真。目前多采用生成式对抗网络（Generative Adversarial Networks，GAN）进行逼真手语视频合成。Stoll 等采用深度卷积生成对抗网络（DCGAN）方法合成逼真手语视频。[②] 先用卷积图像编码器获取打手语人外观编码，将其作为潜在表征，然后将人体姿态骨架和外观共同作为条件叠加送入生成器，最后通过判别器不断提高准确度。在使用 GAN 生成手语视频过程中，对体态建模并补充脸部表情信息，得到更为真实的手语动作视频。

二　我国盲文和手语数字化发展现状

我国盲文和手语数字化是随着计算机在办公领域特别是文字编辑中的应用而发展起来的。早期的盲文数字化主要解决盲文的输入和编辑排版问题。从 20 世纪 90 年代开始，随着计算机的普及，适合盲人使用的盲用计算机系统成为研究的重点，盲文的数字化处理，如输入、输出、转换等也是其中的关键问题。“微机盲文信息处理及制版系统”和“汉语盲文、明文自动分词转译系统”在中国盲文出版社投入使用，使我国盲文读物出版能力显著增强，实现了从手工制版到数字化编辑排版的飞跃。[③] 同时，从 20 世纪 90 年代开始，在“863”计划、国家自然科学基金、国家科技支撑

① Saunders, B., Camgz, NC., and Bowden, R. Adversarial Training for Multi-Channel Sign Language Production (paper represented at the British Machine Vision Conference, 2020), pp. 1-15.

② Stoll, S., Camgoz, NC., Hadfield, S., and Boeden, R., “Text2Sign: Towards Sign Language Production Using Neural Machine Translation and Generative Adversarial Networks,” *International Journal of Computer Vision* 128 (2020): 891-908.

③ 尹琨：《中国盲文出版社：为盲人阅读点亮“心灯”》，中国新闻出版广电网，2019 年 6 月 20 日，https://zgcb.chinaxwcb.com/info/553721。

计划等项目的支持下，一批高校、科研院所和企业开始将人机交互、中文信息处理等技术应用于盲文和手语数字化，研发了一批关键技术和系统[①]。进入21世纪以来，随着人工智能技术发展和计算机、手机及其他智能终端的普及，盲文和手语信息无障碍（数字化）技术不断发展，尤其是深度学习等人工智能技术进一步促进了盲文和手语数字技术发展，应用也越来越广泛。

盲文输入主要解决将盲文输入计算机或智能终端的问题，这既涉及硬件，即盲文输入设备，也涉及软件，即盲文输入法。盲文输入设备可以是标准键盘，也可以是专用的盲文键盘，还有研究者研发了模拟盲文书写的点字输入设备。[②] 适用于手机的盲文输入法一般利用触摸屏，以手势方式实现盲文符号的输入。[③] 盲文输入法软件包含两种，一种仅从盲文输入设备得到盲文符号，即为相应的盲文符号生成计算机内存储所需的机器编码；另一种则可由输入的盲文进一步得到对应的明眼人文字，如汉字，这就涉及从盲文到明眼人文字的自动转换。当前，如果不考虑盲文到明眼人文字的自动转换，计算机上的盲文输入法已经成熟，“阳光盲文输入法”等输入软件已经广泛应用于盲人用的计算机系统。而面向手机等移动终端的盲文输入法目前仍处在技术研究阶段，同时移动终端上盲文输入的需求也需要进一步挖掘，尚未实现大规模应用。

盲文输出主要解决将计算机中的内容显示为盲文的问题，这需要依赖盲文点显器设备。该设备可连接计算机或手机，并实时将其中的盲文显示为设备上的凸点，供盲人摸读。盲用设备的价格昂贵，比如一台德国产“点显仪”单价为2万元人民币。清华大学等单位联合研发了国产“点显

① 江铭虎、朱晓燕：《盲人计算机的研究进展》，《科学》（中文版）1999年第1期，第1~3页。

② 计红梅：《科学家研发出“盲人电子记事本”》，科学网，2013年1月8日，https://news.sciencenet.cn/htmlnews/2013/1/273749.shtm。

③ 张居晓、曾晓勤、孟朝晖：《盲用多点触摸输入法的设计与实现》，《计算机应用与软件》2015年第10期，第231~235页。

器”，大大降低了价格，但每台的价格仍然相对较高，影响了其推广应用。[①] 目前，“多行点显仪”尚未普及，有报道德国制造出了“多行点显仪”原型机，能够显示图形和文字，甚至能将整个计算机屏幕显示出来。国内外的一些科研机构正在试图研制这种设备，尤其是降低成本，以利于推广普及。[②]

盲文数字化另外一项主要工作是盲文和明眼人文字之间的双向转换，或称翻译。明眼人文字到盲文的翻译可用于盲文图书编辑出版，或直接用于盲用终端，使盲人能够阅读已经大量存在的明眼人使用的书籍或资料。盲文到明眼人文字的翻译用于帮助盲人和明眼人交流，在盲人教育中也有重要应用。汉字盲文是一种拼音文字，其用盲文符号表示每个汉字音节的声母、韵母和声调，并且还定义了分词连写和标调等规则。在汉字到盲文的翻译中，核心难点在于分词及为多音字确定读音；在盲文到汉字的翻译中，核心难点在于根据读音确定正确的汉字。主要方法有基于规则方法[③]、基于统计的机器学习方法[④]和深度学习方法[⑤]，转换的准确率得到了大幅提升，一些系统已经在盲文图书编辑出版、盲文阅读等领域得到应用。但当前技术仍然面临一些挑战，其中最大的问题在于基于统计的机器学习方法和深度学习方法依赖于大量的、多样化的训练数据，这就要求构建大规模的汉字-盲文对照的语料库，以用于训练相应的机器学习模型。但由于盲文数据有限、语料库构建困难等，当前仅有少量中等规模、覆盖领域有限的语料库，严重限制了相关技术发展。

除了汉字和盲文之间的双向翻译外，数理化符号和乐谱到盲文的翻译也

---

① 王向东、钱跃良：《为视力障碍者点亮信息世界》，《中国科学报》2013 年 1 月 30 日，第 2 版。

② 《清华大学研制成功“盲人电子阅读器”》，《中国科技信息》2003 年第 21 期，第 31 页。

③ 黄河燕、陈肇雄、黄静：《基于多知识分析的汉盲转换算法》，《语言计算与基于内容的文本处理——全国第七届计算语言学联合学术会议论文集》，2003。

④ 庄丽、包塔、朱小燕：《盲人用计算机软件系统中的语音和自然语言处理技术》，《中文信息学报》2004 年第 4 期，第 72~78 页。

⑤ 蔡佳、王向东、唐李真等：《基于汉盲对照语料库和深度学习的汉盲自动转换》，《中文信息学报》2019 年第 4 期，第 60~67 页。

具有重要的应用价值，国内兰州大学等单位开展了相关研究，并在中国盲协的支持下建成了中国盲文数字平台。[①] 另外，当盲人将盲文书写在纸张上时，要实现与明眼人的交流，还需要先采用图像处理技术识别出纸张上的盲文，然后才能送入翻译引擎。中国科学院计算技术研究所等单位应用机器学习技术开展了盲文图像识别的研究，构建了一个数据集，并研发了高准确率的算法，[②] 可用于盲文图书出版的智能校对、盲文典籍的数字化和再版，以及盲人教育等领域。

除了技术研发外，标准化也是盲文数字化中需要重点推进的工作。早期的盲文数字化系统主要应用于中国盲文出版社等单位，且很多技术处于研究阶段，而近年来，随着盲用终端、移动终端、云平台等领域的发展，以及盲文数字技术的日益成熟，在盲文编码、数据交换格式、关键服务接口等方面为盲文数字化系统制定统一的标准就显得日益重要。近年来，中国盲文出版社、中国科学院计算技术研究所联合其他单位制定了国家标准《盲用数字出版格式》（GB/T 38640-2020）和团体标准《人工智能芯片应用 面向汉盲翻译系统的技术要求》（TCESA 1150—2021），为盲用数字出版格式、基于人工智能芯片的汉盲翻译系统等制定了统一的规范。

手语数字化的工作主要包括手语识别和手语合成。前者是指将手语转换为普通人使用的自然语言形式，如将中国手语转换为汉字文本或汉语语音，后者是指将自然语言（如语音或文本）转化为手语动作，主要是通过虚拟合成的动画呈现手部动作和面部表情等信息。手语识别与手语合成是聋人与听人之间的桥梁，相当于手语与自然语言之间的双向翻译。

早期的手语识别采用数据手套作为输入设备，[③] 能够比较准确地采集手

① 苏伟、许存禄、林和、王蕊：《中国盲文数字平台建设研究》，《现代特殊教育》2021 年第 14 期，第 68~73 页。

② Renqiang Li, Hong Liu, Xiangdong Wang, and Yueliang Qian, Effective Optical Braille Recognition Based on Two-Stage Learning for Double-Sided Braille Image (paper represented at the Pacific Rim International Conference on Artificial Intelligence, Springer, 2019), pp. 150-163.

③ 吴江琴、高文：《基于 DGMM 的中国手语识别系统》，《计算机研究与发展》2000 年第 5 期，第 556~558 页。

势动作并对其进行识别。但是专用的数据手套价格极为昂贵，使用也不够方便，限制了手语识别技术的应用。手语识别主要方法有基于传感器的方法和基于视觉的方法两种。根据传感器不同，又分为基于穿戴式传感器的方法（通过臂的惯性传感器①、肌电传感器②等感知手臂、手指动作）和基于环境传感器的方法（通过毫米波雷达、Wi-Fi 信号发射器和接收器等感知手势动作）。基于传感器的方法相比数据手套来说成本更低，使用也更为方便，但仍然需要专用的硬件设备，并且需要穿戴或预先设置；基于视觉的方法则使用更为通用的摄像头采集手势动作，使用更为自然和方便。近年来，计算机视觉的应用越来越广泛，尤其是在深度学习技术发展方面，有研究者将深度学习应用到视觉的手语识别中，③ 取得了较好效果。但是这一方法容易受到背景、光照等环境因素的影响，在复杂环境下识别准确率可能无法达到实用要求。总体来说，方便自然且高准确率的手语识别仍然是一个极具挑战性的问题，是人机交互、计算机视觉等领域的热点问题之一，但当前工作多数以研究为主，大规模应用相对较少。

从识别算法和模型来看，手语识别大体经历了从模板匹配、统计机器学习到深度学习的发展阶段。当前无论是基于传感器还是基于视觉的手语识别，一般都是在进行数据预处理、特征提取等操作后，采用统计机器学习模型和深度学习模型进行手语动作的识别，这就需要建立大规模的手语数据库来训练模型。当前，国内已有一些公开的汉语手语数据库，但规模更大、场景更复杂多样的数据对于进一步发挥深度学习模型效力、提高准确率仍然有重要作用。另外，已有数据集以视觉模态为主，且主要包含手语词，其他模态或多模态的公开数据集、连续手语语句的公开数据集较少，限制了相关方

① Suri, K., and Gupta, R., "Continuous Sign Language Recognition From Wearable IMUs Using Deep Capsule Networks and Game Theory," *Computers & Electrical Engineering* 78 (2019): 493-503.

② Zhang, Y., Chen, Y., Yu, H., Yang, X., Wang, L., and Hong, L., "Wearing-Independent Hand Gesture Recognition Method Based on EMG Armband," *Personal and Ubiquitous Computing* 22 (2018): 511-524.

③ 花有清：《基于机器视觉的智能手语识别翻译器设计与实现——评〈机器人学、机器视觉与控制：MATLAB 算法基础〉》，《中国科技论文》2020 年第 10 期，第 1226 页。

向的研究。

手语合成的主要任务是将手语合成为虚拟的动画。当前主要有两种技术路线，一种是采用三维模型生成三维虚拟动画，另一种是基于视频拼接。前者模型更为复杂，但生成的动画更为精细，后者实现相对简单高效，但精细程度可能不及前者。早期的手语合成基于人工建模、手动调参或统计机器学习，近年来，得益于深度学习的发展，手语合成的质量得到明显提高，已经在广播电视、网络主播等多个领域应用。如 2007 年，北京卫视的《新闻手语》栏目，首次采用了数字模拟机器人打手语。此后的电视节目和新闻媒体中，包括 2008 年的北京奥运会、残奥会和 2022 年的北京冬奥会、冬残奥会也都出现了计算机生成的手语视频窗口，与电视节目同步播放。①

三　盲文和手语数字化存在的问题

（一）缺乏成熟、大规模的盲文和手语语料库

目前，国家通用盲文音调和盲文分词连写规范具有不规范性和不确定性，还没有建立大规模的国家通用盲文语料库，使得中文—盲文的翻译准确率难以有较大突破，盲文信息化水平难以提高。

不同于汉语“字词”与“字词”之间不分隔，盲文借鉴了英语的分词规则（盲文本质类似拼音），在词与词之间增加“空方”（或者空格），以期减少歧义。盲文分词规则与中文分词不一致，因为盲文分词不仅仅从语义进行分词，还要考虑盲人“摸读”触觉问题（减少空方，提高阅读速度），就需要把本来语义上分开的词连在一起写，即盲文分词连写规范。如“引/无数/英雄/竞/折腰”。盲文分词连写规范现在大约有 100 多条规则，还不完善，很多时候还是依赖盲文专家手工完成。

① 《AI 手语平台加速构建“无障碍窗口”》，中国经济网，2022 年 3 月 7 日，http：//www.ce.cn/xwzx/gnsz/gdxw/202203/07/t20220307_ 37381630.shtml。

上述不规范性和不确定性制约着中文—盲文的翻译，也使得盲文信息化水平难以提高。研究者多年来不断寻求突破，但是成效不明显。这也是国家颁布推广国家通用盲文的初衷所在。国家通用盲文整体继承了现行盲文，并对现行盲文“升级”，主要是对全部字都标音调，并按声母省写音调。这样既降低标调的自由度，又减少盲文方数。[①] 如“更加”的拼音是“gèngjiā”，现行盲文是“⠛⠼⠛⠫”，两个字都没有加调；字字加调盲文应为“⠛⠼⠆⠛⠫⠁”，国家通用盲文规则是声母为“g”时，去声的调省略，则国家通用盲文为“⠛⠼⠛⠫⠁”。

手语的语料库是手语识别、手语生成等数字化、信息化的基础。目前，国内研究者建立了或大或小的手语语料库。其中比较有影响的是复旦大学龚群虎团队的“汉语和部分少数民族语言的手语语料库”和南京特殊教育师范学院“国家手语词汇语料库”，后者只限于词语级别，[②] 不足以为手语识别和手语生成提供数据支撑。多个国家建立了较为成熟的手语语料库。例如，澳大利亚手语语料库的标注包括 49 层，ELAN 软件标注信息包括双手手形的意义、运动、位置等手控信息，眼睛、眉毛、身体、头部等非手控信息，句子翻译，词语转写翻译，注释等。[③] Li 等建立了美国手语词汇语料库，共收集 119 个不同人打词汇手语的视频，包含 2000 多个单词，共有 20863 个视频。[④] 每个人要求至少在不同背景下打同一个单词手语 3 遍，这样能更好训练人工智能的模型，极大提高算法的鲁棒性。再如，德国手语识别的数据集主要是 RWTH-PHOENIX-Weather。[⑤] 在此数据集上，很多研究者

---

① 钟经华：《国家通用盲文方案研究》，《中国特殊教育》2018 年第 6 期，第 42~46、41 页。

② 赵晓驰、任媛媛、丁勇：《国家手语词汇语料库的建设与使用》，《中国特殊教育》2017 年第 1 期，第 43~47 页。

③ Johnston，T.，“W（h）ither the Deaf Community? Population，Genetics，and the Future of Australian Sign Language，” *American Annals of the Deaf* 148（2004）：358.

④ Li，D.，Opazo，CR.，YU，X.，and Li，H.，Word-level Deep Sign Language Recognition from Video：A New Large-Scale Dataset and Methods Comparison（paper represented at the IEEE/CVF Winter Conference on Applications of Computer Vision，Colorado，USA，2020），pp. 1459–1469.

⑤ 米娜瓦尔·阿不拉、阿里甫·库尔班、解启娜、耿丽婷：《手语识别方法与技术综述》，《计算机工程与应用》2021 年第 18 期，第 1~12 页。

开展了研究。Cui 等[①]以 CNN 为基础，叠加时间特征，引入 BLSTM 作为序列学习模块，进行迭代训练，从而实现连续手语识别。Koller 等则采用混合模型（CNN-LSTM-HMM），分别获取手标签、口型和手形的特征信息，从而提高手语识别准确性。[②]

（二）中国盲文数字化程度尚不高

首先，中国盲文信息化与数字化程度较低。目前，还没有一款真正推向市场普及的盲文与中文互译系统。汉盲翻译软件在涉及盲文分词、标调特殊的地方仍然可能存在错误；缺少合适的汉语盲文语料库，降低了翻译准确率，也降低了用户满意度和使用意愿度；[③] 盲文信息化系统市场相对小众，不容易吸引大量企业和研发机构参与，进一步造成盲文数字化系统难以普及。很多时候对盲文的翻译还停留在人工翻译阶段。其次，信息无障碍程度偏低。我国已经颁布了多项标准，对信息无障碍设计与开发做出规范，其中无障碍检测指标绝大部分是为视障人群设置。研究发现，我国的网站等平台的信息无障碍程度偏低。许多网站开发人员在开发网站时，都没有信息无障碍的设计理念。[④] 孙祯祥等对我国的一些网站进行了信息无障碍测试，通过测试的网站不足 10%。[⑤]

（三）盲文数字化的相关产品普及率不高

盲文数字化产品除了读屏软件，其他软件或者硬件产品普及率不高。目前，国外研究者开展了大量研究，也开发了不少盲用软件。而国内相关硬件

① Cui, R., Liu, H., and Zhang, C.,"A Deep Neural Framework for Continuous Sign Language Recognition by Iterative Training," *IEEE Transactions on Multimedia* 21 (2019): 1880-1891.

② Koller, O., Camgoz, C., Ney, H., and Bowden, R., "Weakly Supervised Learning with Multi-Stream CNN-LSTM-HMMs to Discover Sequential Parallelism in Sign Language Videos," *IEEE Transactions on Pattern Analysis and Machine Intelligence* 42 (2019): 2306-2320.

③ 程黎、顾定倩、刘艳虹、魏丹：《我国盲文使用状况的调查研究》，《语言文字应用》2013 年第 2 期，第 42~48 页。

④ 周廉惠：《网络无障碍意识推广研究》，硕士学位论文，清华大学，2010。

⑤ 孙祯祥等：《无障碍网络教育环境的构建》，科学出版社，2008，第 108 页。

与软件均较为匮乏。首先，计算机无障碍改造的软件不多。目前计算机和智能手机都有辅助技术与功能，以帮助残疾人操作计算机和智能手机，如读屏软件和声控软件。但软件或者硬件产品依然不足，需要研究者设计与开发出实用产品。其次，科技辅具的国产化率较低。为帮助残疾人实现特殊需求，开发的电子产品或软件系统统称为科技辅具。以盲人为例，点显仪、刻印机、热敏打印机、读屏系统等科技辅具多为进口设备。①

（四）手语数字化的相关产品成熟度不足，推广难度大

当前的手语数字化产品是基于手势汉语（使用汉语语法规则），不适用于聋人，得不到聋人的认可；由于手语语法规则体系不完善，手语数字化产品满足不了聋人实际使用需求；大规模的平行手语语料库尚未建立，无法通过大数据学习等信息化技术手段提炼手语的基本规律，使得翻译准确性不高。

目前手语识别只能翻译对应的手语单词，并不具备翻译句子的功能。由于现阶段还不能完全搞清楚手语的语法关系，翻译出的整体句意往往不准确，最多只能实现单词、短语的选择性翻译。所以，目前相关手语识别的研究只能定义为“手语字典”。手语识别实现整句翻译功能，还有无数个科研难题需要攻克。②

“手语计算”与“传统语言计算”有本质差异，“传统语言计算”的理论是建立在单信道基础上的，而“手语计算”是基于多信道的。“传统语言计算”的根本任务是“消歧”，而“手语计算”是以空间计算为主，核心任务是将单信道表征和多信道表征相互转换。手语的手部形状、手部位置、手掌方向、头部动作、眼睛凝视方向、面部表情、肩部动作和躯干姿势等这些信道都包含语言学意义上必不可少的信息。这些信道信息互为依存、相互联系，

① 张居晓：《面向盲文信息无障碍的智能交互技术——盲文输入与翻译》，博士论文，河海大学，2021。

② 姚登峰、郭晓斌：《前路漫漫未来可期——走出手语识别的“误区”》，《中国科技财富》2018 年第 11 期，第 3 页。

缺一不可。“手语识别”需要将空间建模、空间隐喻、空间语义等概念贯穿在“手语计算”的词法、句法、语义和语用等各个阶段。当前，不具备大规模手语语料自动标注技术，无法完整标注所有信道和所有空间细节。[①]

（五）手语电视节目等数字媒体不能满足聋人需求

截至2021年底，全国共有电视手语栏目291个（其中省级台栏目38个），广播节目226个（其中省级台节目25个）。[②] 90%以上的聋生和成年聋人看过电视台的手语新闻，但能看懂的不到10%，27.0%的聋生和44.9%的成年聋人基本看不懂手语新闻。[③] 厦门大学肖晓燕教授，分别在2008年和2017年进行调查，结果显示，手语电视节目收视率极低，经常收看者占比为12.9%（2008年）和16.1%（2017年）。同时，高达83.6%（2008年）和84.8%（2017年）的聋人表示理解电视手语有困难。[④]

从内容来讲，手语电视节目基本为新闻节目，多为一周新闻综合资讯节目，也多是填补省级台无手语电视节目空白的举措。其中也包括生活服务、卫生保健等小部分内容。就全国电视台播出手语电视节目的频率来看，中央电视台新闻频道《共同关注》、青海广播电视台经济生活频道《1时间生活》等栏目的手语播报均为每日播出，绝大多数手语电视节目为周播性质，如成都金牛有线电视台《欢行手语》栏目，每周播出2期，每期5分钟；长沙电视台政法频道《火线》栏目配手语解说，每周1期，每期10分钟；黄冈电视台推出的《垄上风》手语节目，每周播出一期；佛山电视台栏目《经历》手语版，每周一期，每期25分钟。

---

① 姚登峰、江铭虎、鲍泓、李晗静、阿布都克力木·阿布力孜：《手语计算30年：回顾与展望》，《计算机学报》2019年第1期，第111~135页。

② 《2021年残疾人事业发展统计公报》，中国残疾人联合会官网，2022年4月6日，https://www.cdpf.org.cn/zwgk/zccx/tjgb/0047d5911ba3455396faefcf268c4369.htm。

③ 刘艳虹、顾定倩、程黎、魏丹：《我国手语使用状况的调查研究》，《语言文字应用》2013年第2期，第35~41页。

④ 肖晓燕、高昕、赵肖：《中国大陆手语传译调查：现状、问题与前景》，《中国翻译》2018年第6期，第66~72页。

我国法律鼓励公共媒体举办手语电视节目，没有强制性，并且《无障碍环境建设条例》约束力不强。就目前全国手语电视节目开设的情况来看，手语电视节目内容缺乏针对性、服务性，其政治意义远大于实际意义。国家通用手语的普及度还远远不够，甚至部分电视台依旧沿用2018年《国家通用手语常用词表》出台之前研发的手语数字产品，其产品并非使用国家通用手语，持续播出将严重影响当地手语电视节目开设的意义，阻碍国家通用手语在当地的普及。总体上来说，各级残联、电视单位在落实法律法规的要求上，还是存在较大差距。

四　盲文和手语数字化发展建议

（一）加快建设盲文和手语语料库

盲文与中文互译需要盲文语料库，手语识别和手语生成需要手语语料库。不仅要建设语言学意义上的语料库资源，还要建设用于机器翻译的手语汉语平行语料库；不仅要建设语料库，还要充分开发利用语料库，对语料库进行标注。所以，在建设语料库时，要注重大数据与挖掘结果的关系，并配套语言知识资源（句法资源、语义资源等）。手语识别、手语生成、盲文翻译等涉及语义层次，这些都要语义资源的支持。① 手语汉语平行语料库是手语机器翻译（手语识别和手语生成）的数据基础，对语料库的标注质量要求高。

目前，手语语料库的建设相对滞后，且规范性差、缺少系统的理论指导。现有手语语料库难以满足手语语言学的发展，难以为手语语言学提供全面、权威的语料素材，无法为手语识别和手语生成提供足够的数据支持。同样，盲文—中文互译和盲文数字化均需要大规模的盲文语料库支撑。盲文数字化需要应用人工智能技术进行模型训练，只有盲文语料库才能为盲文数字

① 吴蕊珠、李晗静、吕会华、姚登峰：《面向ELAN软件的手语汉语平行语料库构建》，《中文信息学报》2019年第2期，第43~50页。

化提供训练数据和测试数据。① 盲文的分词连写规范还不完善，目前分词连写主要依赖于盲文专家人工标注。若能建立大规模的盲文语料库，则能够通过实验完善国家通用盲文的分词连写规范。所以，加快建设盲文和手语语料库，应当尽快完成国家通用盲文语料库与信息化协同平台建设，构建国家通用盲文语料库大数据平台。2019 年中国科学院计算技术研究所采用了自动抽取语料对齐的方法快速构建了一个小型语料库；② 2021 年，国家社科基金重大项目支持北京联合大学钟经华老师建议的盲文语料库。③ 国家应加大对手语语料库的投入力度，尽快建立成熟的手语语料库。

（二）尽快补齐盲文信息化短板

目前，我国盲文信息化、数字化程度相对偏低，加快盲文信息化进程，尽快补齐盲文信息化短板，逐步实现盲文信息无障碍。

一是研发盲文语料采集辅助软件和加工工具，研发国家通用盲文汉语分词连写标注软件，完成盲文语料库的标注，利用好语料库。二是研发国家通用盲文全息盲文存储系统，建设国家通用盲文全息电子词典。三是研发基于深度学习的国家通用盲文双向翻译技术，包括汉盲双向转换核心技术、语音与国家通用盲文双向转换技术。基于语料库，提高国家通用盲文—汉字互译准确性。研发国家通用盲文—语音双向翻译技术，输入语音翻译为国家通用盲文，也可将国家通用盲文朗读为语音。④ 四是研发多层次、内容丰富的国家通用盲文生成技术，将汉字或盲文文本生成多层次、内容丰富的关联存储盲文内容。五是研发移动电子设备盲文信息处理技术，研发多行盲文点显仪硬

---

① 钟经华、李健、高旭、阎嘉：《论汉语盲文语料库建设的意义》，《中国特殊教育》2017 年第 1 期，第 24~28 页。

② 蔡佳、王向东、唐李真等：《基于汉盲对照语料库和深度学习的汉盲自动转换》，《中文信息学报》2019 年第 4 期，第 60~67 页。

③ 《2021 年度国家社科基金重大项目立项名单公布》，全国哲学社会科学工作办公室官网，2021 年 12 月 6 日，http：//www. nopss. gov. cn/n1/2021/1206/c431028-32300961. html。

④ 《关于印发〈第二期国家手语和盲文规范化行动计划（2021—2025 年）〉的通知》，中国残疾人联合会官网，2021 年 11 月 29 日，https：//www. cdpf. org. cn/zwgk/zcwj/wjfb/df51e2c92a134afbb7c7275338676d37. htm。

件设备等。还要解决现行转通用、盲文到语音的双向转换（盲文的语音输入法）、盲文智能校对、更自然的盲文图像识别、嵌入式本地的转换/识别、基于图像的公式转换、复杂文档的转换、语料库/词典建设中的相关问题。

（三）加大国产手语和盲文数字化产品扶持力度

手语和盲文数字化产品的国产化率较低，进口设备价格较高，直接影响了科技辅具的推广与普及。建议加大国产手语和盲文数字化产品扶持力度，提升手语和盲文的数字化水平。

一是建立手语和盲文数字化产品扶持政策。从国家层面健全工作机制，筹措扶持资金，鼓励和支持国内企业开展手语和盲文数字化产品研发，生成一批科技辅具，如多行点显仪、读屏软件、翻译软件、助视仪、手语翻译机器人、导盲机器狗等，形成科技辅具产业链。扶持推广 3D 盲文绿色印刷生产技术，研发盲文编辑无障碍、单人校对支持以及国家通用盲文按需出版印刷等技术，构建盲文图书线上打印平台，提高盲文出版智能水平，降低劳动强度，提高生产效率。[①] 二是加大手语和盲文数字化人才培训力度。出台科技辅具人才相关优惠政策、大力构建数字化学习云平台，鼓励和培育一批研究人员投入手语和盲文数字化产品研发工作，建议在全国自然科学基金项目和社会科学基金项目等研究规划项目和重大研究项目中，增加手语和盲文数字化研究项目。三是为手语和盲文提供数字化高端专业服务。建立高层次的手语和盲文数字化专家咨询指导团队，要加大语料库这类数字资源建设和开放力度，让研究者和相关企业方便快捷使用数字资源。

（四）加强人工智能在手语计算中的应用研究[②]

充分利用人工智能技术开发手语应用系统，建议从以下几点入手。

① 《关于印发〈第二期国家手语和盲文规范化行动计划（2021—2025 年）〉的通知》，中国残疾人联合会官网，2021 年 11 月 29 日，https：//www. cdpf. org. cn/zwgk/zcwj/wjfb/df51e2c92a134afbb7c7275338676d37. htm。

② 郭丹、唐申庚、洪日昌、汪萌：《手语识别、翻译与生成综述》，《计算机科学》2021 年第 3 期，第 60~70 页。

一是尽可能多收集真实场景数据。建立语料库时，不仅要收集实验室环境的模拟手语数据，更需要从现实场景中采集数据。目前，“手之声”在线手语翻译软件能够获取现实场景手语交流视频，将其收集起来才能建设真实有效的日常手语句子数据库。对手语句子进行标注，进一步使用语义对齐、分割与解析的理论算法和模型对手语句子进行语义切割和视频重组，存入语料库。二是构建手语知识图谱。构建手语知识图谱有助于增强对手语识别与翻译的语义理解，从而充分利用手语语料库，推动手语识别与生成技术的发展。三是可进化学习新的词汇。构建模型，手语系统适应新增的手语词汇，这些不在语料库中的词汇，定义为孤僻词和新词汇。可以采用少样本学习或者零次学习模型。少样本学习是利用模型良好的泛化能力和学习能力来预测对孤僻词的理解；零次学习是建立训练过类别和未经训练类别两者的联系，然后选择相关的属性作为语义链接，进一步识别、集中未经训练类别的样本。四是集成手语应用系统。研发手语标注、手语识别、手语生成等功能，实现文本、语音、手语视频等交互转换，从而实现现实场景下的人机交互和在线手语互译，进一步实现自然对话场景下的口语到手语视频的直接转换。

（五）丰富手语电视节目等数字资源供给

手语电视节目存在栏目少、时长短、间隔长、内容不接地气等情况，与听障人员的现实需要差距较大。建议丰富手语电视节目等数字资源供给，不断满足听障人员信息需求。建议如下：

一是加大政策执行力度。2008 年 4 月《中华人民共和国残疾人保障法》颁布，明确规定：“政府和社会应当采取措施，开办电视手语节目，开办残疾人专题广播栏目，推进电视栏目、影视作品加配字幕、解说。”根据《中华人民共和国残疾人保障法》的要求，我国电视媒体的无障碍建设已逐步启动。《无障碍环境建设条例》第二十一条规定：“设区的市级以上人民政府设立的电视台应当创造条件，在播出电视节目时配备字幕，每周播放至少一次配播手语的新闻节目。”① 《国家人权行动计划（2009—2010年）》《2012年国务院政府工作报告》《中国残疾人事业中长期人才发展规划纲要（2011—2020年）》《中国残疾人事业“十二五”发展纲要》对此均有专门论述。2018年6月，为了进一步保证残障群体平等参与社会生活、共享社会资源的权利，更好地保障国家通用手语的推广和实施，中央宣传部、中国残联、教育部、国家语委和国家广播电视总局联合发布了《关于推广国家通用手语和国家通用盲文的通知》，该通知提出“新闻出版和广播电视管理部门要采取多种形式广泛深入宣传国家通用手语和国家通用盲文……落实在国家公务活动、电视和网络媒体、公共服务、信息处理中使用国家通用手语和国家通用盲文的要求”②。《国家手语和盲文规范化行动计划（2015—2020年）》明确要求“地市级以上电视台的电视手语新闻全面使用国家通用手语；依托中国教育电视台开办国家通用手语教学栏目，鼓励国家和有条件的省级电视台试办使用通用手语的电视手语栏目”。《国家通用手语推广方案》要求2019年起，在中央电视台、省级电视台的手语栏目、党和国家重大活动的手语同声传译、出版物中逐步使用国家通用手语；2020年起，在地市级电视台手语栏目和地方公务活动的手语同声传译中逐步使用国家通用手语。鼓励利用人工智能、语音识别、手语识别等先进技术研究各类国家通用手语信息化产品。③ 制定手语节目制作规范，进一步规范手语节目的内容，制定手语节目的基本要求，包括语言要求、画面要求、声音要求、手语表达者资质要求、拍摄镜头要求等，使之成为听障人员爱看的电视节目。

---

① 《无障碍环境建设条例》，中国政府网，2020年12月27日，http：//www.gov.cn/zhengce/2020-12/27/content_5574480.htm。

② 《关于推广国家通用手语和国家通用盲文的通知》，中国政府网，2018年6月27日，http：//www.gov.cn/zhuanti/2018-06/27/content_5650104.htm。

③ 《关于推广国家通用手语和国家通用盲文的通知》，中国政府网，2018年6月27日，http：//www.gov.cn/zhuanti/2018-06/27/content_5650104.htm。

B.8
中国建筑无障碍数字化发展报告（2022）

夏菁　许晓飞*

摘　要： 信息时代与各行业的数字化转型为日常生活带来了极大便利，也为更多元的个性化需求提供了服务支撑，其可助力于满足人民日益增长的美好生活需要。建筑数字化通过对建筑策划、设计、施工、管理、评估等提供全流程的信息支持，为残疾人、老年人等有障碍群体自由出入和共享建筑提供了空间保障。基于此，本报告聚焦于建筑数字化赋能无障碍环境建设，首先，对当前建筑行业数字化发展的总体特征进行概述。其次，对建筑数字化可以赋能无障碍环境建设且大有前景做进一步阐述。再次，针对建筑数字化为无障碍环境建设赋能的典型应用场景展开分析，包括无障碍需求较为迫切的典型区域与建筑类型以及基于建筑数字化实现感知建筑方式的转变，并进一步剖析了我国建筑无障碍数字化建设存在的问题与未来发展的趋势。最后，建议从调动多元主体参与积极性、融入城市更新行动、鼓励残障人士积极参与、完善信息监管与保障数据安全等方面提升我国建筑无障碍数字化建设水平。

关键词： 无障碍环境　建筑数字化　共享建筑

* 夏菁，博士，合肥工业大学讲师，研究领域为土地利用、住房与城乡规划；许晓飞，高级工程师，安徽省城乡规划设计研究院有限公司城市更新所所长，研究领域为城市更新。

我国各类残疾人总数约为8500万人，2020年全国残疾人人口基础数据库入库持证残疾人为3780.7万人。第七次全国人口普查数据显示，我国60岁及以上人口已达2.64亿人，占总人口的18.7%。预计“十四五”时期，我国60岁及以上老年人口规模将突破3亿人，从轻度老龄化进入中度老龄化阶段。[①] 庞大的残疾人口规模与不断加深的老龄化程度对建筑无障碍存有极大需求。但在工业文明时代，信息获取渠道不对称，信息获取存在延时，以及政府与市场难以在有限时间内获取海量的有障碍群体的空间使用需求信息，使建筑无障碍长期处于“规模化”“标准化”导向的社会服务之外。随着生态文明时代对人的全面发展的关注，信息技术的飞速发展及其对人的日常生活的全方位渗透，已然勾勒出一幅数字生活圈的美好图景，这意味着建筑行业的全面数字化将助力于无障碍环境建设，也将为残疾人、老年人等有障碍群体自由出行这一基本行动需求提供最为基础的无障碍环境支持。事实上，2020年12月，工业和信息化部印发的《互联网应用适老化及无障碍改造专项行动方案》（工信部信管〔2020〕200号）使互联网应用适老化改造成为焦点，从建筑单体向建筑群体的数字化转型实践也在如火如荼开展。无论是面向适老化、助残等有针对性的数字建筑赋能应用，还是从通用设计出发，以共享建筑为起点，立足于建筑数字化赋能的无障碍环境建设，其均指向共同营造共享建筑与公共空间的愿景目标。

一　建筑行业数字化发展的总体特征

建筑行业的数字化发展情况一方面体现在建筑学学科发展中的数字化融合上，另一方面体现在建筑行业实践及相关软件信息平台的开发运用上。就建筑学学科发展中的数字化融合而言，其主要体现在两个方面，一是将数字化作为技术理念融入建筑学当中，如数字化支撑复杂建筑形态生成、数字化

---

① 《我国老年人口总数达2.64亿人，占总人口的18.7%　拿什么守护“夕阳红”》，中国经济网，2021年10月25日，https://www.360kuai.com/pc/9bf087369ff830f40?cota=3&kuai_so=1&sign=360_57c3bbd1&refer_scene=so_1。

支撑复杂建筑结构设计与施工、数字化辅助于建筑工程管理与建筑方案设计等。二是考虑数字化所处的信息时代这一时代环境对建筑学的价值与理念等产生的影响，如迈入共享的建筑学极大拓宽了建筑的使用价值。特别是公共建筑，其本身就带有共享的性质，共享也可基于共享的人群、共享的方式等维度划分为全民共享、让渡共享、群共享三种类型。无论是建筑学学科还是建筑行业实践，其在价值上都肯定了数字化对建筑行业发展的正向促进作用，在理念上都让建筑空间服务于弱势群体得以在更大的技术平台上推进。

（一）建筑行业数字化发展概况

自 1995 年以来，信息化建设上升到了国家高度。2016 年国家“十三五”规划提出了“加快建设数字中国”，《中华人民共和国国民经济和社会发展第十四个五年规划和 2035 年远景目标纲要》提出，迎接数字时代，激活数据要素潜能，推进网络强国建设，加快建设数字经济、数字社会、数字政府，以数字化转型整体驱动生产方式、生活方式和治理方式变革。2018 年习近平总书记在致首届数字中国建设峰会的贺信上提出，“当今世界，信息技术创新日新月异，数字化、网络化、智能化深入发展，在推动经济社会发展、促进国家治理体系和治理能力现代化、满足人民日益增长的美好生活需要方面发挥着越来越重要的作用”①。数字中国建设是以信息化驱动现代化，是全面贯彻新发展理念、培育新动能、推动新发展、创造新辉煌的重大举措。然而，在数字化变革的浪潮中，麦肯锡全球机构行业数字化指数显示，建筑行业的数字化程度相对比较低。比较中国、美国和欧盟，信息和通信技术（ICT）、媒体和金融行业的数字化程度较高，而农业、本地服务与建筑等行业的数字化程度较低。平均而言，前三个行业与末尾三个行业的数字化程度差距分别为：美国 5.8 倍、欧盟 6.1 倍、中国 6.5 倍。② 这意味着

① 《习近平致首届数字中国建设峰会的贺信》，新华网，2018 年 4 月 22 日，www.xinhuanet.com/politics/2018-04/22/c_1122722225.htm。

② 《到 2030 年，数字化的三股推动力将转变并创造高达 45%的行业总收入》，麦肯锡全球研究院，https://www.mckinsey.com.cn/到 2030 年，数字化的三股推动力将转变并创造高达 45 的/。

总体上我国建筑行业相较于其他行业的数字化程度和水平仍有很大的提升空间，建筑行业赋能无障碍大有前景。

（二）建筑数字化的行业实践

从工业文明时代向生态文明时代迈进的过程中，建筑营造面临人们不断变化的建筑空间使用需求以及新技术革命的冲击，建筑空间的智能化、系统化、集成化解决方案与管理系统也成为建筑师及相关领域学者致力探讨的话题。特别是传统设计中资源不能共享、信息不能同步更新、参与方不能很好相互协调、施工过程不能可视化模拟、检查与维护不能做到物理与信息的碰撞预测等，成为建筑技术与建筑管理要直面的核心问题之一。迈向共享的建筑学[①]、建筑行业数字化转型[②]等成为建筑学研究及行业从业者探索与实践的重要方向。有鉴于此，更高效、更直观的数字技术支撑的建筑行业开始发展。总体而言，其正在经历从建筑信息模型向城市信息模型的演变。

建筑信息模型简称 BIM（Building Information Modeling）。BIM 是以三维数字技术为基础，集成了建筑工程各种相关信息的工程数据模型，是对工程项目设施实体与功能特性的数字化表达。总体上，BIM 具有更高效的场地规划和调度能力，在施工阶段让各个施工步骤之间的交接变得更加有效，可以对成本进行实时控制，通过多情景模拟缩减成本，达到减少能耗的目标，在移交后可以对建筑物或结构更好地运营管理。BIM 作为一个整体，可以参与建筑营造和全生命周期管理，可以协同各方工作和共享数据。其中，涉及的信息不仅指收集到的信息，这些信息也不仅可以被存储，更可以被操作。这意味着从办公室到现场的设计图再到改进与协调相关利益者的矛盾等，BIM 都可以提供更为科学的信息平台。这些被称为公共数据环境（CDE）的信息，是在线空间信息共享，不仅适用于新建筑从设计施工到交接管理运营使

---

① 李振宇、朱怡晨：《迈向共享建筑学》，《建筑学报》2017 年第 12 期，第 60~65 页。

② 王浩：《分析建筑行业数字化转型面临的机遇与挑战》，《中国信息化》，2021 年第 2 期，第 92~93 页。

用，还适用于存量建筑的动态更新维护，真正体现全生命周期与信息共享。①

具体而言，BIM 主要呈现可视化、协调性、模拟性三个特征。BIM 的可视化特征主要体现为项目设计、建造、运营等整个建设过程均可以“所见即所得”，这样可以方便业主、开发商、管理人员、施工人员等多方利益群体更好地沟通、讨论与决策。BIM 的协调性特征体现为当某个工程项目施工流程与其他项目信息出现“不兼容”时，其可以及时有效地针对该问题提出解决方案，如管道与结构冲突、预留洞口尺寸出现误差等。BIM 的模拟性特征体现为三维空间模拟、叠加时间的动态模拟、再叠加造价控制的多情景成本可控模拟等。此外，对于地震、海啸、飓风等突发自然灾害，可以对人员疏散与逃生、消防安全等展开情景模拟。同时，对于复杂的建筑结构与功能，BIM 也可以通过方案的模拟对其展开预评估工作，为方案优化提供前期的预评估信息。

事实上，BIM 更多地聚焦在单个建筑上，而且凸显其物理（几何）特性以及功能属性，并捕获与建筑相关的所有信息。CIM（City Information Modeling，城市信息模型）则是以数字方式表示并整合的现实生活中建造的建筑物及其元素。可以说，CIM 是一个完全集成的、语义支持的“超级 BIM”的城市模型。该模型可以将用户联结到来自任一建筑物的项目数据源或分析工具上，例如联结到某一建筑单体上，处于静态，抑或是联结到多个建筑单体上获取动态变化信息。此外，CIM 还可以将用户联结到道路和公共空间（如通过开放数据基础予以联结）、路灯（如基于传感器/物联网）、街道上的人（如基于社交媒体）等各类可以影响城市空间建构的要素上。CIM 正在被建筑师和规划师用于任何规模的单体建筑、校园或更大尺度的城市规划项目中。CIM 为规划师和建筑师提供了新的信息和数据增强的机会，特别是在将实时数据部署到分析用于做出关键规划和资源分配决策的条件上以及评

① Lorek, S., What is BIM（Building Information Modeling）. https://constructible.trimble.com/construction-industry/what-is-bim-building-information-modeling.

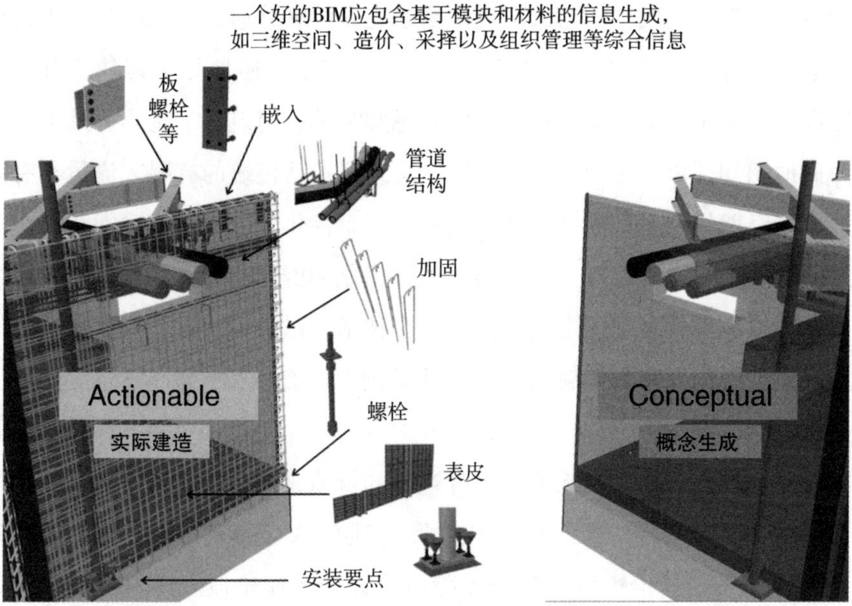

图 1　BIM 展示

资料来源：作者根据相关网页信息整理绘制，https：//constructible. trimble. com/construction-industry/what-is-bim-building-information-modeling。

估此类决策的长期影响方面。①

综上，建筑行业本身的数字化水平仍有待提升，建筑学学科及行业实践对建筑行业数字化转型保持热情及积极的探索，从基于建筑单体的建筑信息模型到联合多个单体的城市信息模型，其不仅为建筑行业数字化发展提供了更为优良的系统性运行环境，也为无障碍环境建设需要基于城市环境提供了连续且系统的空间支持。

二　建筑数字化赋能无障碍环境建设

数字化为建筑行业的发展注入了新的活力，互联网、物联网等为建筑行

① Cityzenith. From BIM to CIM，The Rise of City Information Modeling and Data - Driven Design. https：//www. architectmagazine. com/technology/from-bim-to-cim.

业创造了有限的物质空间与人的无限需求之间的联结通道，无论是对于残疾人、老年人等对物质空间的“身体在场性”需求，还是对于其基于自身身体原因搭建基于虚拟现实等的建筑空间感知需求，建筑数字化均可助力于其无障碍地感知、出入、使用建筑空间。建筑行业从传统的有限人流量与有限人群服务已然拓展至面向共时性、高通量、个性化的全方位的空间营造。对于残疾人、老年人等存有身体功能损伤或退化的群体而言，数字技术无疑可以弥补其在身体感官功能上的不足，数字技术可以辅助其开展一些基于身体功能补偿的空间交往与接触活动，在此基础上，突破其“心有余而力不足”的空间限制。

就无障碍设计而言，无障碍设计过程的价值是赋能，其通过参与、控制等方式为残障个体赋能，这种方式将使残障人士从“问题”转向“资源”。[①] 建筑数字化恰恰可以契合无障碍设计的赋能价值。建筑数字化可以助力无障碍设计，残障人士借助数字化信息平台，在建筑创作过程中，将从被动、救济的问题型使用对象，转变为主动、自我赋能的资源型使用对象，促进残障群体在建筑空间使用上享有平等权。

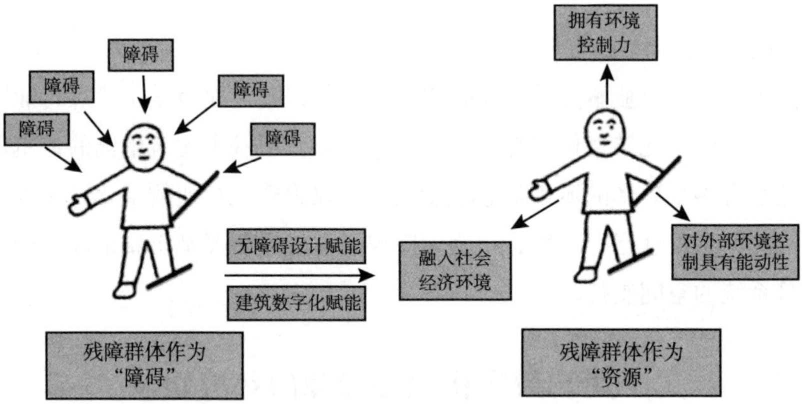

图 2　建筑数字化赋能无障碍设计：从“障碍”转向“资源”

资料来源：作者在 A Review of Barrier-Free Design in Built Environment 一文基础上改绘。

① Badungodage, A. S. N., and Amirthalingam, K., “Importance of Barrier Free Design in Built-Environment to Empower Physically Disabled Persons,” *Sri Lanka Economic Journal* 1 (2012).

此外，建筑数字化还可以将过去建筑策划、设计、施工、管理等历时较长的流程压缩在更短的时间内，借助海量的数据运算与信息整合，通过设计算量一体化、设计施工一体化、建筑装配式、多方案多情景模拟与成本测算评估等，发挥数字信息为决策提供辅助支持的重要作用，也为解决人们主观认为无障碍设计会带来过高成本等问题提供前期的情景模拟与相应的成本测算。进而，为建筑策划阶段融入无障碍理念提供支持，达到无障碍理念贯穿建筑营造全过程的目的。

数字技术的广泛运用，其目的是提供更高水平共享和可持续发展机会，使资源配置的高效与普惠同步实现，使生产便捷、生活舒适与资源节约使用同步实现。数字技术促进建筑空间共享，促进残疾人、老年人等有障碍群体与其他所有人获得的空间接触机会平等。

三 建筑数字化为无障碍环境建设赋能的应用场景

当前围绕一些典型建筑功能类型，已然出现了数字化介入以及赋能无障碍的研究与应用。总体而言，当前建筑数字化与无障碍环境建设的关联度还有待提高，既有的无障碍理念在实践中的应用及关注无障碍环境建设作为输出端的意识还较为薄弱。未来还需要在建筑行业深度数字化的发展过程中，全面、系统地融入无障碍理念，使建筑数字化充分赋能无障碍环境建设。总体上，当前建筑数字化在无障碍环境建设上的相关实践应用场景主要体现为两类，一类是无障碍需求较为迫切的区域与典型建筑类型，如老年住区[①]、残疾人康复中心、特殊教育学校等，相关的技术运用包括 BIM 在养老机构热舒适度改善中的应用，[②] 养老地产运维管理中的应用[③]等；另一类是基于

① 曹翔：《建筑信息模型（BIM）在住区规划管理中的应用研究——以陇南市丽景小区为例》，硕士学位论文，兰州交通大学，2019。

② 柏勇珍：《基于无线网络传感器和建筑信息模型的养老机构热舒适度研究》，硕士学位论文，合肥工业大学，2019。

③ 陈星吉：《BIM 技术在养老地产运维管理标准化中的应用》，《中国标准化》2017 年第 20 期，第 124~125 页。

建筑数字化实现感知建筑的方式转变，如建筑可视化为肢体障碍等群体游览历史建筑提供了“云平台”,[①] 相关的技术运用如 BIM 与 VR、MR 等技术结合，运用于历史建筑传承、旅游服务以及博物馆、文化馆等展览类建筑展示空间等。

（一）无障碍需求较为迫切的典型区域及建筑类型

1. 建筑数字化赋能养老设施与养老建筑

围绕居民日常生活的数字化赋能与服务水平提升，国务院印发的《“十四五”数字经济发展规划》提出要打造智慧共享的新型数字生活。要加快既有住宅和社区设施数字化改造，引导智能家居产品互联互通，创新发展“云生活”服务，鼓励建设智慧社区和智慧生活服务圈，培育新兴的实体消费数字化场景等。国家在“十四五”期间推动的一系列数字经济发展行动均对建筑行业的数字化水平提升以及建筑数字化赋能无障碍环境建设提供了坚实的基础。围绕我国的人口老龄化问题，信息无障碍产品联盟联合 54 家企业/产品积极响应“互联网应用无障碍及适老化改造专项行动”，积极致力于打破老年人“数字鸿沟”，大力满足各类有障碍人士的服务需求，以互联网、人工智能等技术为手段，为“银发网民”与各类有障碍人士提供空间便利服务。一些城市也在加快推进建筑及城市数字化赋能无障碍环境建设，如嘉善县以数字化驱动养老设施无障碍建设，打造无障碍之城。[②]

借鉴日本在 21 世纪初期针对人口老龄化采取的“IT 介护”概念，使中国养老设施适应新型养老需求与体现更加关怀的养老服务，促进养老设施建筑的智能化研究及相关解决方案提出。如通过建立数字化与信息化融合的支持体系，构建快速、周到和精准的新型养老设施服务和管理

① 郭文强：《基于“BIM+VR”的建筑可视化设计方法及应用研究》，硕士学位论文，北京交通大学，2017。

② 《嘉善以数字化改革为牵引，为老年人打造“无障碍”之城》，中共嘉兴市委、嘉兴市人民政府官网，2021 年 3 月 12 日，www. jiaxing. gov. cn/art/2021/3/12/art_ 1578779_ 59180820. html。

体系，包括数字化服务和管理系统、RFID 联动定位系统、呼叫报警系统、PDA 手持终端等；建立网络化联动的看护救助机制、一体化运营和监控管理体系等。① 这些数字化、智能化技术的综合运用为老年人提供最快速的服务响应与最精准的服务需求体验，以保障老年人对建筑空间的使用与精神愉悦。

2. 建筑数字化赋能特定类型公共建筑

建筑数字化也逐渐在一些为残疾人提供康复、教育等服务的公共建筑中得以体现，为该类建筑的无障碍建设水平提升、建造成本缩减、建设工期缩短等提供辅助支持。例如，基于 BIM 技术对青岛市残疾人康复中心项目实施过程中的工程效率提升展开了研究，青岛市残疾人康复中心项目基地面积为 66684.78 平方米，建筑占地面积为 17955.98 平方米，总建筑面积为 99997.35 平方米，总投资约为 7.34 亿元。该项目建成后对提高青岛市残疾人综合服务设施水平、改善残疾人生活质量具有重要作用。BIM 技术为该残疾人专用型的大型公共建筑提供了施工效率提升的重要支持。② 在“互联网+教育”的发展背景下，特殊院校信息无障碍智慧校园建设，为学校教育教学拓展、终身学习提供信息支持和依据，促进特殊教育学校教学资源和教学质量提升。③

3. 其他

还有一些针对公共建筑无障碍环境建设优化做出的建筑数字化干预的场景运用。例如，运用 BIM 技术对无障碍设施进行模拟，分析无障碍设施中存在的主要问题并提出相应的策略。如以合肥工业大学主教学楼无障碍设施为研究对象，对其建筑无障碍环境展开评价，研究认为目前存在无障碍设施材料绿色化、空间使用率、光照环境等方面的问题，应用 BIM 技术对高校

① 于戈、刘滢、邹广天：《新型养老设施建筑智能化整体解决方案初探》，《华中建筑》2015 年第 12 期，第 101~103 页。

② 吕燕翔：《BIM 技术在预应力混凝土方桩施工中的应用——以青岛市残疾人康复中心为例》，《城市建设理论研究》（电子版）2018 年第 13 期，第 35、55 页。

③ 牟远明：《特殊院校信息无障碍智慧校园建设研究》，《科教文汇》（下旬刊）2020 年第 9 期，第 27~28、35 页。

无障碍环境进行模拟，并提出应用BIM技术对无障碍设施材料绿色化、无障碍设施定位、建筑光环境等模拟优化的具体建造策略①。

（二）基于建筑数字化实现感知建筑方式的转变

1.数字化拓宽建筑服务残障群体感知建筑空间的情感边界

数字化，特别是数字化交互功能，将在建筑室内外的色彩设计、标志标识系统设计、视听触三感体验等多方面赋予残疾人、老年人等有障碍群体更加愉悦的建筑空间使用体验感。数字产品交互效率与舒适性本身也成为研究的热点。对于色觉功能弱化的残障群体而言，为其提供心理无落差感、使用友好的交互界面，符合其情感和交流认知需求，是建筑数字化可以为残障群体提供无障碍交流服务的重要内容之一。例如，河南博物院推出了更多的数字化产品，让更多人感受“博物馆的力量”，如“复原”贾湖骨笛的绝响，使这一古老乐器得以再次展示，让人们不仅能观看历史，还能沉浸式体验历史。

就数字化的无障碍色彩设计而言，目前的研究集中在色异者视界的模拟方法、适应色异者的图像处理方法、通过色彩传感器对无力色彩进行识别并转换成文字或语音输出、数字化无障碍色彩交互等方面。例如，工业产品设计、视觉图像区分、交互情感认知等方面的研究及相关技术支持，提高了视障群体的用户体验满意度。② 此外，对色觉这一感官功能体验的关怀已经从传统的“有没有”上升到“好不好”，相关群体的情感与建筑空间使用权益也在数字技术支撑下得到了更多的关怀。

传统的建筑无障碍主要是物质空间的无障碍支持，如建筑出入口坡道、无障碍电梯等，对于智力与精神残障群体的建筑空间无障碍关怀不足。建筑数字化恰恰能通过赋予建筑新的空间内涵诠释，使其为智力、精神等类型的

① 邹佳安、李小龙、任文超等：《基于BIM的高校室内绿色化无障碍环境修复策略研究》，《安徽建筑》2021年第11期，第26、164页。

② 李霞、杨露、王丹、申泽：《数字化交互中的无障碍色彩设计研究》，《装饰》2012年第11期，第79~80页。

残障群体提供无障碍的用户体验与精神关怀。

2. 建筑数字化赋能历史建筑

历史建筑在借力于数字技术发展过程中得到很大的发展，这也为残疾人、老年人等有障碍群体的无障碍旅游与文化展览类公共建筑体验提供了辅助支持。通过数字技术，历史建筑可以克服既往诸多方面的难题，如历史建筑测绘的精度、历史建筑建模、历史图像补充与复原等，这些数字技术为形成完整的历史建筑模型提供了科学支撑。其中，通过使用 BIM 技术、VR（虚拟现实）技术、MR（混合现实）数字化建模技术等，历史建筑的复原再现、历史建筑传递的文化信息将被赋予新的时空意义。这也可以在历史建筑多样的数字化应用场景中得以窥探。如历史建筑数字化更新设计与旅游产业跨界应用，用户可以通过电脑、手机端游览整个景区，足不出户获得身临其境的感受，特别是疫情防控常态化时期，其满足了人们受社交隔离限制的旅游需求。20 世纪 90 年代之前，数字记录、摄影照片和录像资料等是主流的记录信息的方式，这些信息记录方式为人们在特定历史阶段记录了大量珍贵的文化资料，也对历史建筑的展示发挥了重要作用。但是，在数字技术飞速发展的当下，数字化展示平台则可以更进一步地拓展媒介和空间展示方式，打破信息记录与传播的障碍，实现多维、跨平台的传播。以龙沙公园为例，其将红色革命文化、建筑史和遗址的三维数字模型与数据相融合，构建历史建筑数字化平台，在充分彰显数字媒体的虚拟性、交互性、媒体性等特征优势基础上，实现建筑景观文化与历史文化的有机结合。[①] 事实上，这种建构在历史建筑基础上的历史信息传播与展示、历史文化传承与场景设计等对于长期受制于物质环境障碍而出行不便的残障人士而言，为他们带来了新的建筑空间体验与文化感知方式。

历史建筑中的数字技术研发，在三维视觉、多维时空、交互体验等多方面赋予空间新的内涵，也给予有障碍群体新的空间体验，给予其感知历史建

① 王丹丹、郝树远：《基于多类型数据融合构建历史建筑数字化展示平台——以龙沙公园为例》，《绿色科技》2022 年第 1 期，第 217~219、223 页。

筑与传统文化以新的诠释维度。就混合现实技术而言，其在建筑遗产保护中的应用主要包括四个方面，建筑形态的三维虚拟修复和复原、建筑空间形态和空间组合的展示、建筑遗产周边的环境模拟和展示、通过艺术表现方式展示建筑遗产的空间意境等。如姚陆吉以宁波保国寺为例展开了建筑遗产保护中的混合现实技术应用研究。① 这意味着在数字化虚拟技术的支持下，多维空间实时交互与多种感官的感知体验得以实现，肢体功能损伤的残障人士实现了视觉、听觉等其他感官功能的补偿与强化；视力功能损伤的残障人士实现了色觉本身更加敏感的体验，也实现了听觉、触觉等其他感官功能的补偿与强化。

3. 建筑数字化赋能空间疗愈

理想的健康状况应至少满足身体健康和情感福祉两方面的需要，无障碍环境建设不仅包括物质环境的无障碍，还包括信息交流的无障碍，其服务的对象不仅覆盖肢体、视力、听力、言语等身体功能损伤的残障人士，还包括智力、精神等神经功能损伤的残障人士。因此，让建成环境为残障人士提供具有疗愈功能的物理环境，不仅可以帮助其实现身体和心灵的康复（recover）与治愈（cure），更可以帮助其建立对建成环境的适应（adapt）与关切（care）。② 疗愈建筑在我国长期缺乏设计实践研究，随着经济水平的提升，人们正逐渐意识到疗愈建筑对生活品质和身心健康的价值。数字技术也将为建筑在创造多样的疗愈环境上提供技术支持。例如，为疗愈环境在分散注意力的积极事物、社会支持、控制感、消除环境中的压力因素、导向自然景观、激发积极感受等方面提供数字技术与信息平台支持。③ 当前我国已有一些零星的疗愈建筑研究与实践。例如，在屋顶花园中融入视、触、听、嗅、味、精神及情感等要素，通过强化联觉体验来缓解人们的精神压

① 姚陆吉：《建筑遗产保护中混合现实技术应用策略研究——以宁波保国寺为例》，硕士学位论文，江南大学，2020。

② Stichler, J. F., "Creating Healing Environments in Critical Care Units," *Critical Care Nursing Quaterly* 24 (2001): 1.

③ 黄舒晴、徐磊青：《疗愈环境与疗愈建筑研究的发展与应用初探》，《建筑与文化》2017 年第 10 期，第 101~104 页。

力，为人们创造更多积极的身心疗愈景观空间；[①] 从安全性与安全感、感知与时空导向、身体机能发挥、促进社交活动、隐私、自我选择、适宜的环境刺激、生活的延续性等维度，改善养老机构的建筑环境，进而改善认知症老人的生活质量，为其创造具有疗愈性的建筑空间；[②] 山东省庆云县打造孤独症农文旅全融合场景康复社区——星星家园童话小镇。[③] 国外的疗愈建筑实践更多，如为自闭症患者打造的全功能小区。

四 我国建筑无障碍数字化建设的主要问题与趋势研判

（一）建筑无障碍数字化建设的主要问题

我国建筑无障碍数字化建设目前主要存在建筑数字化赋能无障碍的力度不够、建筑数字化赋能无障碍的精度不高、建筑全生命周期的数字化赋能无障碍有待加强、数字经济驱动建筑无障碍数字化的动力有待提升等方面的问题。

一是建筑数字化赋能无障碍的力度不够。从 20 世纪 80 年代我国开始推进无障碍环境建设以来，建筑无障碍一直是无障碍环境建设的重要内容，这既包括面向各类建筑在建筑出入口等横向通行系统与电梯等垂直交通系统方面的无障碍设计规范指引，还包括城镇化水平上升以及我国社会福利保障水平提升后，面向残疾人、老年人等使用的公共建筑类型拓展，如残疾人综合服务中心、残疾人康复中心、老年人服务中心等。民政部数据显示，2012~2020 年，中央财政累计投入 271 亿元支持养老服务设施建设。截至 2020 年底，我国各类养老机构和设施总数达 32.9 万个、床位 821 万张，床位总数比 2012 年增长 97%。老年人高龄津贴、养老服务补贴、失能老年人护理补

① 李泳霖：《联觉体验下的建筑屋顶花园设计研究——以广州国际医药港大健康综合体为例》，硕士学位论文，华中科技大学，2020。

② 金晓：《养老机构建筑环境对认知症老人生活质量影响的研究——以京津为例》，硕士学位论文，北京大学，2022。

③ 《打造孤独症农文旅全融合场景康复社区！星星家园童话小镇落户山东庆云》，中国山东网，2020 年 10 月 9 日，linyi. sdchina. com/show/4559945. html。

贴分别惠及3104.4万名、535万名、81.3万名老年人。[①] 但是，我国面向建筑无障碍的策划、设计、施工、验收、管理与维护等不同建筑过程中的数字化程度仍有待加强。特别是过去基于单体建筑的无障碍技术标准与管理维护缺乏系统性的考虑，而无障碍建筑建成后面向残障人士的使用需要的是连续、系统的无障碍环境，这需要整合各类建筑信息，同时及时将残疾人、老年人等对无障碍建筑使用的需求反馈予以回收并迅速做出响应。特别是对于残疾人、老年人专用的设施，应整合散落在城市中的同类功能建筑，方便从城市层面统筹优化其为残疾人、老年人提供的空间关怀与服务质量，进而使其真正发挥无障碍设施服务于残障群体的实效。

二是建筑数字化赋能无障碍的精度不高。残障群体的身体功能损伤位置与程度具有极大的差异性，需要更多个性化的空间关怀，这对工业文明时代崇尚规模化与标准化的服务理念而言，残障群体显然很难享有与之需求匹配的满意的空间服务。但是，在信息导向的崇尚以人民为中心的生态文明时代便可以实现。数字化为大量存有个性需求的群体提供了可以获取相应服务的可能性，也提供了需求与服务匹配的信息平台。数字经济在第三产业服务上具备的长尾效应[②]足以体现这一特征。但是，当前的建筑数字化在面向这些差异化的个性空间服务需求的供给上精度不高。一方面，对这些差异化需求的识别与信息源提取不够，即使对进入建筑空间的人群需求进行识别，仍然忽略了更多的尚未走出家门的残障人士对出行的需要以及对进入公共空间的需要。另一方面，对这些差异化需求信息的整合及其在建筑设计与空间营造上的反馈优化仍不足。

---

① 《我国老年人口总数达2.64亿人，占总人口的18.7%拿什么守护“夕阳红”》，中国经济网，2021年10月25日，https://www.360kuai.com/pc/9bf087369ff830f40?cota=3&kuai_so=1&sign=360_57c3bbd1&refer_scene=so_1。

② 长尾效应是统计学中幂律和帕累托分布特征的口语化表达，正态分布曲线中突起的部分称之为“头”，相对平缓的部分称之为“尾”。人们通常只能关注重要的人或重要的事，即关注“头部”的人群需求及其产生的集聚经济。但在网络时代，长长的“尾部”累积起来，其产生的总体效益甚至会超过“头部”。也就是说，集聚经济使得过去使用频率较低、访问量和采购量较少的市场服务因为用户数量的激增而扩大服务规模。数字化时代与数字经济的长尾效应为建筑行业的相关利益主体全面参与无障碍环境建设提供了巨大的空间。

三是建筑全生命周期的数字化赋能无障碍有待加强。无障碍设计应从建筑策划与方案设计阶段予以贯彻，并贯彻建筑设计施工管理维护全过程，同时贯彻建筑产权变更过程中不同业主交接过程。未来，我国的城乡建设不仅是在快速城镇化阶段建设大量新建筑，更是对存量建筑的更新改造，即微改造、微更新，大拆大建的建造方式不再是主流。这意味着以存量空间为基础的建筑数字化更需要考虑建筑的运营维护及其过程中产权变化对无障碍环境建设的影响。事实上，如果物权业主不能参与到无障碍设施管理维护中，那么即使无障碍设施在新建建筑中存有较高的建造水平与覆盖面，其仍然难以满足系统化、连续性的物质空间无障碍的使用需求。而且，城市商业步行街、花鸟市场、街区的沿街商铺与社区配套商业服务设施等，这些恰恰与残障群体的日常生活紧密关联，其目前无障碍环境建设水平总体不高，当然也受制于我国无障碍环境建设集中在政府主导的公共服务设施中。未来，借力于数字化赋能建筑的全生命周期，相信会驱动市场、社会等多元主体参与到无障碍环境建设中，使残疾人、老年人的日常生活空间的无障碍体验感与满意度得到极大改善。

四是数字经济驱动建筑无障碍数字化的动力有待提升。数字经济的发展，将使中国在“人口红利”之后迎来新一轮的“数字红利”，这不仅有利于宏观经济稳定增长，助力我国跨越中等收入陷阱，而且对于残疾人等规模庞大的弱势群体而言，数字经济的正外部效应、集聚效应、长尾效应、滚雪球效应和协同效应五大具有特色优势的社会正效应，将对残疾人自由出入建筑、有尊严地使用建筑具有极大的促进作用。就残疾人服务设施而言，其已得到了全面的发展。例如，截至 2020 年底，全国已竣工的各级残疾人综合服务设施达 2318 个，总建设规模达 612.3 万平方米，总投资为 196.2 亿元；已竣工的残疾人康复设施达 1063 个，总建设规模达 462.7 万平方米，总投资为 146.4 亿元；已竣工的各级残疾人托养服务设施达 1024 个，总建设规模达 285.4 万平方米，总投资为 77.3 亿元。[①] 将这些专门为残疾人提供服务

① 中国残疾人联合会编《中国残疾人事业统计年鉴 2021》，中国统计出版社，2021，第 13 页。

的设施整合，充分发挥数字技术与信息技术对信息资源的整合能力，使其发挥整合后的规模效应，并形成吸引市场主动为残疾人等有障碍群体提供无障碍服务的新动能，这仍是我国下一步推进建筑数字化与信息化助力无障碍服务的重要内容。

（二）建筑数字化赋能无障碍环境建设的趋势研判

建筑数字化赋能无障碍环境建设未来将大有前景。未来无障碍环境建设基于建筑空间营建层面的赋能可能会有以下三个方面的场景应用。

一是建筑行业数字化转型助力无障碍环境建设。更加先进的数字技术及其应用场景将极大地促进建筑行业数字化转型，而建筑行业数字化转型也将助力于以建筑为物质载体的无障碍环境的建设优化。例如，工程项目从规划、设计、建造到运营存在大量的不同阶段的数字化模型，如何实现其互联互通，如何推进 BIM 更有效率、更广泛的运行，成为 BIM 建筑数字技术优化的重要内容，如 BIM 与数字孪生融合进而创建一个数据丰富的数字化中心，区块链技术融入，减少多方利益群体的博弈损耗，使其更好地聚焦于为使用群体服务等。此外，为建筑行业数字化转型提供更好的基础设施硬件支持，通过新基建的融入，促使建筑行业数字化赋能无障碍环境建设高质量发展。

此外，对于我国乡村地区而言，其无障碍环境建设水平一直弱于城市地区，建筑行业数字化转型以及新基建等基础设施建设，也将为乡村地区的残疾人、老年人享有平等、自由的出行权赋能。

二是数字经济驱动建筑数字化，进而赋能无障碍环境建设。医学模式和社会模式是残疾人研究的主流范式。但事实上，残疾的社会排斥离不开市场环境，这意味着无障碍环境的建设需要市场力量的参与。调动市场积极性，使其主动参与无障碍环境建设、主动维护无障碍环境，是无障碍环境建设的重要内容，也是实现无障碍环境可使用性的关键环节。[①] 数字经济恰恰具备

① 夏菁：《残疾人空间锢定效应与解锢策略研究》，博士学位论文，东南大学，2019。

调动市场为残疾人、老年人等有障碍群体主动提供服务的优势。数字经济可以通过整合信息资源减少个性化服务的信息获取时间，并获取精准的需求信息。同时，大量的卖家与买家匹配，可以为买家获取其需要的服务提供可能性。这也是前文提到的数字经济的长尾效应。数字经济将残疾人、老年人等有障碍群体作为消费者，通过数字技术平台调动市场力量，促使我国的无障碍环境建设从公共建筑与公共空间延伸至商业服务业空间，渗透至残障群体日常生活的方方面面，使其与其他市民共享社会发展成果，自由出行于各类建筑空间。

三是存量提质增效背景下的建筑行业数字化发展与无障碍环境建设。中国城镇化率已超过60%，我国经济社会发展总体上已经从以增量扩张为主转入以存量更新为主的新发展阶段，中央层面针对存量空间提质增效密集出台政策，各地的城市更新行动也接连不断。政府是城市更新的顶层设计者，特别是在城市更新过程中，历史遗留的欠账问题将在新的时代环境中被补足与解决，利用城市更新的契机，借力于空间环境的优化改造，最终实现全体人民空间共享与共同富裕的战略目标。因此，未来的城市更新行动中，应充分关注无障碍环境建设的融入，特别是无障碍理念在城市更新全过程中的融入。更新后的城市空间不仅要建设无障碍设施，而且要吸引更多残疾人、老年人等有障碍群体走出家门，积极开展社会交往活动，通过城市更新行动赋能其生活转型，为其生活添彩。例如，我国正在全面开展的老旧小区改造、棚户区改造、城中村改造、历史地区更新等，一方面，运用大数据等信息以及智慧城市等平台为这些更新空间的无障碍环境建设赋能；另一方面，建筑数字化为更新空间内的建筑适应多情景的无障碍环境建设应用提供辅助支持，让无障碍环境建设这一历史欠账在城市更新行动中得以上升一大步。

五　提升我国建筑无障碍数字化建设水平的政策建议

（一）调动多元主体参与建筑无障碍数字化的积极性

我国的无障碍环境建设总体上呈现政府行政色彩较浓的特征，无障碍环境建设作为系统性、综合性、可持续性工程，需要借助多方力量共同参与建设。虽然《无障碍环境建设条例》中明确“城镇新建、改建、扩建道路、公共建筑、公共交通设施、居住建筑、居住区，应当符合无障碍设施工程建设标准。乡、村庄的建设和发展，应当逐步达到无障碍设施工程建设标准”“无障碍设施的所有权人或者管理人对无障碍设施未进行保护或者及时维修，导致无法正常使用的，由有关主管部门责令限期维修；造成使用人人身、财产损害的，无障碍设施的所有权人或者管理人应当承担赔偿责任”。但实际上，就无障碍设施建设的资金投入而言，长期以来，政府主导的建设模式意味着主要由公共财政投资。这一方面会对公共财政完全覆盖所有类型的建筑与城市空间提出挑战，另一方面也对历史欠账的存量建筑无障碍设施供给问题，以及建成后因业主变更而面临无障碍设施管理维护问题等无力应对。

具有中国特色的社会主义市场经济体制，完全拥有让市场、企业承担社会责任的制度环境与优势。《中共中央　国务院关于构建更加完善的要素市场化配置体制机制的意见》是落实党中央关于建立现代要素市场特别是新型要素市场的基本指导思想，其中产权制度完善和要素市场化配置是重点。[①] 要思考如何在无障碍环境建设中实现产权激励与要素市场配置，如何在政府有序有效引导与监管下，激活市场主体力量，为各类建筑与城市空间营建无障碍环境赋能，如何利用建筑数字化契机，整合建筑信息，甚至形成建筑无障碍服务的信息整合及相关的产业链条，使其反哺无障碍环境建设，反哺社会。让建筑数字化为市场主体主动参与无障碍环境建设提供利润动机，最终形成全社会共同参与无障碍环境建设的局面，让全民共享城乡空间发展与改革的成果。

（二）完善城市更新行动方案，提升存量空间更新改造过程中的建筑无障碍数字化建设水平

在快速城镇化阶段，以土地城镇化为基础的土地财政、土地金融模式急

① 杨成长：《要素市场化配置的重大突破》，中国政府网，2020 年 4 月 16 日，http：//www.gov.cn/zhengce/2020-04/16/content_ 5502855. htm。

需转型，增量扩张的城市化模式不再，存量空间挖潜与提质增效成为空间治理能力提升的关键。在不搞大拆大建与房地产主导的城市更新模式下，当前的城市更新行动方案普遍存在资金约束难题，对城市更新过程中的无障碍设施建设重视程度仍不够。应从城市整体层面统筹各类更新项目，统一思想，全面结合城市更新行动推进城市整体无障碍环境建设水平的提升。一方面，城市更新行动面向存量空间，而这些空间大多是无障碍设施建设缺项、少项类空间，该类地区更新恰恰为建筑与城市无障碍设施建设提供了良好的契机。另一方面，城市更新行动具有政策性和操作性，向上需要相关部门的规划许可和相关的政策优惠条件，向下会对地块进行完整的开发建设。因此，在城市更新行动中融入强化无障碍环境建设的政策激励。同时，在城市更新方案实施过程中落实无障碍环境建设，这对于在建筑与城市建设过程中促使政府各部门、开发商、业主、施工方等共同形成无障碍理念十分有益。其间，建筑行业数字化转型应积极融入城市更新，为城市更新成本缩减及无障碍环境建设融入提供大力支持。

（三）鼓励残疾人、老年人积极参与建筑无障碍数字化改造，树立维权意识

无障碍环境建设的目的是为残疾人、老年人等有障碍群体真正获得自由、有尊严的出行权赋能、赋权，只有残疾人、老年人等有障碍群体主动参与无障碍设施建设的全过程，主动提出建筑无障碍数字化需要考虑和满足的方方面面的内容，为自身拥有的无障碍出行权发声，建筑与城市整体的无障碍环境建设水平才能大幅提升。当前，无障碍环境的建成度高但使用率不高的现象在各地普遍存在，残障人士无法使用已建成的无障碍设施，这更需要残障人士对这些建设不规范、不系统的无障碍设施提出维权，主动实行社会监督。当然，这也需要各级残疾人联合会积极扩大残疾人维权通道，建立与政府部门考核等挂钩的机制，积极搭建残疾人、老年人等对无障碍使用体验与建筑数字化信息平台以及城市数字化信息平台的链接，为残障人士问题获得及时有效的解决提供渠道，让残障人士自身感觉到政府正在助力无障碍环境建设水平的实质性提升。

（四）完善信息监管与相关技术标准的法律法规，保障建筑无障碍信息安全

建筑数字化赋能无障碍环境建设一定会涉及收集残障人士的个人信息数据，包括其个人及家庭的基础信息数据、健康数据、出行数据、建筑空间使用与偏好数据等。数据安全对于残障人士而言十分重要。如何在建筑数字化赋能无障碍环境建设过程中，保障残疾人、老年人等群体的数据安全，数据以何种方式获取与存储，数据开放到怎样的程度，数据如何与市场主体合作等，需要进一步完善相关的信息监管与技术标准，需要在建筑数字化赋能无障碍环境建设之前予以充分考虑，让建筑数字化的无障碍数据取之于民、用之于民。

B.9 中国交通无障碍数字化发展报告（2022）

刘晓菲　陈徐梅　高 畅*

摘　要： 本报告在系统梳理总结我国交通无障碍法规政策和标准规范顶层制度体系的基础上，按照交通出行方式分类，对目前我国城市公共交通、出租汽车、民航客运和铁路客运交通无障碍数字化发展情况和实践案例进行了总结，从交通无障碍法规政策体系、交通无障碍标准规范体系、交通无障碍数字化技术和产品以及老年人交通出行面临"数字鸿沟"等方面分析我国交通无障碍数字化发展存在的问题和不足。充分借鉴美国、加拿大、英国等发达国家经验，从完善法规政策体系、完善标准规范体系、促进技术研发和产品应用、提升出行服务水平四个方面提出促进我国交通无障碍数字化发展的对策建议。

关键词： 交通无障碍　无障碍数字化　无障碍标准

一　引言

当前，我国 60 周岁及以上老年人已达到 2.64 亿人，占总人口的

* 刘晓菲，交通运输部科学研究院城市交通与轨道交通研究中心副研究员，主要研究方向为城市交通发展战略和政策、交通无障碍、适老化和儿童友好出行；陈徐梅，交通运输部科学研究院城市交通与轨道交通研究中心副研究员，主要研究方向为城市交通发展战略和政策；高畅，交通运输部科学研究院城市交通与轨道交通研究中心助理研究员，主要研究方向为城市交通规划和政策。

18.70%，残疾人数量超过8500万人，我国无障碍出行需求人群规模庞大。加快交通无障碍环境建设是积极落实党中央、国务院应对人口老龄化战略、弘扬敬老助残社会风尚、建设“健康中国”的必然要求，有利于全面建设交通强国，维护各类群体的平等出行权利，有利于保障老年人、残疾人、孕妇、儿童等各类人群的安全、便捷、舒适出行，提升出行的获得感和幸福感。

党的十九大报告提出建设数字中国。习近平总书记高度重视数字中国建设，强调“加快数字中国建设，就是要适应我国发展新的历史方位，全面贯彻新发展理念，以信息化培育新动能，用新动能推动新发展，以新发展创造新辉煌”①。在交通数字化发展方面，《中华人民共和国国民经济和社会发展第十四个五年规划和2035年远景目标纲要》提出，加快交通、能源、市政等传统基础设施数字化改造；构建基于5G的应用场景和产业生态，在智能交通等重点领域开展试点示范；推动交通出行等各类场景数字化；加快信息无障碍建设，帮助老年人、残疾人等共享数字生活。② 2019年发布的《交通强国建设纲要》明确提出推广智能化、数字化交通装备，大力发展智慧交通，推动新技术与交通行业的深度融合。③ 同年印发的《数字交通发展规划纲要》明确提出“要加快交通运输信息化向数字化、网络化、智能化发展，为交通强国建设提供支撑”④。2021年发布的《国家综合立体交通网规划纲要》进一步提出“到2035年，交通基础设施数字化率要达到90%”的具体量化目标。⑤

---

① 《人民日报整版讨论“加快建设数字中国”》，人民网，2018年8月19日，http://politics.people.com.cn/n1/2018/0819/c1001-30236782.html。

② 《中华人民共和国国民经济和社会发展第十四个五年规划和2035年远景目标纲要》，中国政府网，2021年3月13日，http://www.gov.cn/xinwen/2021-03/13/content_5592681.htm。

③ 《中共中央　国务院印发〈交通强国建设纲要〉》，中国政府网，2019年9月19日，http://www.gov.cn/zhengce/2019-09/19/content_5431432.htm。

④ 《交通运输部出台数字交通发展规划纲要　数据赋能让数字红利惠及人民》，中国政府网，2019年7月31日，http://www.gov.cn/xinwen/2019-07/31/content_5417451.htm。

⑤ 《中共中央　国务院印发国家综合立体交通网规划纲要》，中国政府网，2021年2月24日，http://www.gov.cn/zhengce/2021-02/24/content_5588654.htm。

随着交通数字化发展，如何帮助老年人、残疾人等群体跨越“数字鸿沟”，同时通过数字化、智能化、信息化手段助力各类群体便利出行，成为极为重要的问题。2020年发布的《关于切实解决老年人运用智能技术困难的实施方案》提出建立长效机制，解决老年人面临的“数字鸿沟”问题，对便利老年人日常交通出行等提出了一揽子任务举措，包括便利老年人打车、乘坐公交和客运场站服务三方面内容。2021年发布的《数字交通“十四五”发展规划》提出，“积极采用‘传统+智能’方式解决老年人、残疾人等群体出行问题”。①

本报告在系统梳理总结我国交通无障碍顶层制度体系的基础上，分析我国交通无障碍数字化发展现状和问题，借鉴美国、加拿大、英国等发达国家经验，进而提出促进我国交通无障碍数字化发展的对策建议。

二　我国交通无障碍顶层制度体系

（一）完善法规政策体系

“十三五”以来，党中央、国务院相继发布了一系列适老化、无障碍相关政策文件和发展规划，其中都涉及交通无障碍的相关内容。同时，指导交通运输行业未来发展的顶层制度设计，如《交通强国建设纲要》《国家综合立体交通网规划纲要》《“十四五”现代综合交通运输体系发展规划》也对交通无障碍环境建设提出了要求。

表1列举了国家层面与交通无障碍环境建设相关的政策文件和发展规划。

① 《数字交通“十四五”发展规划》，中国政府网，2022年1月12日，https：//www.mot.gov.cn/zhuanti/shisiwujtysfzgh/202201/t20220112_3636131.html。

表 1　国家层面与交通无障碍环境建设相关的政策文件和发展规划

分类	发布年份	文件名称	重点内容
政策文件	2019	《交通强国建设纲要》	提出“到 2035 年,无障碍出行服务体系基本完善”,提出完善无障碍基础设施的重点任务;对交通基础设施的数字化转型、智能化升级提出了明确的要求
	2020	《关于切实解决老年人运用智能技术困难的实施方案》	对便利老年人日常交通出行等提出了一揽子任务举措,包括便利老年人打车、乘坐公交和客运场站人工服务三方面内容
	2021	《无障碍环境建设“十四五”实施方案》	要求推进公共交通设施和公共交通工具无障碍建设和改造;大数据、人工智能、物联网等深度应用于残疾人出行
发展规划	2021	《“十四五”残疾人保障和发展规划》	要求城市道路、公共交通等加快开展无障碍设施建设和改造;落实残疾人乘坐各类交通工具的优待优惠政策
	2021	《国家综合立体交通网规划纲要》	要求加强无障碍设施建设,完善无障碍装备设备,提高特殊人群出行便利程度和服务水平。提出“到 2035 年,交通基础设施数字化率要达到 90%”的量化指标
	2021	《“十四五”现代综合交通运输体系发展规划》	要求提升客运场站无障碍设施服务水平,推广应用低地板公交车、无障碍出租汽车
	2022	《“十四五”国家老龄事业发展和养老服务体系规划》	要求全面发展适老型智能交通体系,提供便捷舒适的老年人出行环境

资料来源：北大法宝，https：//www. pkulaw. com/law/。

交通运输部及国家铁路局、中国民用航空局高度重视交通无障碍环境建设工作。2018 年发布的《关于进一步加强和改善老年人残疾人出行服务的实施意见》为交通运输行业推动适老化、无障碍发展建立了顶层制度设计，明确了交通无障碍环境建设的指导思想、基本原则、发展目标和重点任务。2022 年，在交通运输部印发的《交通强国建设评价指标体系》中，将“交通基础设施无障碍水平”纳入交通强国国家综合指标，① 引导推进服务老年人、残疾人等特殊需求群体的交通无障碍基础设施建设。

表2梳理了行业层面与交通无障碍环境建设相关的政策文件。

表2　行业层面与交通无障碍环境建设相关的政策文件

分类	发布年份	文件名称	重点内容
综合交通	2018	《关于进一步加强和改善老年人残疾人出行服务的实施意见》	以专门章节提出“建设出行信息服务体系”的重点任务，要求在交通运输场站提供信息无障碍服务
	2020	《关于切实解决老年人运用智能技术困难便利老年人日常交通出行的通知》	要求改进交通运输领域“健康码”查验服务、便利老年人乘坐公共交通、优化老年人打车出行服务和提高客运场站人工服务质量
	2021	《数字交通“十四五”发展规划》	提出“积极采用‘传统+智能’方式解决老年人、残疾人等群体出行问题”
公路	2018	《2018年全国公路服务区工作要点》	要求加强第三卫生间、残疾人卫生间建设改造。加强老年人、残疾人出行服务，加强残疾人通道等无障碍服务设施建设和改造，实现全覆盖；设置老年人、残疾人等服务标志，提供服务车、轮椅等便民辅助设备
	2020	《道路旅客运输及客运站管理规定》	要求客运站经营者建立老幼病残孕等特殊旅客服务保障制度，向旅客提供安全、便捷、优质的服务
	2020	《关于加强普通国省干线公路服务设施运营管理和服务保障工作的通知》	要求加强无障碍服务基础设施建设和改造，保障行动不便的残疾人、老年人等安全便捷出行

① 《交通运输部关于印发〈交通强国建设评价指标体系〉的通知》，交通运输部官网，2022年3月17日，https://xxgk.mot.gov.cn/2020/jigou/zhghs/202203/t20220317_3646455.html。

续表

分类	发布年份	文件名称	重点内容
民航	2014	《残疾人航空运输管理办法》	在购票、乘机、空中服务、轮椅使用、助残设备存放、服务犬运输、信息告知等方面，对残疾人航空运输服务做出了系统规定
城市客运	2017	《城市公共汽车和电车客运管理规定》	要求从事城市公共汽车和电车客运的驾驶员、乘务员为老、幼、病、残、孕乘客提供必要的帮助；投入运营的车辆应在规定位置设置特需乘客专用座位
	2018	《城市轨道交通运营管理规定》	要求将无障碍环境建设情况纳入城市轨道交通工程项目可行性研究报告和初步设计文件中，并在站厅或者站台提供无障碍出行信息

资料来源：北大法宝，https：//www.pkulaw.com/law/。

（二）建立标准规范体系

近年来，交通运输行业依据《无障碍设计规范》的规定，在铁路、公路、水运、民航、城市客运等领域制定修订的多项标准规范中，对无障碍环境建设、服务、信息化等相关内容予以明确。

1. 基础设施建设标准规范

表 3 梳理了目前我国交通无障碍基础设施建设相关标准，主要包括交通基础设施的无障碍设计要求、交通场站和运输装备的无障碍设施设备配置要求等内容。

表 3　我国交通无障碍基础设施建设相关标准

分类	标准规范名称	重点内容
铁路	《铁路旅客车站无障碍设计规范》（TB 10083-2005）	在铁路售票服务、候车换乘、无障碍厕所设置等各建设环节充分体现无障碍理念，规定了无障碍售票窗口、无障碍出入口、站房通道、无障碍电梯、自动扶梯或轮椅升降平台、无障碍厕所、防滑材料建设的站台、提示盲道、残疾人车厢、座椅与卧铺等设施的建设要求

续表

分类	标准规范名称	重点内容
铁路	《铁道客车及动车组无障碍设施通用技术条件》（GB/T 37333-2019）	规定了铁路无障碍车辆出入口、车门、通道、地面、行动障碍者座椅、卧铺、轮椅席位、无障碍卫生间、洗面室、扶手、盲文、声、光、滚动文字等提示信息、呼叫装置、无障碍标识等内容
公路	《交通客运站建筑设计规范》（JGJ/T 60-2012）	规定客运站候乘厅内应设无障碍候乘区，并应邻近检票口；一、二级客运站应设重点旅客候乘厅、母婴候乘厅，并应至少设置一个无障碍售票窗口，宜设无性别厕所并宜与无障碍厕所合用
	《汽车客运站级别划分和建设要求》（JT/T 200-2020）	规定了所有等级的汽车客运站均应配置无障碍设施，二级及以上汽车客运站应配置母婴候车室（区）
水运	《海港总体设计规范》（JTS 165-2013）、《河港工程总体设计规范》（JTJ 212-2006）、《邮轮码头设计规范》（JTS 170-2015）	规定了港口客运码头的无障碍通道等无障碍设施的具体配置要求
民航	《民用机场旅客航站区无障碍设施设备配置技术标准》（MH/T 5047-2020）	规定了新建、扩建的民用机场旅客航站区内无障碍设施设备配置的技术要求
城市客运	《地铁设计规范》（GB 50157-2013）	从配置无障碍电梯、无障碍通道、无障碍卫生间等方面，规定了地铁车站的无障碍设施要求
	《城市公用交通设施无障碍设计指南》（GB/T 33660-2017）	规定城市公交候车亭宜设置盲文站牌或语音提示服务设施，并方便视觉障碍者的使用；行人过街交通信号灯宜配置便于出行的导向盲文铭牌及盲人过街声响提示装置
	《公共汽车类型划分及等级评定》（JT/T 888-2020）	规定了特大型、大型公共汽车应配备残疾人轮椅通道或轮椅固定装置；特大型、大型和高一级中型公共汽车应配备车内动态电子显示器和电子报站器
	北京市地方标准《公共汽电车站台规范》（DB11/T 650-2016）	规定所有一类和二类站台必须设置无障碍设施
	重庆市地方标准《公交首末站规划设计规范》（DB50/T 662-2015）	规定公交首末站应设置无障碍设施，实现无障碍通行；站内盲道应与周边市政道路的盲道设施相衔接；在条件允许的情况下可以对站台进行特殊设计，使站台与公交车辆地板处于同一水平面
	重庆市地方标准《无障碍设计标准》（DBJ50/T-346-2020）	要求城市各级道路、居住区、商业街等主要地段附近的公交车站应进行无障碍设计，并对公交车站的盲道、盲文站牌和语音提示做出了规定

2. 运输服务标准规范

近年来我国重点加强了交通运营管理与服务标准的完善，积极提升交通无障碍出行服务质量。表4梳理了涉及无障碍运输服务的相关标准，主要包括确保无障碍设施设备完好，配置醒目标志标识，为残疾人、老年人等特殊重点旅客提供便利的出行服务等内容。

表4　我国交通无障碍运输服务相关标准

分类	标准规范名称	重点内容
铁路	《铁路旅客运输服务质量 第1部分：总则》（GB/T 25341.1-2019）	明确“重点旅客”为老、幼、病、残、孕旅客。铁路运输企业应及时响应旅客服务需求，为重点旅客提供响应帮扶
	《铁路旅客运输服务质量 第2部分：服务过程》（GB/T 25341.2-2019）	规定候车区（厅、室）应设置无障碍厕所或厕位，省会城市主要车站应设置独立母婴室或母婴候车区；进站、出站检票口应满足安全疏散及无障碍通行要求
公路	《汽车客运站服务星级划分与评定》（JT/T 1158-2017）	明确将无障碍设施要求作为站级评定和服务星级评定的评分项
水路	《水路客运服务质量要求》（GB/T 16890-2008）	规定水路客运服务场所应对老人、孕妇、儿童、残障者等旅客给予照顾；候船场所与码头及码头与出站口之间的通道应无障碍、光线适当、路面防滑
民航	《民用运输机场服务质量》（MH/T 5104-2013）	规定民用机场航站楼盲道、无障碍通道、无障碍卫生间、无障碍停车位、无障碍标志、无障碍饮水设施等设备配置和服务质量要求
	《民用机场无障碍服务指南》（T/CCAATB - 0002 - 2019）	规定民用机场公共区域内无障碍服务的要求。规定机场应设置无障碍服务站点和自助查询设备；宜为有无障碍需求的旅客提供大字幕的视频信息、广播、与手机蓝牙接驳的音频信息、手语服务和盲文使用手册
城市客运	《城市轨道交通运营管理规范》（GB/T 30012-2013）	规定运营单位应确保车站无障碍设施设备完好。客运组织服务范围应包括提供无障碍乘车服务等
	《城市公共汽电车客运服务规范》（GB/T 22484-2016）	规定宜采用移动终端、网站、电子站牌、公交热线等方式提供智能化公共交通信息服务；宜在有条件、有需求的站点设置电子站牌，为乘客提供公交车辆到站信息服务；重点照顾老、幼、病、残、孕等乘客，并提供无障碍设施服务
	《出租汽车运营服务规范》（GB/T 22485-2013）	规定无障碍出租车辆应配备专用装置，满足行动不便乘客出行服务需求，并鼓励出租汽车经营者使用无障碍车辆

续表

分类	标准规范名称	重点内容
综合交通	《综合客运枢纽服务规范》（JT/T 1113-2017）	规定综合客运枢纽应设置无障碍车位，应对特殊旅客提供必要的协助服务，包括为老、幼、病、残、孕等特殊旅客设置爱心通道，按规定设置无障碍通道，提供轮椅等服务，二级及二级以上枢纽宜提供聋哑人士服务、紧急医疗救助服务等

三　我国交通无障碍数字化发展现状和问题分析

（一）发展现状

随着科技发展，各种数字化、智能化、信息化手段应用于交通运输行业中，衍生出多种信息科技产品，为出行者提供了及时多样的服务信息，也帮助人们在交通无障碍环境中信息交流更加便捷。近年来，各地加快综合交通出行信息平台建设，纳入火车、道路客运、公交、地铁、出租、公共自行车、停车等相关信息，为乘客提供及时准确的交通出行信息服务。通过开展“交通强国建设试点”“国家公交都市建设示范工程”“绿色出行创建行动”等示范创建工作，以及“一键叫车”“交通运输适老化改造”等交通运输贴近民生实事，鼓励各地加快交通无障碍环境建设，为各类乘客群体提供数字化、智能化的交通出行信息化服务。

按照交通出行方式分类，对目前我国交通无障碍数字化发展情况和实践案例进行梳理总结。

1. 城市公共交通

在城市公共汽电车、城市轨道交通等城市公共交通领域，通过提供出行前无障碍信息获取、出行中无障碍信息辅助、无障碍出行信息引导系统和促进无障碍数字化通行，便利老年人、残疾人等各类群体无障碍乘坐公共交通工具出行。

（1）出行前无障碍信息获取

网站、微信公众号、手机软件、信息查询终端、电话热线等数字化、信息化手段，有利于满足出行者获取无障碍出行信息的需求。例如，北京市开通了地铁运营服务便民热线为残疾乘客提供电话预约服务，并在“北京交通”手机软件上添加了无障碍信息。福建省设置了电话服务热线，提供“爱心直通车”等服务。荆州市开通了公交微信服务，完善乘客出行信息服务平台建设，通过网站、电子信息服务屏、手机移动终端“掌上公交”、服务热线等多种方式，建设动态化、多样化的查询服务系统，根据乘客不同需求提供公共交通出行信息服务。为了方便使用轮椅、助行器等行动不便的乘客在出行前提前规划地铁乘车路线，目前，北京、上海、广州、深圳等城市的地铁网站上，都可以查询到车站内的无障碍设施配置情况，例如该站是否设置了无障碍电梯，电梯在车站内的出口位置等信息。

（2）出行中无障碍信息辅助

通过提供无障碍出行信息辅助，利用信息化手段设置无障碍标识，可以减少老年人、残疾人等各类群体出行中可能遇到的困难。例如，在城市公共汽电车方面，北京市对公共汽电车站台地方标准进行补充完善，重点规范主要公交走廊内站台的电子站牌设置，为市民公交出行提供车辆到站信息预报、交通出行信息提示、远程信息发布等信息服务；北京四惠等大型综合公交枢纽增加了语音导航和引导标识，便利视障人士乘车换乘。上海市所有公交车站都已具备实时到站信息预报功能，报站屏幕采用 kindle 墨水屏技术，使老年人阅读信息更加舒适；在部分公交车站设置公交导乘机器人，为老年人提供公交线路信息、天气预报查询等服务；完善“上海交通”手机软件应用，扩大信息服务覆盖范围，提高准确度，逐步完善无障碍交通设施基础信息采集与发布，为各类人群提供多样化、便利化的无障碍出行信息服务。南通市目前已建设 460 多个二代智慧电子站牌，将公交线路、车辆动态、车辆舒适度等信息实时展现给乘客，老年人在候车时可以清楚地查看公交车到达本站的预计时间和距离，为老年人出行提供了便利。苏州市试点建设智慧站台，电子站牌上设有站台交互系统，采用触摸式操作，市民可进行实时公交、换乘方案、出租车、周边设施、天气等信息的查询，界面操作便捷，充分考虑老年人、儿童等群体的使用感受。为进一步突出人文关怀，在站台侧面还配有盲文引导，点击报站按钮后可进行语音报站。

在城市轨道交通方面，上海地铁车站内设有可扫码支付的语音快捷售票机，通过语音控制就可以实现购票，车站内换乘指示电子标牌采用大字体、强对比色，换乘信息清晰易读，便于老年人等乘客查看。广州地铁设有“广州地铁”手机 App，为乘客提供出行导航和生活服务。针对老年人和障碍人群出行需求，“广州地铁” App 推出了关怀版，将老年人和障碍人群常用功能入口进行了整合。关怀版增加了主动语音播报功能，极大方便了老年人及障碍人士快速获取站点线路信息及站内设施位置信息。此外还设置了爱心求助的快捷入口，让需要紧急求助的老年人可以迅速获取自己的当前位置，并能一键拨打 120 和广州地铁客服电话。

（3）无障碍出行信息引导系统

专门为老年人、残疾人等有特殊需求的人群，研发无障碍出行信息引导系统，有利于保障此类人群的方便、安全出行。例如，广东省为保障视障群体的无障碍出行和信息获取，设立“珠江三角洲城市公共交通导盲系统”“视障人员免费配发读屏软件”等项目，并将其纳入 2014 年省政府十大民生实事。广州、深圳、杭州等城市基于“无障碍环境公共服务数据平台”，结合城市公共交通信息化系统部署公交导盲硬件设施，逐步推广实施公交助乘导盲系统。为了解决视障人群乘坐地铁的困难，上海申通地铁开发了“13 号线地铁导盲”系统，可在 12 座地铁车站得到导盲服务。该系统借助蓝牙定位技术，结合车站内的无障碍电梯等无障碍服务设施和出入口等基本设施位置，在车站内加装蓝牙设施辅助定位，有效解决地下空间因无 GPS 信号而无法导航的问题，再通过语音播报，让视障乘客依靠手机软件在地铁站内通行。

（4）促进无障碍数字化通行

一是便利老年人等群体使用交通卡出行。例如，天津市、山西省在第三代社会保障卡中加载“交通一卡通”功能，实现二卡合一，方便包括老年人在内的各类乘客刷卡出行。广东省中山市推出了“中山通”老年人电子交通卡，申领电子交通卡可在线上提交资料、审核，当天就能用卡，并且能有效避免实体卡容易忘带、丢失的问题。南昌市老年卡可通过手机App进行网上年审，用信息化的成果更好地实现了“只跑一次”到“一次不跑”的跨越。太原地铁推出65周岁及以上老年人便捷进站服务，乘客本人持太原市公交老年卡可直接刷卡进站免费乘坐地铁。此外，太原地铁2号线试行“刷脸”进站功能，满足免票政策的65周岁及以上老年人持本人身份证在地铁站客服中心人工窗口进行注册，即可实现“刷脸”进站免费乘车。

二是针对当前常态化防疫要求，积极推进乘车码与健康码“卡码合一”功能。例如，2022年5月起，北京市启动了公共交通票务系统升级工作，实现一卡通卡、公交地铁乘车码与健康码信息自动关联，乘客进站上车时自动核验。广州市在全国创新采用公交票务终端，地铁安检人员手持查验设备刷老年人优待卡即可判别持卡老年人健康码状态。

2. 出租汽车

为切实解决老年人打车出行面临的障碍问题，交通运输部连续两年将“便利老年人打车出行”列为交通运输更贴近民生实事之一。2021年，交通运输部指导各主要网约车平台公司在近300个城市上线“一键叫车”服务，在平台App首页采用大字体设置“一键叫车”功能入口，同时为老年人乘客提供快捷叫车、优先派单、线下现金支付等服务，目前已累计为780余万名老年人乘客提供服务3600余万单。同时，指导102个地级及以上城市开通95128约车服务电话，提升巡游出租汽车电召服务能力，鼓励网约车平台公司提供运力服务保障，部分平台公司还开通了电话叫车功能，累计完成11万余单。推动各地交通运输部门在社区、医院等老年人打车需求较高的场景设置暖心车站、扬召杆、“一键叫车智慧屏”等设备，方便老年人叫车打车。各地出租汽车行业积极发起“助老出行志愿服务”，成立为老年人提供扬召服务的“巡游示范车队”，让老年人打车更便捷顺畅、出行更暖心贴心。

例如，上海市积极探索出租汽车服务数字化转型，尝试在出租车候客站点结合“一键叫车”信息化服务。一是推进手机端服务功能开发。为满足不同人群的叫车需求，上海市推出基于手机端的“一键叫车”功能。乘客只要按下“一键叫车”按钮，即可便捷呼叫周边巡游出租汽车。二是加快出租车候客站建设。乘客有叫车需求时，可至最近的出租车候客站，只要按下候客站的“呼叫键”，周边的巡游出租汽车就会接收到需求提醒，尽快前往目的地接单。三是“一键叫车”服务进社区。针对老年人叫车特点，研究设计可实现刷脸叫车、优先派单、自动呼叫的便捷设备，乘客通过刷脸即可直接验证个人信息并发送用车需求；同时，运用技术手段实现倾斜派单，优先保障老年人用车需求。截至 2021 年 10 月，上海市已在 22 个街镇布设完成 100 台“一键叫车智慧屏”设备，后续将继续探索将“一键叫车”终端拓展到老年人出行需求集中的医院等场景，为更多老年人提供服务。四是不断推出多功能的新车型。以强生出租为例，目前新车型已实现“数字聚合、数字服务、数字支付、数字安全、数字防疫”等方面功能，进一步提升司机服务质量，满足乘客出行品质需求。在支付方式上支持多种支付方式兼容，包括现金、数字人民币、支付宝等各类支付方式，进一步方便乘客多样化、便捷化支付。

3. 民航客运

在民航客运无障碍数字化发展方面，一是对民航客运相关网站和手机 App 进行适老化、无障碍改造，满足老年人、残疾人等特殊群体无障碍获取出行信息的需求。例如，民航局政府网站从文字大小、版面配色、语音读屏、语速调整、鼠标样式、光标显示等多方面考虑特殊群体阅读需求，开展了相应的适老化、无障碍改造。中国国航、南航等航空公司在官方网站上设置了无障碍功能模式，设计了多种辅助工具，能够满足不同视障人士的需要。包括针对色彩识别障碍人群设计的高对比页面配色，针对老年人和近视、弱视群体设计的文字大小缩放功能，针对斜视用户的“十字辅助线”光标定位功能等。大兴机场手机 App 的无障碍版不仅考虑老年人、残疾人需求，还将母婴群体纳入其中，重点提供航班查询、爱心服务、出行帮助、无障碍设施、地图导航和人工客服等功能，不仅满足了特殊旅客出行的核心需求，也使操作更为简化。①

二是完善机场无障碍信息化服务，提升机场的无障碍数字化水平。例如，北京大兴机场根据残障人士行动不便、视觉障碍和听觉障碍等需求特点，创新性地将无障碍设施分为八大系统，成为我国交通枢纽无障碍建设的典范。② 大兴机场在登机口等位置设置低频闪烁设备，增强对听障人群的视觉提醒，机场内查询终端配有盲文面板，并设置无障碍模式、儿童模式和一键呼叫等功能。昆明长水机场在“长水机场”小程序中加入了地图导航功能，可以实现机场内的设施和服务导航指引。对于使用轮椅或行动不便的旅客，还可以在使用导航时选择无障碍路线。

4. 铁路客运

在铁路客运无障碍数字化发展方面，一是对铁路 12306 网站和手机 App 进行适老化、无障碍改造，使老年人、残疾人线上购票操作更为简单方便。目前，铁路 12306 网站可以支持读屏软件获取网页完整信息，提供无障碍辅助工具，支持放大缩小、调整配色、语音识读等功能。铁路 12306 手机 App 推出了标准版和爱心版两种模式。其中，爱心版交互更简单、操作更方便，同时具有大字体、大图标、高对比度等特点；标准版也增加了字体和对比度设置功能，用户可自行调整字体大小和对比度，可便捷切换标准版和爱心版。③

二是在铁路 12306 网站和手机 App 上提供残疾人购票和重点旅客服务预约功能。为方便残疾人乘坐火车出行，每趟旅客列车均预留一定数量的残疾人旅客专用票额，在 12306 网站和手机 App 上均可以购买残疾人旅客专用票。此外，如余票充足，售票系统能够自动识别 60 岁以上的老年人，并优

---

① 《大兴机场上线官方 App、小程序“无障碍”升级版》，搜狐网，2022 年 6 月 6 日，https：//www. sohu. com/a/554498716_ 121117477。

② 《北京大兴机场　无障碍出行》，人民网，2019 年 9 月 17 日，http：//society. people. com. cn/GB/n1/2019/0917/c1008-31356622. html。

③ 《官宣！12306 推出适老化及无障碍改造等新功能，已上线运行》，搜狐网，2021 年 12 月 16 日，http：//news. sohu. com/a/508763678_ 120099904。

先为其安排下铺车票。如果一个订单中有多位乘客，系统也会自动分配邻近铺位，以方便对老年乘客的照顾。[①] 此外，对于依靠轮椅、担架等辅助器具出行的老年人、伤病患者、残疾人等已购车票旅客，还可以提前在网站和手机 App 上预约重点旅客服务，铁路车站提供优先进站、协助乘降、便利出站等服务。

三是推广应用人脸识别闸机，实现“刷脸进站”。目前在部分铁路车站，已使用人脸识别闸机进行验票核验。乘客只需“刷脸”就能识别身份，当确认乘客身份与数据库匹配，则可以打开闸门完成验票，整个验票过程不到 2 秒。人脸识别闸机对于提高验票效率、便利乘客进站通行发挥了积极作用。

（二）存在问题

目前，我国交通无障碍数字化发展仍处于起步探索阶段，无障碍信息通用产品、技术的研发和推广仍在局部试点应用阶段，难以满足广大老年人、残疾人、母婴群体等各类特殊需求人群及时、准确、方便获取出行信息的需求。

1. 交通无障碍法规政策体系有待完善

目前，交通运输领域涉及无障碍的相关内容仍以部门规章和政策文件为主，法律层级不高，法律的约束力和强制性不强。由全国人大通过的涉及交通运输的八部法律，包括《铁路法》《公路法》《港口法》《海商法》《海上交通安全法》《航道法》《民用航空法》《邮政法》，以及一些主要的交通运输行政法规，如《道路运输条例》《国内水路运输管理条例》等均未涉及交通无障碍内容。在交通数字化发展顶层制度体系中，对于适老化、无障碍等相关问题的前瞻性、系统性考虑仍然不足，并缺乏具体的落地政策措施。

2. 交通无障碍标准规范体系有待完善

目前，无障碍相关法律法规和标准规范之间的关联度仍然较低，标准规

---

① 《12306 系统能自动为 60 岁以上老人优先安排下铺》，光明网，2021 年 3 月 12 日，https：//m. gmw. cn/baijia/2021-03/12/1302160133. html。

范的法律约束力、针对性和科学性仍有待提高。在公路、水路、城市客运等领域无障碍环境建设方面，标准规范体系仍不够完善，多数标准只做出了总体性要求，尚未从规划、设计、建设、运营、服务、认证、信息化等方面建立完整的标准体系。例如，在城市客运领域，城市公共汽电车出行信息适老化、无障碍相关标准规范内容较为欠缺，需要进一步考虑视力障碍、听力障碍等障碍人群和适老化出行信息需求，并结合新兴技术在城市交通无障碍领域的应用。目前已出台的行业标准《城市公共汽电车出行信息服务系统技术要求》（JT/T 1098-2016）对于信息无障碍内容规定比较少，在出行信息服务网站和个人移动设备应用的要求里，缺乏对于适老化和无障碍的考虑；对于目前已在深圳、广州等地应用的公交导盲系统，也缺乏相关的行业标准规范要求。

3. 交通无障碍数字化技术和产品有待完善

一是在交通无障碍出行信息获取方面仍不完善。例如，由于缺乏相应的无障碍信息服务设备，盲人在公交车站等车时，难以及时、便利了解车辆到站信息。配置能够提示车辆到站信息的公交电子站牌的车站仍然较少，且在公交电子站牌和手机公交 App 上，普遍缺乏来车车辆详细信息的显示。例如，车辆是否为带轮椅导板的低地板及低入口公交车。

二是在出行过程中的无障碍出行信息辅助方面仍不完善。例如，由于市场需求、商业营利性等问题，目前国内仅有少数企业在北京、上海、广州、深圳、杭州等城市开展了无障碍地图导航服务探索。从社区到公交车站或地铁站的“最后一公里”以及在火车站、机场等综合交通枢纽进行无障碍导航仍存在一定困难。常用的滴滴、美团、高德等手机约车软件缺乏无障碍模式，残疾人难以实现自主约车出行。此外，在一些交通场站使用的人脸识别闸机对于乘坐轮椅的乘客、盲人、儿童等难以适用，需要进一步完善识别功能。

4. 老年人交通出行面临“数字鸿沟”

当前，老年人交通出行面临的“数字鸿沟”问题尤为突出，大多数老年人仍在路边招手打车。根据本报告课题组开展的问卷调查，老年人认为出租车出行存在的主要问题包括：在路边经常打不到车（71.92%），价格太贵（52.01%），不会使用手机约车软件（46.51%），司机服务不规范（28.53%）等（见图1）。尽管目前全国各地已开通了巡游车电话约车、网约车“一键叫车”服务，部分地区试点设置了暖心车站、扬召杆、“一键叫车智慧屏”等设备，但是老年人对此类服务的接受程度仍然不高，仍有很多老年人存在畏难心理、不会用、不愿意用等问题，难以实现自主约车出行。此外，老年人在健康码查验、网上购票、自助购票机取票等方面也面临“数字鸿沟”问题。

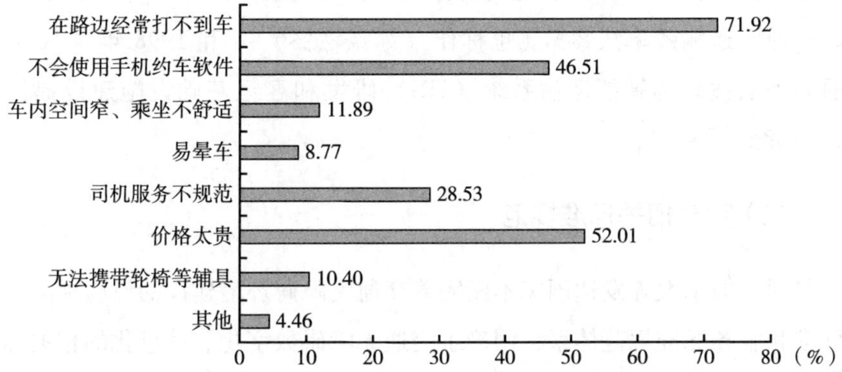

图1　老年人认为出租车出行存在的主要问题

资料来源：作者调查。

四　交通无障碍数字化国际经验借鉴

美国、加拿大、英国等发达国家在交通无障碍环境建设方面起步较早，十分重视无障碍出行数字化、信息化技术和产品的研发应用，从而促进老年人、残疾人等各类群体的便利出行。

（一）加强法律法规保障

美国是当今无障碍法律法规最为完备的国家之一，加拿大、德国、英国、新加坡、日本等发达国家无障碍相关法律法规体系亦比较成熟，通过法律法规确保交通无障碍数字化的设计要求和资金保障。1990年，美国通过了《美国残疾人法案》，提出民众的交通出行权是民权的一个重要组成部分。该法案具体规定了交通可达性和公共信息系统要求，以及各类车辆的无障碍设计要求，包括公共交通必须配置报站、固定路线查询服务以及提供数字化的语音信息和车辆乘客信息。该法案中的“交通车辆无障碍指南”规定，“每辆车必须配备公共广播系统，以便交通系统人员录制或数字化人工语音信息通过该系统报站并提供其他乘客信息；允许使用使乘客可以等效获取信息的替代系统或装置”。此外，美国于1991年出台的《多式联运地面运输效率法案》（也称作《冰茶法案》）和1998年《21世纪交通公平法案》为智能运输系统（ITS）研发和客运基础设施建设提供了充足的资金保障。

（二）完善相关标准规范

美国、加拿大等发达国家不断完善交通无障碍环境建设的设施标准、技术标准和服务标准规范体系，明确了交通无障碍数字化、信息化的相关标准要求。2010年发布的《美国残疾人法无障碍设计标准》，在“810 Transportation Facilities（交通工具）”一节中专门就公交车站站台、候车亭、公交站牌、铁路站台、铁路车站标识等内容做出了详细设计规定。例如，该标准提出，“新兴技术，如使用红外发射器和接收器的有声标志系统，可能会比传统的盲文和放大字体在交通出行环境中提供更好的可达性。红外发射器放置在打印标志上或旁边，并将其信息传输到手持的红外接收器上。这些标志还可用于提供无法在盲文标志上有效传达的寻找路线信息”。

加拿大先后出台了《残疾人无障碍运输规定》《残疾人飞机无障碍准则》《铁路客车无障碍及残疾人铁路列车条款准则》《残疾人轮渡无障碍准则》《城际巴士行业标准》《客运站无障碍准则》《自助式交互式设备的无障碍设计》等交通无障碍标准。此外，还发布了《消除残疾人士出行的沟通障碍：实务守则》，对联邦交通运输网络中（包括航空、铁路、轮船等）

各种提供出行服务的网站、自助服务机、手持终端等，提出了无障碍建议。①

（三）促进出行信息无障碍

美国、加拿大、日本等发达国家一方面通过完善无障碍出行信息化服务，使得各类特殊需求群体平等、便利获得出行信息辅助，跨越出行中面临的“数字鸿沟”；另一方面通过加强新型技术研发创新和推广应用，提升交通无障碍出行数字化和信息化服务水平。在出行前获取无障碍信息对于老年人、残疾人等群体的出行具有很重要的作用，加拿大目前已有简化出行规划的线上服务，提供无障碍、集中化、“一站式”的信息网站等在线终端。出行规划网站可以提供多式联运路线建议，以帮助出行者完成“门到门”出行。例如，目前已有提供出行规划服务的网站，提供包含票价和出行时间的飞机、火车、公共汽车、轮渡以及自驾车选择。在综合交通枢纽内查找路线和导航也是老年人、残疾人等群体经常遇到的一大难题，加拿大、日本等国家通过在机场航站楼、铁路车站、交通运输工具里配置蓝牙低功耗信标，使蓝牙与移动电话相连，提供关于周边环境的声音和视觉信息，例如地标、危险物、实时出行信息等内容。目前已有经加拿大国家盲人研究所认定的采用了无障碍技术的手机 GPS 应用程序。该应用程序可以用语音描述用户周围的情况，并帮助他们提前计划行程安排。该应用程序也开始使用信标技术，以便在安装了信标定位系统的建筑物中更好地进行导航。东日本铁路公司的手机应用程序通过自动获取或推送通知提供有关列车时刻和延误的最新信息。该应用程序还能显示用户在站内位置的互动式车站地图。在最繁忙的铁路线上，通过安装信标来向该应用程序平台上的用户提供列车状态相关数据，例如拥挤程度和温度。用户还可以获知特定车厢在每个车站沿站台停靠的位置，以及车厢与各种便利设施的距离，例如换乘点、售票柜台和自动扶梯等。

① 老龄人口交通需求研究专家组：《加拿大老龄化出行》，刘晓菲、陈徐梅、高畅译，人民交通出版社股份有限公司，2019。

五　促进我国交通无障碍数字化发展的对策建议

（一）完善法规政策体系

一是加快推进无障碍环境建设立法。在《无障碍环境建设条例》的基础上，研究制定“无障碍环境建设法”，进一步提高法律的约束力和强制力。“无障碍环境建设法”制定后，在制定修订《铁路法》《民用航空法》《道路运输条例》《国内水路运输管理规定》等交通运输领域相关法规和部门规章时，应与“无障碍环境建设法”的规定相衔接，明确提出交通无障碍环境建设的具体内容和要求。

二是统筹推进交通无障碍环境建设工作。结合“交通强国建设试点”“国家公交都市建设示范工程”“绿色出行创建行动”以及儿童友好城市创建、交通运输部更贴近民生实事等专项活动，统筹推进交通无障碍、适老化和儿童友好等相关工作。同时，研究建立交通适老化、无障碍评价指标体系和考核评价机制，对交通适老化、无障碍环境发展情况开展考核评价。

（二）完善标准规范体系

一是加快完善铁路、公路、水运、民航、城市客运等领域的无障碍国家标准和行业标准体系建设，推进重点标准的研究和制修订工作，从而更好地规范和指导交通无障碍环境建设。充分考虑各类有无障碍需求的群体安全、便利、舒适出行的实际需要，促进无障碍交通基础设施、运输装备、标志标识、出行信息化、运输服务等方面的标准化和规范化。

二是促进相关省市和企业因地制宜制定交通无障碍地方标准和团体标准。加强标准宣贯实施，建议标准化委员会、行业协会、企业联盟等组织利用标准宣贯会强化对交通无障碍出行相关标准的培训。

三是积极探索开展交通无障碍产品认证、服务认证、信息化认证、管理体系认证等工作，提升交通出行全链条、交通建设和服务全行业的无障碍建设水平。

（三）促进技术研发和产品应用

一是加强无障碍出行信息通用技术和产品的研发及推广应用，为各类特殊需求群体提供多样化、便利化的无障碍出行信息服务。例如，鼓励研发推广适老化、无障碍出行导航地图，支持建设城市公交导盲系统、电子公交站牌和盲文站牌等。在公交车站及公交车上推广使用语音报站、电子报站及实时车辆信息播报服务。鼓励在手机约车 App 中增加视障版、助老模式、“一键叫车”等服务功能。

二是利用数字化技术提升老年人、残疾人等各类群体出行的便利性。在有条件的地区鼓励推广“刷脸”快速通过验票进站、“刷脸”支付等功能，同时改进人脸识别功能，便于老年人、残疾人等各类群体使用。

三是推动新型交通无障碍基础设施建设，进一步探索 5G、大数据、物联网、人工智能、区块链等新一代信息技术与交通无障碍的深度融合应用。例如，大数据、物联网与交通无障碍环境数字孪生系统的结合，5G 技术与适老化、无障碍出行导航系统的结合，人工智能与城市慢行交通体系管理的结合，自动驾驶与无障碍出行服务的结合，MaaS（出行即服务）与无障碍出行的结合等。

（四）提升出行服务水平

一是提升从业人员的服务能力和服务态度。制定相关服务培训规范，对交通运输从业人员开展定期培训，使其充分了解老年人、残疾人等各类群体需求特点，充分掌握无障碍设施设备的使用方法，提升面向老年人、残疾人等群体的服务态度和服务能力。

二是推进交通无障碍服务模式创新。在各类交通运输枢纽场站加大对行动不便乘客的服务力度，采取专人陪护、老人陪伴、专门协导员、行李运送、定制服务等措施，保障老年人、残疾人等出行安全和便捷。在推进无障碍数字化、信息化的同时，还应保留人工购票、人工检票、人工服务窗口等传统服务功能。

三是打造交通无障碍服务品牌。围绕“以人民为中心”的服务理念，在全国打造更多敬老助残公交线路、地铁线路、高铁车站、民航机场等，树立先进典型示范，打造适老化、无障碍出行服务品牌。

B.10

中国社区服务无障碍的数字化发展报告（2022）*

连 菲　向立群　黄亚男**

摘　要： 社区服务承载了全体居民充分享有生活便利与社会参与的重要功能，数字化技术与社区服务相结合能够推动实体设施包容无碍与软性服务全面覆盖，使我国城乡社区服务数字化发展包容、惠及全体居民。本报告从社区服务无障碍的内涵出发，分析了我国社区服务数字化发展现状，总结了发达国家及地区社区服务数字化的建设经验，进而从建立整体建设架构、制定标准规范、平台互联互通、盘活存量资源四个方面为推动我国城乡社区服务数字化发展提出了相应建议。

关键词： 社区服务　无障碍　数字化

世界卫生组织（WHO）将“残疾（Disability）”定义为“人类的一种生存状态，几乎每个人在生命的某一阶段都有暂时或永久的损伤，从而造成不同程度的身心障碍，而步入老龄的人将经历不断增加的功能障碍”。①2021年7月，国务院印发的《“十四五”残疾人保障和发展规划》指出，

---

* 本报告为国家自然科学基金面上项目（项目号：52278016）和中央高校基本科研业务费项目（项目号：20720220095）阶段性研究成果。

** 连菲，哈尔滨工业大学建筑学院、寒地城乡人居环境科学与技术工业和信息化部重点实验室副教授，研究领域为包容性环境设计；向立群，厦门大学建筑与土木工程学院助理教授，研究领域为老年友好社区；黄亚男，哈尔滨工业大学建筑学院硕士研究生，研究领域为包容性社区环境。

① 世界卫生组织、世界银行：《世界残疾报告 2011》。

我国有超过8500多万名残疾人。与此同时，第七次全国人口普查数据显示，我国60岁及以上人口已占总人口的18.7%，[①] 人口老龄化程度的进一步加深，意味着残疾仍会多发、高发。根据中国残联公布的全国残疾人人口基础库主要数据，截至2020年底，我国4000万名持证残疾人中约80%生活在农村。[②] WHO将“无障碍设施缺乏”认定为限制残疾人参与教育、就业和社会生活的原因之一，并将“创建无障碍环境”视作处理残疾人在生活中所面临的障碍和不平等的有效方式之一。社区是城乡居民生活的基本单元，社区服务连着民心、关系民生，承载着城乡居民日常生活与社会参与的多种需求。相比于身心状况良好的居民，暂时或永久处在身心障碍状态的居民在生活中仍面临诸多困境，不但需要无障碍的社区服务来保障基本生活需求，更需要在社区的支持与帮助下参与社会生活。

《中华人民共和国国民经济和社会发展第十四个五年规划和2035年远景目标纲要》（以下简称“十四五”规划纲要）将“加快数字化发展，建设数字中国”单列成篇，并提出构筑美好数字服务新场景、推动“互联网+”与社区服务深度融合等数项举措，加快数字化建设的趋势已不可阻挡。在社区服务中，数字技术具有不受物理空间限制提供实时服务的优势；随着数字技术的不断发展和革新，其应用亦能够缩小社会差距，鼓励社会包容，进而促进社区服务无障碍的发展。[③] 但应指出的是，数字技术在社区服务无障碍的建设中，仍面临弱势群体规模大、整体建设架构不清晰、设施智能化基础弱、城乡社区服务数字化差异明显等一系列问题。

基于此，本报告将社区服务分为“实体设施建设”和“软性服务供给”

---

① 《第七次全国人口普查主要数据情况》，国家统计局官网，2021年5月11日，http：//www.stats.gov.cn/tjsj/zxfb/202105/t20210510_ 1817176.html。

② 《全国残疾人人口基础库主要数据（2020）》，中国残疾人联合会官网，2020年12月31日，https：//www.cdpf.org.cn/zwgk/zccx/ndsj/zhsjtj/2020zh/6c948f9d97194a93a0d6e1ba23d32000.htm。

③ Brunner，M.，Hemsley，B.，Togher，L.，Palmer，S.，“Technology and Its Role in Rehabilitation for People with Cognitive-Communication Disability Following a Traumatic Brain Injury（TBI），” *Brain Injury* 31（2017），pp. 1028-1043.

两方面，从社区服务无障碍的内涵出发，分析我国社区服务数字化的现状，进而结合发达国家及地区社区服务数字化的建设、推广经验，为推动我国社区服务无障碍数字化提出相应的建议。

一 社区服务无障碍的内涵

（一）社区服务设施包容无碍

2018 年，住房和城乡建设部（以下简称住建部）发布《城市居住区规划设计标准》（GB50180-2018），以居民步行时间为标准，将居住区划分为五分钟、十分钟、十五分钟生活圈。“社区服务设施”在此标准中，专指“五分钟生活圈居住区内，对应居住人口规模配套建设的生活服务设施，主要包括托幼、社区服务及文体活动、卫生服务、养老助残、商业服务等设施”。国家发展和改革委员会规划司在“十四五”规划纲要的名词解释中，将“城市社区综合服务设施”明确为“在社区（村）层面建立的，面向社区居民提供服务的综合性、多功能服务设施”，除国家另有规定外，所有以社区居民为对象的公共服务、志愿服务、专业社会工作服务，原则上在社区综合服务设施中提供；社区综合服务设施一般包括社区服务中心（站）、党群服务中心（站）、为民（农）服务中心（站）、便（利）民服务中心（站）、睦邻（邻里）中心等。[①]“十四五”时期，我国城市社区综合服务设施已实现全覆盖。[②]

在乡村社区服务设施方面，相关政策文件、标准、规范中暂未形成明确规定，但建设部（现住建部）早在 2007 年发布的《镇规划标准》（GB 50188-

① 《“十四五”规划〈纲要〉名词解释之 141 | 城市社区综合服务设施》，国家发展和改革委员会官网，2021 年 12 月 24 日，https://www.ndrc.gov.cn/fggz/fzzlgh/gjfzgh/202112/t20211224_1309406.html?code=&state=123。

② 《“十四五”城乡社区服务体系建设规划》，中国政府网，2021 年 12 月 27 日，http://www.gov.cn/zhengce/content/2022-01/21/content_5669663.htm。

2007）中，就规定了村镇公共设施按使用性质可分为行政管理、教育机构、文体科技、医疗保健、商业金融和集贸市场六类。2022 年，国务院办公厅发布《“十四五”城乡社区服务体系建设规划》，明确指出，要在当前农村社区综合服务设施覆盖率达到 65.7%的基础上，实现到 2025 年，覆盖率达 80%的预期目标，并“制定实施农村社区服务站建设标准，强化村级综合服务功能”。

社区服务设施是支撑处于不同程度身心障碍状态的人群能够正常生活与外出活动的重要保障。社区服务设施的包容无碍，不仅有利于身心障碍群体融入社会、消除隔阂，按照自己的意愿参与社会活动，也能够提高居民日常生活的便捷程度。当前我国城乡社区无障碍设施的建设及维护情况不容乐观：社区的消费性、休闲性、事务性活动场所的无障碍水平不达标，已建成的无障碍设施由于设计缺陷、管理和维护缺位，“建而无法用”“建而无人用”的情况屡见不鲜，身心障碍者的需求无法在社区内得到满足。[①] 因此，我国在社区服务设施建设方面，亟须加快无障碍改造，探索传统无障碍设施与数字化技术的结合，依靠数字化手段使无障碍环境的实现更便捷、更有效、更稳定、更普及。

（二）社区服务内容全面覆盖

社区服务，作为社会福利的一种形式，是工业化、现代化的产物，这一概念产生于 19 世纪 80 年代的英国，主要是为解决因工业革命发展而产生的失业及贫困问题。[②] 在我国，民政部于 1987 年初首次提出社区服务的概念，并为其赋予了区域性、福利性、群众性、服务性和互助性的基本属性。2006 年 4 月，国务院出台《关于加强和改进社区服务工作的意见》，将社区服务概括为政府、社区居委会、民间组织、企业等力量为社区居民提供的就业、

① 胡雪峰、夏菁、王兴平：《行为活动导向下社区无障碍设施建设初探——以南京市为例》，2017 中国城市规划年会，东莞，2017 年 11 月 18 日。

② 郭安：《关于社区服务的涵义、功能和现有问题及对策》，《中国劳动关系学院学报》2011 年第 2 期，第 92~97 页。

社会保障、救助、卫生、文化、教育、安全等公共服务。[①]《“十四五”城乡社区服务体系建设规划》进一步将城乡社区服务体系明确为以公共服务、便民利民服务、志愿服务为主要内容的服务网络和运行机制，强调党组织引领、基层群众性自治组织主导、居民为主体，完善多方参与格局；同时提出要加快社区服务数字化建设，提高数字化政务服务效能，构筑美好数字服务新场景。[②]

由党委统一领导、政府依法履责、社会多方参与的城乡社区服务体系，不仅是居民开展就业、养老、医疗、托幼等活动的依托，而且在经济高速发展的过程中，发挥着维护社会秩序、维系弱势群体社会尊严、满足居民公共需求、促进社区人际交流和关怀的重要作用。[③] 为此，《“十四五”城乡社区服务体系建设规划》提出到2025年末，党建引领社区服务体系建设更加完善，服务主体和服务业态更加丰富，线上线下服务机制更加融合，精准化、精细化、智能化水平持续提升的发展目标。

我国的社区服务实践历经多年发展，在改善居民生活质量、促进社会稳定和发展方面所起的积极作用毋庸置疑。但由于专业指导及资金投入的缺乏、服务人员数量不足等因素的限制，社区服务仍面临城乡发展不平衡、体系建设不健全、多方参与格局不完善、信息化基础设施和技术应用薄弱等问题。对于不同程度身心障碍群体的基础保障不足，“信息孤岛”现象显著，就业与文化服务供给乏力。为增强社区服务供给，突破地域、资金、人员限制造成的障碍，我国亟须从补齐公益性与基础性社区服务短板、发展高品质生活服务、关注弱势群体的日常需求方面，大力发展社区服务，使城乡发展成果惠及更多居民。

---

① 《国务院关于加强和改进社区服务工作的意见》，中国政府网，2015年6月13日，http：//www. gov. cn/zhuanti/2015-06/13/content_ 2878969. htm。

② 《国务院办公厅关于印发“十四五”城乡社区服务体系建设规划的通知》，中国政府网，2022年1月21日，http：//www. gov. cn/zhengce/content/2022-01/21/content_ 5669663. htm。

③ 徐其龙、陈涛：《发展性社会工作视角下社区服务、社区营造和社区发展的整合研究》，《华东理工大学学报》（社会科学版）2020年第3期，第76~86页。

二　我国社区服务数字化发展现状

（一）社区服务数字化相关政策

社区服务数字化建设能够有力提升城乡社区服务和治理水平，在社区服务的未来发展中具有重要意义。《“十四五”城乡社区服务体系建设规划》明确提出了加快社区服务数字化建设的要求，并从“互联网+基层治理”行动、智慧社区试点建设、现代社区服务体系试点建设方面，开展社区服务数字化建设试点行动。

《“十四五”残疾人保障和发展规划》则提出，在保障残疾人平等权利、为其提供无障碍环境和便利化条件方面，探索传统无障碍设施设备数字化、智能化升级，将信息无障碍作为数字社会、数字政府、智慧城市建设的重要组成部分，纳入文明城市测评指标；在完善支持保障条件、促进残疾人事业高质量发展方面，建立线上线下相结合的残疾人服务体系，推动数字化服务在助残中的惠普应用。

以“十四五”规划纲要及相关事业发展规划为纲领，各级地方政府积极响应，相继推出了一系列落实社区服务数字化的政策。

2021 年 5 月，广东省人民政府发布《关于加快数字化发展的意见》，提出要把广东建设成为全球领先的数字化发展高地。在数字社会方面，通过加快农村管理服务、基层数字化进程，建设农村社会事业、农村集体资产、村庄规划等领域的数字化工程，构建涉农信息普惠服务机制，提升农民生活数字化服务水平。同时，通过建设便民惠民智慧社区，发展基于数字技术的社区民生智慧应用，开展社区智慧微改造，提升社区生活服务和社区基层治理的数字化、智能化水平，并开展面向弱势群体的数字技术应用培训，增强数字内容访问和数字化工具使用包容性。

2021 年 10 月，上海市人民政府办公厅发布《上海市全面推进城市数字化转型“十四五”规划》，提出紧扣“数字家园”主题，围绕人在社区的各类需求，依托“社区云”等数字化平台和线下社区服务机构，强化居民线上获得社会化服务和政务服务的能力。加快社区服务智能化升级，持续优化社区资源配置，满足居民精准化、个性化需求。

2021 年 12 月，天津市人民政府办公厅发布《天津市智慧城市建设“十四五”规划》，提出推进智能养老社区和机构建设，完善社区生活服务、公共服务设施布局，构建社区治理智慧平台，建设数字化社区便民服务中心等便民服务设施，推动政务服务、公共服务向社区延伸。

2022 年起，河北省人民政府办公厅、湖北省民政厅联合发改委、安徽省民政厅联合发改委等，分别出台了相应省份在“十四五”期间的城乡社区服务体系建设规划，强调从完善为民服务功能、优化便民服务供给、强化安民服务保障方面，扩大城乡社区服务有效供给，开展城乡社区服务设施补短板工程，依托社区综合服务设施建立社会工作室，打造特色服务品牌，广泛开展专业化、个性化、精准化社会工作专业服务；从提高城乡社区数字化政务服务效能、构筑美好城乡社区服务新场景方面，推动城乡社区服务数字化建设。推动“互联网+”与社区服务深度融合，提升社区治理服务智能化水平；同时，充分考虑老年人、残疾人、儿童等弱势群体的习惯和特点，推行适老化和无障碍信息服务，推进数字社区服务圈、智慧家庭建设。

此外，由全国智能建筑及居住区数字化标准化技术委员会归口管理的国家标准《智慧城市　建筑及居住区　智慧社区数字化技术应用》已进入报批阶段，通过智慧社区数字化技术应用国家标准规范指导智慧社区的建设，社区服务数字化未来的发展将有标可依、行之有矩。总体而言，社区服务数字化已得到国家及地方层面的重视，各地在“十四五”规划纲要及相关事业发展规划的引领下，针对社区服务数字化因地制宜提出的措施，以及逐步开展的相关规范、标准制定、完善工作，已为推进社区服务数字化打下了坚实的基础。

（二）社区服务数字化建设取得的成果

《“十四五”城乡社区服务体系建设规划》的数据显示，“十三五”期间，我国社区服务信息化水平不断提高，“互联网+社区政务服务”“互联网+社区商业服务”加速推进，全国50.9万个村民委员会、11.3万个居民委员会初步实现信息集中汇聚、统一管理、动态更新；城市社区综合服务设施实现全覆盖，农村社区综合服务设施覆盖率达到65.7%。《“十四五”城乡社区服务体系建设规划》发布后，各地相继出台实施方案，不但展现出地方层面对于社区服务数字化建设的重视，也在“十三五”的基础上，深化了社区服务数字化建设成果。

1. 社区服务设施数字化建设

多个省市结合老年人的社区居家养老需求、残疾人的社区康复需求，做出了有益尝试。例如，上海市长宁区虹桥街道社区综合为老服务中心打造了智慧老年助餐服务点，专为老年人开发、设计了适老化智能点餐屏，操作、支付便利；中心推出的“心乐空间”长者智能运动健康之家，通过配置适老化健身器材和智能设备，监测正在运动的老年人，便于科学指导，防止产生运动意外；[①] 虹桥社区于2021年7月起运营的全国首个AI智能食堂，将机器人烹饪、全自动食堂等科技元素嵌入社区，试点“新终端”赋能早餐工程、老年助餐和白领午餐，真正实现了数字化管理和无人烹饪，推动了社区服务的数字化转型。[②]

在《上海市全面推进城市数字化转型“十四五”规划》的“数字家园”主题引领下，静安区临汾街道打造了全市首个“智慧居家、智慧养老”样板间，旨在探索机构、社区、家庭三方高效联动的居家养老新模式。样板间配置了烟感报警器、气感报警器、水浸报警器、门磁报警装置、一键SOS电信小喇叭等智能家居套件，一旦有紧急情况发生，感应器报警后，助老平台可立即呼叫老年人的紧急联系人、社区工作人员、民警等，确保老年人的居家安全。[③]

---

① 杨恺、张兆卿：《上海嵌入式社区服务打造居家养老新模式》，中国政府网，2021年5月21日，http：//www.gov.cn/xinwen/2021-05/21/content_ 5610223.htm。

② 舒抒：《机器人做菜？上海首家社区AI食堂受欢迎》，新华网，2021年7月27日，http：//www.xinhuanet.com/techpro/20210727/3231c70cbac944b99ef173eb57547c63/c.html。

③《政策实效 | 全市首个“家庭养老院”样板间细节曝光！超多新科技让老人舒心、子女放心！》，上观新闻，2022年2月19日，https：//sghexport.shobserver.com/html/baijiahao/2022/02/19/664233.html。

湖北咸宁市通城县住建局结合老旧小区改造，联合电信公司在隽水镇廖家牌小区开展了“智能生活进家庭”主题活动，由电信公司配合县住建局下沉社区，安装小区监控系统、门禁系统，提升小区安全性、便利性，在完善小区智能基础设施的同时切实提升了小区居民的幸福感。①

在残疾人社区康复服务设施方面，江苏省昆山市残联统筹使用医疗保险、医疗救助等资金，建立康复服务资金稳定投入机制，在社区康复服务示范点配置现代化康复设备，推动信息科技运用于残疾人康复，为残疾人建起家门口的微型“康复医院”；利用数字技术，为残疾人在家进行非专业训练而影响康复效果的难题提供解决方案。作为社区康复服务示范点的青阳街道办事处“融善残疾人之家”，引进了足部动力学检测系统、防跌倒训练仪等20多种专业康复设备，以满足残疾人各部位康复训练的需求；同时，定期聘请昆山市康复医院的康复治疗师指导，并培训残疾人康复训练指导员，确保好设备能够产生好疗效。②

2. 社区软性服务数字化供给

全国各地积极整合基础数据资源，利用大数据等技术开发数字化应用，并借助微信平台等互联网载体，拓宽智能养老、扶残助残等服务的时间和空间，使智慧社区服务平台真正成为社区治理和服务居民的中枢神经和调度中心，进而实现社区服务无障碍。例如，浙江省江山市、湖州市依托省、市、县公共数据平台，根据残疾人区域分布、人员结构、残疾类别等数据，建立了“一人一档一画像”。通过“智慧助残”“掌上残疾人之家”等数字化服务应用的主动感知功能，全面归集分析先天性残疾、工伤事故、交通事故、重大疾病等数据，亦可主动感知新增残疾人，实现惠残政策的精准匹配；残

---

① 熊源、朱正学：《湖北老旧小区改造新举措，通城县用智能化服务元素助力社区升级》，楚天全媒体，2022 年 4 月 29 日，https：//baijiahao. baidu. com/s? id = 1731407730365311617&wfr = spider&for = pc。

② 《残疾人有了社区智能“康复医院”昆山打造现代为残服务网络体系》，昆山市残疾人联合会微信公众号，2021 年 12 月 24 日，https：//mp. weixin. qq. com/s/l8cTqKVugNubn9fppkuoag。

疾人还可线上了解惠残政策、办理残疾证、申请补贴等。[①]

上海市虹口区以城市数字化转型与“随申办”超级应用建设为契机，开发打造智能便捷的社区数字化生活服务平台“生活 e 点通”，“生活 e 点通”设有手机端和服务端，手机端可面向全年龄段手机用户，服务端主要面向老年人等对数字化设备操作不便的特殊群体，实现各类公共服务的“数字无障碍”。[②] 宝山区在全国范围内率先建立智能化治理系统“社区通”，全区 104 个村全部“上线”，农村地区 5.5 万余人实名加入。在罗泾镇塘湾村，村民们在“社区通”的“议事厅”板块抛出了增设路灯的需求，村干部们以线上、线下相结合的方式，积极发动村民开展路灯款式、设置点位、所需费用等方案的讨论。最终，村内主干道安装了美观实用的路灯，“社区通”在调动村民参与公共事务及乡村治理方面，发挥了巨大作用。如今，以“社区通”为代表的乡村治理智慧模式，不仅入选了农业农村部全国乡村治理典型案例，还在北京、山东等地复制推广。[③]

新冠肺炎疫情发生以来，基于个人“健康码”“通信大数据行程”的精准疫情防控，以及将生活物资配送纳入社区服务的举措，将社区服务数字化提升到了新的高度。上海“社区通”为最大限度地帮助居民应对疫情，在不间断开展“返沪五步法”“农村防疫集结号”等专题，切实有效地传递防疫信息的同时，火速上线“疫情防控”新板块，开通个人行程上报、疫情线索、居家隔离上报、口罩预约等功能，为居民提供贴心的防控服务。针对残疾人等群体的需求，广东省深圳市福田区残联借助“互联网+”模式，制订了居家康复线上服务方案，选择适合残疾人居家开展的康复健身、艺术疗

① 梅玲玲、蒋君、毛梦瑶：《江山创建残疾人服务数字化应用从“人找政策”到“政策找人”》，《浙江日报》2021 年 9 月 14 日；徐周飞、金旭芬：《湖州吴兴“掌上残疾人之家”实现数字化助残惠残》，潇湘晨报，2021 年 9 月 19 日，https：//baijiahao. baidu. com/s?id=1711328822792537192&wfr=spider&for=pc。

② 龙廷恺：《“生活 e 点通”让社区服务“数字无障碍”》，新闻晨报，2021 年 4 月 21 日，https：//www. sohu. com/a/462127540_ 120044982。

③ 《上海：打通乡村数字化的“最后一公里”！宝山社区通让乡村善治变得更有效》，中国政府网，2021 年 2 月 5 日，http：//www. gov. cn/xinwen/2021-02/05/content_ 5585258. htm。

愈、美食疗愈等项目，以电话、微信、视频等多种方式提供远程服务，满足精神残疾人在疫情防控期间的康复训练需求；在药物保障方面，积极与医院合作，为居民提供药物快递服务；对于管控区居民，则由专门的社工与社区、医院、残联等多方协调，解决拿药难题。①

由于新冠肺炎疫情，无法接入网络的非网民群体面临的最大不便在于，因没有健康码而无法顺利出入各类公共场所，且线下服务网点减少导致办事困难，更难以享受社区服务数字化带来的便利。为此，各地积极推出了“手机课堂进社区”等活动，向老年人、农村居民等数字弱势群体普及数字化知识，力图缩小“数字鸿沟”。例如，通过开设智能手机课堂、采取“老年人点单，志愿者送课”的方式，为有需要的社区居民普及智能手机知识，教授其微信、公交出行、扫码购物等常用功能。黑龙江省齐齐哈尔市通过与公安部门防疫大数据对接，为无智能手机的老年人、儿童、学生等群体生成二维码并制卡发放，工作人员通过“反向扫码”，即可解决社区核酸检测及出行时面临的难题。②

（三）社区服务数字化发展面临的挑战

党的十八大以来，随着宽带网络、4G/5G 网络覆盖率的提升，网络基础设施建设的全面提速，人工智能、大数据、云计算等新兴技术和服务的日新月异，人们的日常生活也越来越依赖数字技术。虽然我国的社区服务数字化已取得了显著成果，但因数字弱势群体规模大、社区服务数字化建设整体架构不清晰、社区服务设施智能化水平不足、城乡社区服务数字化差异明显等问题，而面临一系列挑战。

1. 数字弱势群体规模大

中国互联网络信息中心于 2022 年 2 月发布的第 49 次《中国互联网络发

---

① 胡淑艳：《福田区残联以“线上+”服务新模式多举措保障疫情下残疾人服务不间断》，深圳市福田区残疾人联合会网站，2022 年 3 月 7 日，http://www.szft.gov.cn/bmxx_qt/qcjrlhh/gzdt/content/post_9606690.html。

② 王远方：《“反向扫码”，可以有》，《光明日报》，2022 年 4 月 8 日，https://baijiahao.baidu.com/s?id=1729483699158367367&wfr=spider&for=pc。

展状况统计报告》显示，截至2021年12月，我国尚有3.82亿非网民，其中农村地区非网民占比为54.9%，高于全国农村人口比例19.9个百分点；60岁及以上非网民群体占比为39.4%，高于全国60岁及以上人口比例20个百分点。

虽然数字技术可以打破物理空间障碍，为社区服务提供便利，但此过程中存在的网络安全、网络诈骗、网络暴力问题，以及为残疾人、老年人住宅安装的报警器、摄像头等数字设备可能产生的隐私侵犯问题，加剧了数字弱势群体对学习、应用数字技术的担忧。例如，新冠肺炎疫情发生之初，逾千名武汉返乡人员的姓名、身份证号、手机号等重要信息被泄露，严重影响了当事人的生活质量。疫情防控常态化期间，个人敏感信息一旦被泄露、非法提供或者滥用，可能危害人身和财产安全，导致个人名誉、身心健康受到损害或遭遇歧视性待遇。[①]

2. 社区服务数字化建设整体架构不清晰

社区服务数字化建设涉及政府、物业服务商、社区商户、地产商等多个利益主体，部分地方政府在统筹财政资金、整合社会力量方面存在较大缺失，未细化社区服务数字化建设的各方职责，导致数字化基础设施建设不健全；在社区服务基础信息多元采集、互通共享、多方利用方面，还存在诸多数据壁垒和技术障碍，大数据的分析及再开发利用不够充分。[②] 在开展信息无障碍和社区服务数字化建设项目方面，因数字化系统模块的开发团队不同，模块间的整合、共享程度较低，易产生内容相似、重复建设的问题。[③] 此外，社区服务人员的信息化技能水平整体偏低，在推进社区服务数字化建设、利用信息技术优化办事流程、促进精准供需对接等方面，尚需进一步加强。

---

① 吴怡、岑慧敏、蔡舒萍：《武汉返乡人员信息遭泄露，被误认作新冠肺炎确诊人员》，澎湃新闻，2020年1月27日，https://www.thepaper.cn/newsDetail_forward_5644452。

② 李建伟、王伟进、黄金：《我国社区服务业的发展成效、问题与建议》，《经济纵横》2021年第5期，第48~60页。

③ 李燕英：《基于包容性数字服务的信息无障碍供给实现途径研究》，《图书馆》2022年第2期，第32~36页，第50页。

3. 社区服务设施智能化水平不足

当前，我国信息无障碍与包容性数字服务的建设仍处于起步阶段，社区服务设施的数字化建设主要集中在智能门禁、电商进小区方面，养老、家政、医疗、物业、消防、安保等方面社区服务设施的数字化升级、改造相对滞后，数字技术应用场景有待进一步拓展。

社区服务设施改造成本过高。社区原有的基础设施设备，包括社区门禁、停车系统、路灯、监控、电梯、社区物业管理系统和物业服务等基本都需要数字化升级。尤其是老旧小区，原有的各类生活配套设施已无法满足居民更高水平的生活需求。特别是在社区治理和安全保障、重大灾害及疫情防控、居家健康和养老服务等方面，对智能化和智慧化的改造需求更加迫切。然而社区的改善和改造需要大量的人力、物力和财力，如果仅由物业公司或者某一方来承担，未免压力过大，需要多方支持完成。

社区智能化服务设施缺乏统一的业务体系。目前大部分社区中的道闸、门禁、地锁、智能锁、社区监控等都是独立运行的，并没有形成一套成熟的业务体系。以小区监控为例，其对本社区危险人群的监控、对小区独居老人的监控，特别是对社区老人、小孩的安全保障，并没有形成一套成熟的研判体系。①

4. 城乡社区服务数字化差异明显

各地推广社区服务数字化的步伐不一致，发展不平衡、不充分——在经济发展落后和自然条件恶劣的地区，不但社区服务数字化基础设施建设落后，贫困人群亦无力购买通信终端设备或接受数字化服务。

不仅在物质方面，城乡居民在数字素养上也有明显的差距。2021 年中国社会科学院信息化研究中心发布的《乡村振兴战略背景下中国乡村数字素养调查分析报告》（下文简称“报告”）显示，当前我国城乡居民数字素养参差不齐，平均得分仅为 43.6 分（满分为 100 分），总体处于“不合格”

① 本刊编辑部：《智慧物业小区的发展难题和建议》，《城市开发》2019 年第 3 期，第 18~21 页。

状态。数字素养城乡发展不均衡的问题已非常突出：城市居民平均得分为56.3分，农村居民平均得分为35.1分，差值高达21.2分，农村居民比城市居民平均得分低了37.7%。报告就此提出，随着我国乡村基础设施加速数字化、网络化，新时代城乡数字鸿沟问题主要矛盾正从基础设施差距转向数字素养差距。同时，针对农民个人电脑使用能力不足、数字化增收能力差等短板问题，报告提出，个人电脑作为数字时代重要的生产力工具，也是数字化转型和乡村振兴的基础战略工具，建议面向农村推广个人电脑设备与多样化的数字服务。对农民购买数字设备与数字服务，应采取支持和鼓励政策，从而促进农民接入和使用互联网从事创造性、生产性活动，切实提升数字素养和收入水平。①

另外，在乡村推广数字技术还存在由乡村的异质性资源带来的其他复杂问题。比如，忽略乡村由于独特的历史文化和地理环境呈现出的异质性，而倾向于将全域内各类村庄视为同质性的整体的问题。各级各部门为推进线上的工作，自上而下地推行同质化的App、公众号，从而引发供需错配和资源损耗，并有可能陷入“互联网+形式主义”的误区。②

三　社区服务数字化建设的域外经验

社区服务数字化建设需要社会福利与保障、社区综合管理、市政服务等多方力量的配合，以形成基层社会的有序结构。域外发达国家和地区的社区服务起源较早，在多年实践中已形成了相对完整的机制。部分国家和地区在提高社区服务的数字化水平、数字包容性等方面，设置了较明确的导向性政策。例如，2015~2019年，芬兰政府在时任总理尤哈·西皮莱（Juha Sipila）的领导下，成立了日常生活数字化咨询委员会（Digi arkeen Advisory Board）；时任芬兰总理安蒂·林内（Antti Rinne）在其主导的政府计划中延

① 中国社会科学院信息化研究中心：《2021年乡村振兴战略背景下中国乡村数字素养调查分析报告》，2021年3月。

② 张新文、杜永康：《乡村数字治理的差异化考量》，《中国社会科学报》2022年2月23日。

续了数字包容的主题，并特别将视角聚焦于老年人群体，强调通过应用人工智能、远程监控、机器人等新技术方法，提高社区服务质量，使老年人在熟悉的环境中生活得更为舒适。法国政府强调在老年人身体健康状况良好时，普及电子服务，推广更方便使用的数字设备并培养相应辅助人员，根据老年人的兴趣，帮助其使用数字化资源。[①] 美国则在《康复法案》（the Rehabilitation Act）及《21 世纪通信与视频无障碍法案》（21st Century Communications and Video Accessibility Act）中指出，数字信息的灵活性应当能够保障残疾人的数字权利，给予他们平等参与社会活动的机会。[②] 除此之外，部分国家和地区在社区服务设施建设、社区服务数字化技能的培训方面，积累了值得借鉴的经验。

（一）实体设施无障碍的数字化建设

在城市社区服务设施数字化建设方面，欧美城市常与老年友好社区（Age-Friendly Community）、认知障碍症友好社区（Dementia-Friendly Community）等的建设相结合，例如，加拿大老年友好伦敦事务委员会（Age Friendly London Task Force）早在 2012 年制定的《老年友好伦敦：三年行动计划》（Age Friendly London：A Three Year Action Plan）中，就设置了社区支持方面的城市发展目标，此后发布的计划，逐渐确立了倡导社区居民能够免费使用数字化服务设施的发展方向。

在乡村社区服务设施数字化建设方面，欧美乡村强调铺设宽带等基础设施、提高数字服务使用率，培训居民的数字设备使用技能，以缩小农村地区居民面临的数字鸿沟；在乡村社区服务基础设施建设方面，欧美地区特别强调重视“最后一英里”——虽然大部分乡村社区已具备较高的数字化基础

① European Parliamentary Technology Assessment（EPTA），Technologies in Care for Older People，2019，pp. 37-46.

② Daniel Goldstein，and Gregory Care. Disability Rights and Access to the Digital World：An Advocate's Analysis of an Emerging Field. https：//dredf. org/media-disability/disability-rights-and-access-to-the-digital-world.

设施覆盖率，但“最后一英里”的设施建设仍极具挑战性，也最直接地影响着乡村居民的生活质量。① 芬兰在库赫莫（Kuhmo）西北部 6 个人口稀少的村庄，建设了总长为 165 千米的光纤网络，提供快速互联网连接；乡村合作社积极评估当地居民需求，并引导居民认知宽带连接的优势。同时，社区义工为光纤铺设积极助力，超过 200 户居民最终参与到了光纤铺设工作中。② 英国康沃尔地区在确保宽带接入的基础上，实施了社区数字中心和电子健康等创新措施，通过部署高速无线宽带、可视化会议系统等基础设施，与社区慈善机构、艺术团体、地方历史团体和园艺俱乐部等企事业组织合作，引入 VR 等技术，缩小数字鸿沟。③

美国联邦农业部乡村发展办公室（USDA Rural Development）2020 年公布了《社区设施转租计划》（Community Facilities Relending Program）、《社区设施、技术援助及训练补助金》（Community Facilities Technical Assistance and Training Grant）等一系列乡村设施建设支持政策，通过向社区设施项目提供直接贷款、贷款担保和赠款，公私合营，改善美国农村社区的公共服务设施——包括但不限于乡村通信设施、电子医疗网络、远程教育网络等。

（二）软性服务的数字化技能培训

社区服务数字化技能培训是帮助数字弱势群体跨越数字鸿沟的有效手段，近年来，国内外均开始逐渐开展针对社区工作者、老年人、身心障碍者群体的数字化技能培训，意在帮助数字弱势群体融入现代生活，真正享受数字时代的科技发展成果。除社区自发组织居民参与外，社区服务数字化技能培训也需要政府部门提供政策法规及资金支持。

中国香港政府资讯科技总监办公室（以下简称资科办）早在 2012 年，

---

① European Network for Rural Development（ENRD）, Smart Villages-How to Ensure that Digital Strategies Benefit Rural Communities, 2018, pp. 4-5.

② European Network for Rural Development（ENRD）, North-Western Kuhmo Village Optical Fibre Cooperative（Finland）, 2017, pp. 1-2.

③ 张敏翀、唐宇：《国际乡村数字化转型建设实践与启示丨WeCity 观察》，腾讯研究院，2021 年 12 月 8 日，https：//baijiahao. baidu. com/s？id=1718522140487720256&wfr=spider&for=pc。

已开始拨款资助非营利机构推出多项活动，提升长者使用数字设备的能力和兴趣。2014～2021 年，资科办推出了四轮“长者资讯及通讯科技外展计划”，为非政府机构提供资助，在专业社工、义工的支持下，鼓励、协助长者使用平板电脑和其他移动设备，帮助他们认识到数字技术可改善生活质量；2019 年，资科办建立了“长者资讯科技学习门户”，方便长者在网上学习更多数码科技知识；2021 年 3 月起，资科办的非营利合作伙伴以试点形式在不同社区设立服务站，主动向长者介绍实用 App，并解答智能手机使用相关问题。①

此外，欧洲地区多国也开展了针对老年人的数字化培训。例如，2018 年 9 月，法国数字国务秘书处启动了以数字融合为主题的“法国国家数字包容计划”（Plan National pour un numérique inclusif in French），其目标是向 150 万人提供有关数字技能方面的支持和培训，其中包括针对老年人的数字技术人员培训、扩大企业对数字技能培训的投资需求等一系列措施；② 德国政府资助联邦老年人工作组（BAGSO-Federal Working Group of Senior Citizens' Organizations eV）开展老年人数字化教育相关项目，通过线上问答平台与线下教学课程相结合的方式，帮助希望学习使用电子产品的老年人。③ 挪威政府卫生部门、芬兰市政局，亦通过与非政府组织的合作，推出了类似项目。

在社区服务数字化技能培训的志愿者招募方面，英国实施了名为“数字冠军”（Digital Champions）的计划，鼓励接受过培训的“数字冠军”激励其他居民接受技能培训并展示如何使用数字技术，方式包括但不限于为数字弱势群体提供一对一支持、在社区中提供 IT 服务等。“数字冠军”的背

① Office of the Government Chief Information Officer, ICT Programmes for the Elderly, 2022. https://www.ogcio.gov.hk/en/our_work/community/ict_programmes_for_elderly.

② Created by Galina Valentinova Misheva, France-National Plan for Digital Inclusion, 2022. https://digital-skills-jobs.europa.eu/en/actions/national-initiatives/national-strategies/france-national-plan-digital-inclusion.

③ Federal Working Group of Senior Citizens'Organizations-Bundesarbeitsgemeinschaft der Seniorenorganisationen, 2020. https://second.wiki/wiki/bundesarbeitsgemeinschaft_der_seniorenorganisationen.

景各不相同——包括非政府组织的成员、志愿者、当地企业或社区组织的成员以及已经掌握了数字技术的老年人等。[①] 新加坡政府则在 2020 年成立了一个新的数字化专项办公室，招募 1000 名“数字大使”走进社区，向摊贩和年长顾客推广电子支付途径，旨在一年内使全国约 1.8 万名摊贩开通二维码支付；为鼓励年长摊贩为顾客提供电子支付方式，政府每月给予 300 新币补贴，为期 5 个月。[②]

四　推动社区服务无障碍数字化发展的建议

（一）建立整体架构

推进社区服务无障碍数字化的发展，国家层面要出台指导性政策，建立起工作的整体架构，明确社区服务无障碍数字化建设与管理的一级责任主体，明确牵头部门、配合部门、管理部门、监督检查部门以及资金来源。各级地方政府以此为指导，统筹财政资金、整合社会力量，进一步细化建设各方职责。例如，民政部和建设部可联合作为牵头部门负责指导性政策的拟定，从软性社区服务和物理服务设施两个维度共同提高社区服务的包容度与覆盖率，对深化物联网、大数据、云计算和人工智能、信息技术在社区服务领域的应用，建设便民惠民的服务圈，提供线上线下相融合的社区服务做出部署；[③] 其他相关部门依据政策提出具体规划和细化措施。其中，包含对技术开发的评估与监管、对数字化弱势群体的普及教育、对数字化技术伴随的安全隐患的监管、对社会资金的引入与联合等。

① AgeUK. Helping Older People Get Online. 2021. https：//www. ageuk. org. uk/our - impact/programmes/digital-skills/.

② 1000 Digital Ambassadors to be Recruited to Help Stallholders，Seniors go Online，2020. https：//www. channelnewsasia. com/singapore/1000-digital-ambassadors-recruit-help-stallholders-seniors-934916.

③ 本刊编辑部、王玉明《努力建设人民群众的幸福家园——国务院政策例行吹风会介绍〈“十四五”城乡社区服务体系建设规划〉》，《中国民政》2022 年第 3 期，第 24~26 页。

（二）制定标准规范

关于社区服务无障碍数字化的建设内容，应通过制定国家法规和地方标准，从实体设施建设、软性服务供给两个方面构建起完整明确的社区服务无障碍数字化具体内容框架。国家应成立或委托相关部门组建全国社区服务工作标准化工作组，以包容无碍、惠及全体为目标，制定智慧社区的系统建设标准与规范。设施建设与服务供给的标准化，一是保证社区服务的质量；二是使社区服务建设能够在标准指导下，形成可集成、可数据共享、可业务协同的动态系统，最大限度实现资源节约与互联互通。以实体设施为例，标准化的社区服务设施不仅能够依托智能感应、智能控制等技术更好地为居民服务，这些技术与服务项目还应形成标准化系统，类似连锁品牌，设立统一的服务标准和质量保障体系，有利于提高运营效率。

（三）平台互联互通

数字技术与社区服务相结合，强调通过应用人工智能、远程监控、机器人等新技术方法，提高社区服务质量，使包括不同程度身心障碍人群在内的所有居民能够在熟悉的环境中生活得更为舒适。而数字技术最大的优势是能够实现数据共享、资源共享，在社区服务无障碍这一目标的实现上，不能扔掉共享、互通这一数字技术所具有的本质优势。各地依据实际情况依托不同的开发团队进行系统模块开发，容易形成信息孤岛。在标准控制基础上，各个数字化模块之间要能够集成、整合；各个地区的数字化服务平台要能够互联互通，进行数据共享、功能对接。数字技术参与到社区服务中，能够有效解决地区差异造成的服务差异，切实缓解实体资源受限地区的医疗、教育等方面的资源缺乏问题，以及服务内容不科学、工作制度不先进、服务方式不合理等问题。

（四）盘活存量资源

我国在不同时期对于社区服务建设从不同方面做了提升，各地区的试点奠定了一定的基础，这些都能够作为继续提升、推进数字化的重要资源，不能废弃。原有社区资源中可以利用的应当被充分设计整合，不能利用的应当被及时清理、腾退，将原有的“不能用”“无人用”的资源充分评估后转化为“好用”“充分使用”，提高实体设施和服务供给的利用效率，从而有效释放空间与劳动力。盘活存量资源的最大益处是对投入资金的有效节约，符合我国双碳目标。在实施方式上，要尊重专业人士的规划与设计，避免对一部分人无障碍对另一部分人有障碍；打破惯性思维，创新解决方式，实体设施与服务供给并非相互独立，而是相辅相成、相互转化，两者既可以相互结合实现最优服务方案，又可以相互替代创新服务方式。

法 治 篇

Rule of Law Reports

B.11
无障碍环境建设检察公益诉讼回顾与展望

邱景辉*

摘　要： 检察公益诉讼是一项推动国家治理体系和治理能力现代化的重大民心工程和人权保障制度。检察机关围绕加强对无障碍环境建设法律实施的监督，公益诉讼案件范围从出行无障碍到信息无障碍再到无障碍环境建设不断拓展，监督办案方式从个案探索到类案监督再到专项行动持续深化，监督办案形态从被动受理到主动监督再到能动履职衔接转化，系统治理目标从完善协作机制到推动地方立法再到优化顶层设计循序渐进，为加快“无障碍环境建设法”的立法进程贡献检察力量。在此过程中，检察公益诉讼作为无障碍环境建设的重要法治保障措施，得到广泛认同和普遍支持，促进自身高质量发展。最后，为促进无障碍环境建设高质量发展，本报告提出：积极推动无障碍环境

* 邱景辉，最高人民检察院第八检察厅副厅长、二级高级检察官。

建设纳入公益诉讼法定领域；尽快出台无障碍环境建设专门法律；积极拓展无障碍环境建设检察公益诉讼范围；加快完善无障碍环境建设标准规范；加大无障碍环境建设监管力度；总结、推广、宣传成熟做法和经验。

关键词： 无障碍环境　公益诉讼　权益保障

2022年4月8日，习近平总书记在北京冬奥会、冬残奥会总结表彰大会上发表重要讲话，强调要积极谋划、接续奋斗，管理好、运用好北京冬奥会、冬残奥会既有场馆设施等物质遗产以及文化和人才遗产，让其成为推动发展的新动能，实现冬奥遗产利用效益最大化。① 特别强调“要弘扬人道主义精神，尊重和保障人权，完善残疾人社会保障制度和关爱服务体系，促进残疾人事业全面发展，支持和鼓励残疾人自强不息”。

2021年5月14日，最高检与中国残联共同举办的“有爱无碍，检察公益诉讼助推无障碍环境建设”专题新闻发布会，首次配套手语翻译，首次全网直播，取得良好效果。2022年5月，最高检积极参与、配合国务院残工委牵头部署的第三十二次全国助残日活动，创新案例发布和检察宣传的内容和形式，于5月12日至16日连续推出以“深度报道+理论文章+典型案例+答记者问+专业点评+特别节目”为主线的普法“套餐”，辅之以各级各地检察机关的“特产”，在各类媒体的帮助支持下，形成一波彰显扶残助残司法保护检察担当和法治正能量的立体效应。特别是，最高检第八检察厅邀请10位人大代表、政协委员、残障人士、专家学者，分别对10个典型案例进行点评。从各方反响来看，提高了检察监督及其法律传播的感染力、认同度、满意率。围绕此次全国助残日“促进残疾人就业，保障残疾人权益”

① 习近平：《在北京冬奥会、冬残奥会总结表彰大会上的讲话》，《人民日报》2022年4月9日，第2版。

的活动主题，央视《今日说法》以自强模范人物为主角，见证检察机关《一路有爱》。央视《法治在线》则以广州黄埔残疾人就业歧视案例为主导，诠释如何《以公益之力助推“无碍”》。公众号“检察号代表委员直通车”和“无障碍智库”分别形成专辑，《方圆》杂志社的《人民监督》杂志推出特刊，对相关精品案例做了总结。2022 年全国助残日活动，让检察系统内外对“检察业务为本，检察文化为要，检察宣传为效”的理念有了更深的理解。广大公益检察官也进一步体会到“检察宣传是监督办案的重要组成”。

本报告以检察宣传为视角，对无障碍环境建设检察公益诉讼进行了系统回顾和展望，为加快“无障碍环境建设法”的立法进程贡献检察力量。

一　无障碍环境建设检察公益诉讼的决策部署

2019 年以来，无障碍环境建设检察公益诉讼，作为最高检牵头落实党的十九届四中全会决定“拓展公益诉讼案件范围”改革举措的民生项目、民心工程之一，经过三年的发展，在北京 2022 年冬奥会和冬残奥会的牵引和推动下，加速提档升级、提质增效。

2021 年 3 月 8 日，第十三届全国人民代表大会第四次会议上的《最高人民检察院工作报告》特别指出，高度重视特殊群体权益保障。会同中国残联推广杭州经验，开展无障碍环境建设公益诉讼，“有爱无碍”让残障人士放心出门。针对“无码老人”出行、消费困难，开展信息无障碍公益诉讼，促请职能部门消除“数字鸿沟”。2022 年 3 月 8 日，第十三届全国人民代表大会第五次会议上的《最高人民检察院工作报告》交出一年的成绩单，最高人民检察院携手中国残联切实加强残疾人司法保护，全面推开无障碍环境建设公益诉讼，立案办理 3272 件，是 2020 年的 6.2 倍。经全国人民代表大会决议批准的《最高人民检察院工作报告》，是检察机关开展无障碍环境建设检察公益诉讼的履职依据，同时也是庄严承诺。可以说，无障碍因公益诉讼而家喻户晓，公益诉讼因无障碍锦上添花。

二　无障碍环境建设检察公益诉讼的发展态势

总体上看，经过几年的探索实践，无障碍环境建设检察公益诉讼呈现三次升级四个发展态势。

（一）公益诉讼案件范围：从出行无障碍到信息无障碍再到无障碍环境建设不断拓展

2020年之前，吉林、内蒙古、广东等一些地方检察机关着眼于整治盲道和窨井盖存在的安全隐患，通过提出诉前检察建议或者提起行政公益诉讼，办理了一批涉及残疾人出行安全的公益诉讼案件，但尚未上升到无障碍环境建设的层面，呈现零敲碎打的局面。2020年最高检制发“四号检察建议”，督促协同住房和城乡建设部、工业和信息化部、公安部、交通运输部、广电总局、国家能源局等部门集中整治窨井盖“脚底下安全”，窨井盖作为出行无障碍中的“非典型”设施问题，在专项监督和综合治理下有序有效彻底解决。2021年，山西检察机关开展的规范窨井盖、无障碍设施建设管理公益诉讼专项工作，辽宁检察机关开展的以窨井盖安全管理和无障碍环境建设为监督重点的“出行保障”公益诉讼专项监督活动，均将窨井盖和无障碍设施分类施策、一体推进。借助贯彻落实“四号检察建议”凝聚的社会共识，推动相关职能部门合力解决与窨井盖关联的无障碍设施问题，充分体现了检察机关的监督智慧。

2020年1月起，杭州市检察院以市人大常委会开展无障碍环境建设专项执法检查为契机，围绕服务保障2022年杭州亚运会、亚残运会，展示浙江“重要窗口”建设成果，在全市部署开展无障碍环境建设检察公益诉讼专项监督行动。杭州检察机关重点针对交通出行、日常生活和办事环境中未配置无障碍设施、设施配置不健全、设施功能发挥受限等突出问题，分类排查发现一批有代表性的违法点，分别向市城管、住建、港航等行政机关发出诉前检察建议，立竿见影地助推杭州无障碍环境提档升级。杭州检察机关通过公益诉讼系统性、体系化推进无障碍环境建设，开创了无障碍环境建设法治保障的先河，值得向全国复制推广。

2020年9月，最高检第八检察厅将“杭州经验”首次在浙江大学承办的第十五届中国信息无障碍论坛上作为成果展示。随后，以贯彻落实工业和信息化部、中国残联联合发布的《关于推进信息无障碍的指导意见》为抓手，指导杭州检察机关于2021年1月起在信息无障碍领域进一步深化公益诉讼专项监督。

各地检察机关也积极稳妥监督纠正“扫码点餐”“绿码通行”“预约就医”等捆绑智能手机、只能电子支付等公益损害问题，共同推动“一键呼救”“老年人模式”“远程手语翻译”等信息交流无障碍举措推广应用。

2021年7月，最高检第八检察厅在哈尔滨举办的第十六届中国信息无障碍论坛上发布了《检察机关无障碍公益诉讼成果展示》，从出行无障碍、信息无障碍、服务无障碍、大型赛事无障碍等领域，展示了北京、山西、辽宁、吉林、黑龙江、上海、江苏、浙江、福建、湖南、广东、四川、云南、甘肃、青海等地检察机关从保障出行安全到完善专门服务、消除数字鸿沟办理的30件无障碍环境建设检察公益诉讼典型案例。

截至2022年5月，全国各省、自治区、直辖市检察机关均办理了无障碍环境建设领域的公益诉讼案件。下一步将重点以肢体、视力、听力、智力、精神残障人士和老年人对无障碍环境的需求为导向，不断拓展无障碍环境公益诉讼案件范围。特别是依据2022年4月1日起施行的《建筑与市政工程无障碍通用规范》，协同住建部门督促相关责任主体严格执行国家强制标准，推动建筑工程领域无障碍环境建设高质量发展。依据2022年5月5日生效的《关于为盲人、视力障碍者或其他印刷品阅读障碍者获得已出版作品提供便利的马拉喀什条约》，以及修正后的《中华人民共和国著作权法》关于“以阅读障碍者能够感知的无障碍方式向其提供已经发表的作品”之规定，加强知识产权检察与信息无障碍、服务无障碍公益诉讼的衔接协作，共同为丰富阅读障碍者的精神文化生活，推动优秀作品国际交流传播，进一步提升我国在国际版权领域的话语权和影响力，展现我国大力发展残疾人事业、充分尊重人权的国际形象贡献检察力量。

（二）公益诉讼监督办案方式：从个案探索到类案监督再到专项行动持续深化

2021年1月14日，最高检第八检察厅将网帖《轮椅上的小仙女重伤住进ICU，背后的原因竟是它》反映残疾人陈小平（网称“瓷娃娃”“轮椅上的小仙女”）乘坐轮椅经过深圳市宝安区新和大道后亭路口时，因人行道无障碍设施缘石坡道被侵占、破坏，导致其从轮椅摔下重伤昏迷（后死亡）的案件线索，逐级交办至深圳检察机关。四级检察院一体化办案，迅速查清事实、认定责任。宝安区检察院把街道办、住建、交通、城管等职能部门约到一起排查走访，推动区政府部署人行道无障碍畅通两年整治行动。深圳市检察院随即在全市部署专项监督，并成功推动地方立法。随后，广东省检察院在全省部署专项行动。自上而下交办案件线索，从个案到类案再到专项，自下而上、层层升级、不断深化的“接力式”监督，广东做出了精准高效的示范。

2020年9月17日，习近平总书记在湖南长沙主持召开基层代表座谈会时，回应全国自强模范、湖南七七科技股份有限公司董事长杨淑亭，作出重要指示：“你提到的无障碍设施建设问题，是一个国家和社会文明的标志，我们要高度重视。”①

2021年9月16日，在习近平总书记对无障碍环境建设作出重要指示的一周年之际，杨淑亭的家乡湖南省城步苗族自治县检察院召开无障碍环境建设公益诉讼公开听证会。杨淑亭在听证会上表示对无障碍出行在身边能够得到落实感到非常欣慰。正是在杨淑亭等人的呼吁下，城步苗族自治县检察院调查核实县城一百多处影响残障人士出行的问题点，其中包括连接县城两岸的民族风貌标志性建筑风雨桥的轮椅通行障碍。听证会后，检察机关向县住建局制发检察建议，推动建立健全动态监管机制。对此，央视《今日说法》

① 张晓松、朱基钗、杜尚泽：《坚守人民情怀，走好新时代的长征路——习近平在湖南考察并主持召开基层代表座谈会纪实》，《人民日报》2020年9月21日，第1版。

专题片《为了公众的利益》之《让爱无碍（下）》，对该案重点做了宣传报道。城步苗族自治县所在的邵阳市，检察机关顺势加大无障碍环境建设专项监督活动力度。这也是“检察监督+新闻监督”相辅相成的典型案例。

而湖南省检察院牵头组织的专项监督，进一步突出了协同共治的基调和主线。2021 年 6 月 4 日，湖南省检察院、省残疾人联合会、省住房和城乡建设厅联合印发《湖南省无障碍环境建设公益诉讼专项监督行动方案》。要求对照相关法律法规规章规定，摸清全省 14 个市州辖区内公共服务场所、公共交通、官方网站等无障碍环境建设的底数，重点检查低位服务台设置，人行天桥和人行地下通道无障碍设施，无障碍停车位设置和保障，机场、火车站、汽车客运站、客运码头、景区等购票取票设施、等候专座和绿色通道，无障碍卫生间、无障碍坡道、扶手等设施，高速公路服务区无障碍服务设施，官方网站无障碍浏览服务，电视新闻栏目配播手语，公共图书馆阅读设备，应急、消防通道无障碍设施，人行道路面平整、窨井盖与地面距离标准及共享单车、电动车、汽车与盲道的合理距离，缘石坡道建设及日常维护和养护，人行道交通信号设施配备过街语音提示装置，无障碍标志设置，占用无障碍设施或者改变用途，残疾人参与必需社会活动的无障碍环境，门票减免制度、无障碍主题公园建设、非特殊岗位就业保障等 17 类无障碍环境建设内容是否存在违法问题，并附《办理无障碍环境建设公益诉讼案件规范指引》，为靶向监督提供了行动指南。三部门协作让专项行动更加有力有效。专项行动的综合报告上报省委、省人大常委会、省政府、省政协，为推动系统治理和地方立法提供了执法司法实践依据。

从全国层面来说，中国残联的推动和支持，对无障碍环境建设检察公益诉讼在各地开花结果、落地生根发挥了至关重要的作用。2021 年 7 月，中国残联和最高检第八检察厅有关同志赴吉林调研，与会各方形成高度共识，进一步明确了方向和重点。随后，吉林省部署开展无障碍公益诉讼专项监督，紧紧围绕残疾人、老年人等特殊群体在交通出行、生活办事、文化需求等方面所面临的现实难题，聚焦国家机关、政务中心、便民服务中心、金融机构、学校、医院、大型商场、体育场馆、养老机构、特殊教育机构等公共服务场所以及城市主要道路、主要商业区和大型居民区等重点场所、重点区域存在的无障碍环境问题开展检察监督，取得显著成效。《人民日报》做了专题报道。最高检也向全国转发了相关调研报告。2020 年以来，最高检会同中国残联赴浙江、北京、湖南、黑龙江、吉林、湖北、河北、福建、江苏等地开展联合调研，在调研单位与省级人大、司法、住建、交通、文旅、残联等部门负责人以及残疾人代表、人大代表、专家学者座谈，了解考察基层经验，广泛听取各方意见建议，为推动无障碍环境建设法律完善积累了宝贵一手资料。

2021 年 12 月 17 日，北京铁路运输检察院就督促北京北站提升无障碍环境建设公益诉讼案举行现场体验式公开听证会。5 名听证员在亲身体验无障碍卫生间、电梯、盲道等设施整改提升情况后，经评议一致认为达到预期效果，同意结案。

通过专题调研和参加案件听证会，从检察机关办理的四千余件无障碍公益诉讼案件来看，绝大多数通过诉前检察建议，在两个月内取得实质性整改成效。实践中，住建、交通、文旅、工信、规划、教育、卫健、体育等负有无障碍环境建设监管责任的职能部门，对检察建议都能认真采纳、积极整改。这是因为行政机关与检察机关坚持以人民为中心、维护公共利益的目标是一致的，容易形成共识。特别是类似无障碍环境建设这样的“九龙治水”难题，的确需要作为国家法律监督机关的检察机关来督促协同、统筹协调、凝聚共识，做到有事好商量，众人的事众人商量，四两拨千斤，激活公益保护制度机制，在各司其职之间堵塞漏洞、消除盲区，增强系统治理、源头治理的合力。同时，正是有了与诉前程序相衔接的诉讼程序，增强了诉前检察建议的刚性。一旦被起诉，大则影响当地文明城市创建，小则影响被告单位的绩效考核。这样的制度设计，既保证解决问题的高质高效，也避免滥诉和诉累，为破解“公地悲剧”难题贡献了中国方案和中国智慧。

（三）公益诉讼监督办案形态：从被动受理到主动监督再到能动履职衔接转化

随着公众参与公益诉讼的积极性、主动性不断增强，12309 检察服务中心和“益心为公”检察云平台受理，以及残联组织移送，或者人大代表、政协委员、人民监督员转交的无障碍环境建设检察公益诉讼案件线索数量稳中有进，成案率进一步上升。

2022年5月13日，最高检与中国残联发布残疾人权益保障检察公益诉讼典型案例，有志愿者转发“抖音”微视频反映“北京郊野公园工作人员拒绝盲人带导盲犬入内”。依据2021年11月1日起施行的《北京市无障碍环境建设条例》第三十三条“视力残疾人持视力残疾人证、导盲犬工作证可以携带导盲犬进入公共场所、乘坐公共交通工具，有关单位和个人不得拒绝”，该行为涉嫌违法，北京检察机关开展调查核实。

2022年5月22日，中国助残志愿者协会转来视频反映，南京江宁一家超市的出入口与电梯间相连处，为防止超市购物车推进电梯，在电梯间出入口特意设置了两个超大型的户外用的“阻挡墩”，原本有直梯的无障碍通道，变成了有障碍通道，不仅阻挡了购物车，而且阻挡了所有人的正常通行。5月24日，公众号“无障碍智库”转发《不要让“阻挡墩”阻挡社会文明进步的步伐》，进一步引发社会关注和谴责。对此，江苏检察机关开展调查核实。

2022年5月27日，有志愿者转发文章《北京这座过街天桥，有电梯却不能用，为哪般?》反映，丰台区马家堡东路和北京南站路交叉路口一座天桥，电梯不启用，让天桥的利用率大打折扣。志愿者提出，参照最高检和中国残联发布的“上海市徐汇区人民检察院督促履行人行天桥无障碍设施建设监管职责行政公益诉讼案”，请检察机关管一管，让电梯发挥应有的无障碍设施作用。对此，北京检察机关开展调查核实。

以上被动受理的案件线索充分说明，民有所呼、我有所应，着力解决人民群众的操心事、烦恼事、揪心事，是检察公益诉讼的履职常态。同时进一步证明，检察公益诉讼典型案例的普法宣传教育功能正在潜移默化，社会治理共同体中的公众参与将有力推动检察机关监督办案提质增效。

至于主动监督，在无障碍环境建设检察公益诉讼中尤为显著，也是最高检和各地检察机关部署开展专项行动的写照。同时，个案探索和类案监督，也需要检察机关主动谋划和推进。

2022 年 5 月 15 日全国助残日当天播出的《今日说法》之《一路有爱》中，有一段最高检第八检察厅办案组成员在清华大学无障碍发展研究院专家陪同下，实地考察圆明园遗址公园无障碍设施改造工程的镜头。呈现的回纹砖、铜色盲道钉、铜色拉丝不锈钢栏杆、可移动卷帘坡道等无障碍设施，既符合现行规范标准尺度，又结合古建筑环境特色进行了文化创新，是北京展示无障碍环境建设成果的经典样板。

对文物保护单位进行无障碍环境改造，有着巨大的现实需求，但也困难重重。改造既要严格遵守《文物保护法》，又要满足接近旅游景区环境的需求。最高检第八检察厅始终关切这项需要技术与艺术完美融合的民生工程。在 2021 年发布的无障碍环境建设检察公益诉讼典型案例中的“江苏省宝应县人民检察院督促规范文物保护单位、英烈纪念设施无障碍环境建设行政公益诉讼案”，就是在第八检察厅精准指导下进行的实践探索。宝应县检察院邀请县政协委员、残疾人代表到周恩来少年读书处体验新建的无障碍设施，践行了体验式办案的标准流程。当地检察机关结合办案与文旅、退役军人事务等部门会签《关于加强文物保护单位（革命文物点）、英雄烈士纪念设施无障碍设施建设实施意见》。

文化旅游行业的无障碍环境建设，也是有必要主动监督的民生问题。2021 年 6 月，湖南省以郴州莽山五指峰景区无障碍环境建设成果带动全省旅游无障碍环境建设。最高检第八检察厅、中国残联等单位的人员专程赴莽山指导郴州两级政府及相关职能部门与检察机关加强协同协作，全程体验五指峰无障碍设施，现场提出改进建议。《检察机关无障碍公益诉讼成果展示》中的“全面提质无障碍山岳型景区”，专门介绍了郴州检察机关监督保障莽山五指峰景区无障碍设施安全的典型案例。旅游景区，包括大型游乐场的电梯、客运索道、提升机、爬楼机等无障碍设施特种设备安全问题，已纳入旅游无障碍检察公益诉讼的监督重点。将结合贯彻落实国际标准《无障碍旅游要求与建议》以及国家市场监管总局和中国残联联合发布的《关于推进无障碍环境认证工作的指导意见》，进一步做实、做出成效。

无障碍环境建设很难通过单一部门的职责履行得以实现，需要全社会关注。根据“福建省晋江市人民检察院督促保障残疾人就业行政公益诉讼案”，民众期待全国检察机关都能通过学习这个案例，以“我管”促“都管”，整治乱象，保障盲人按摩师和盲人按摩机构的合法权益。以“我管”促“都管”，就是能动履职的要义。加强和创新社会治理，完善社会治理体系，对无障碍环境建设检察公益诉讼的能动履职提出新的更高要求。

盘点无障碍环境建设中的“硬骨头”和“老大难”，机场无障碍作为复杂的系统工程和国际示范窗口，一旦返工重建将造成国家财政巨额损失；无障碍卫生间关系每个残疾人最基本生活需求，不达标问题屡禁不止、屡教不改，应当进行溯源治理。浙江省检察院围绕杭州萧山、宁波栎社和温州龙湾等省内3座千万级枢纽机场的无障碍环境问题，作为自办案件开展调查取证，共发现问题点90处。省检察院专门听取省残联的意见建议，与相关行政机关积极沟通，本着双赢多赢共赢的理念，于2021年6月1日召开相关职能部门和企业参加的磋商会，推动各家齐抓共管、系统治理。福建省也高度重视无障碍环境建设，特别是机场新建改建工程的无障碍环境建设

（四）公益诉讼系统治理目标：从完善协作机制到推动地方立法再到优化顶层设计循序渐进

检察公益诉讼通过程序启动功能和督促、协同、兜底作用，激活促进相关治理主体更好履职、各项治理机制更协调充分发挥作用，共同努力把无障碍法治环境建设打造成新时代科学立法、严格执法、公正司法、全民守法的成功典范，确保无障碍环境建设在法治轨道上实现高质量发展。

以“杭州经验”为例。检察机关的专项行动助推相关职能部门建立健全协作机制。2020年9月29日，杭州市人民检察院与杭州市无障碍环境建设领导小组办公室联合印发了《关于强化检察公益诉讼职能服务保障无障碍环境建设的十一条意见》，推进“行动计划”落地落细落实，筑牢行政与检察合力保护公益屏障，明确职责分工，加强协调联动，突出重点区域领域，推动建立地方标准，加大违法惩戒力度，科技赋能信息交流，强化办案协作，建立日常机制，联动调研宣传。

相关实践经验和制度成果在2021年10月1日起正式施行的《杭州市无障碍环境建设和管理办法》中得到确认和巩固，特别是第十二条规定，"市、区、县（市）人民政府及其有关部门、企业事业单位、社会团体以及个人应当支持和配合检察机关依法开展的无障碍环境建设领域公益诉讼工作""市、区、县（市）人民政府及其有关部门应当及时对无障碍环境建设和管理相关检察建议和司法建议进行书面反馈"。

2021年2月25日，深圳市人民检察院印发《关于全面开展深圳市无障碍出行设施专项检察监督的通知》，要求根据《深圳市无障碍环境建设条例》（已于2021年12月7日废止）等法律法规，重点监督无障碍出行设施的规划、建设、管理是否符合国家安全标准，是否影响残障人士安全通行问题。这次专项检察监督直接推动了地方立法。2021年9月1日起施行的《深圳经济特区无障碍城市建设条例》第六十一条对无障碍环境建设检察公益诉讼做出了明确规定，这是全国首个由地方性法规专门设立的无障碍环境建设检察公益诉讼条款。

杭州和深圳的基层创新得到了广泛认可。2021年8月1日发布的《无障碍环境建设条例》实施第九年综述，专门一部分介绍"权益保障，探索公益诉讼的司法实践"："一年来，'无障碍立法''公益诉讼'成为'全国两会'和我国无障碍环境建设推进中的关注热点。"2022年7月28日，最高检第八检察厅在第十七届中国信息无障碍论坛暨全国无障碍环境建设成果展示应用推广活动上，介绍了检察公益诉讼对《马拉喀什条约》在中国统一正确实施的监督保障。此次论坛发布的《无障碍环境建设条例》颁布实施十周年综述，充分肯定"全国各级检察机关广泛开展无障碍环境建设检察公益诉讼，推动无障碍环境建设基层自治和行业自律，督促政府职能部门依法履职，确保法律法规得到统一正确实施"。最高检制发《关于积极稳妥拓展公益诉讼案件范围的指导意见》，指导各地从特殊群体权益保障等新领域切入，开展检察公益诉讼。最高检会同中国残联联合发布以杭州模式和深圳案件为代表的十大无障碍公益诉讼典型案例，总结推广典型经验，带动其他行业进一步提升无障碍环境建设水平。最高检将无障碍环境建设的实施与监督依法依规纳入整体公益诉讼，通过无障碍的“小切口”，充分展示了为民办实事的“大作为”。

2022年，地方立法先行先试又有新的进展和成果。2022年6月8日，《新疆维吾尔自治区人民代表大会常务委员会关于加强新时代检察机关法律监督工作的决议》发布施行。其中明确要求检察机关应当积极稳妥推进公益诉讼检察工作，推动无障碍环境建设等新领域案件的公益诉讼工作。这是全国首个明确授权检察机关开展无障碍环境建设领域公益诉讼工作的省级地方立法。

在省级地方政府规章方面，《江苏省无障碍环境建设实施办法》于2021年12月14日经省人民政府第95次常务会议讨论通过，自2022年3月1日起施行。其中第四十四条规定：“县级以上地方人民政府及其有关部门应当积极配合无障碍环境建设领域检察公益诉讼工作，依法落实无障碍环境建设的检察建议。”在对行政机关提出“积极配合”“依法落实”要求的同时，也突出强调了检察建议的监督方式和办案质量。

三　无障碍环境建设检察公益诉讼的出发点和落脚点

党的十九届四中全会决定将“拓展公益诉讼案件范围”作为“加强对法律实施的监督”的重大改革举措，旨在通过监督保障相关法律的统一正确实施，增强法律措施之间的耦合协同，激活沉睡的法律条款，弥补“九龙治水”的衔接疏漏，以能动司法推动解决立法供给相对不足或者滞后的治理难题，最大限度维护国家利益和社会公共利益，最终需要通过立法确认完成改革任务，形成闭环。

经过几年的实践探索，2022年起最高检将无障碍环境建设单独作为一个重点新领域进行专门部署，加强综合保护、系统治理，并强调公益诉讼检察办案要把新类型案件办理中遇到的问题梳理出来，为立法提供坚实的实践依据。基于此，加强无障碍环境建设法治保障，作为无障碍环境建设检察公益诉讼的出发点、落脚点，需要检察机关久久为功、善做善成。无障碍环境建设只有全面融入国家综合立体交通网、数字中国、老龄工作、信息化发展、基本公共服务等相关规划与具体实施，才能促进无障碍环境建设全面发展。

2022 年 5 月 15 日的全国助残日以“促进残疾人就业，保障残疾人权益”为主题，充分体现就业对于残疾人保障和发展的极端重要性。检察机关监督保障《残疾人就业条例》的统一正确实施，以贯彻执行国务院办公厅《促进残疾人就业三年行动方案（2022—2024 年）》为契机，及时发现并纠正针对残疾人的就业歧视，改善促进残疾人就业的无障碍环境，共同推动国家对残疾人就业的支持政策，包括残疾人集中就业、就业培训、就业服务的扶持奖励政策，残疾人自主创业和企业吸纳残疾人就业补贴奖励支持政策，残疾人就业税费减免政策等落地落实。特别是，以保障盲人医疗按摩人员的合法权益、规范盲人医疗按摩活动作为残疾人就业保障领域公益诉讼的切入点和着力点，发挥盲人医疗按摩作为残疾人就业创业典范的引领作用，多渠道、多形式促进残疾人就业创业。

无障碍环境就像空气和水，与每个人密切相关。无障碍环境是物理环境，帮助有需要者及时正确有效地感知客观世界，增强自信、实现自力、享受自由。无障碍环境是心理环境，让每个人不受歧视，公正获得平等机会，感受文明、和谐、公正、诚信、友善的力量。无障碍环境是人文环境，是法治环境，不能逃离，无法隔离。依靠全社会更快、更高、更强、更团结的拼搏努力，共同打造高质量的无障碍环境，一定能拉动内需、刺激消费、促进就业、带动康复、完善教育、改善生活，形成良性循环，让每个人在法律的护航下安居乐业、全面发展、共同富裕。

2022 年，无障碍环境建设检察公益诉讼在整体推进中突出就业、无障碍就业、就业无障碍。检察机关将充分发挥检察公益诉讼职能的预防功能，将残疾预防融入生态环境和资源保护、食品药品安全、国有财产保护、未成年人保护、军人地位和权益保障、安全生产、妇女权益保障、无障碍环境建设等相关领域，监督保障《国家残疾预防行动计划（2021—2025 年）》的贯彻执行，协同各方力量，推动遗传和发育、疾病、伤害致残防控及残疾康复服务各项任务有效落实，更好地保障人民群众生命安全和身体健康，提高全民族健康素质，促进经济社会高质量发展。

四　促进无障碍环境建设高质量发展的建议

经过基层首创和探索并在全国开展无障碍环境建设检察公益诉讼的个案监督、类案监督、专项监督是实践证明比较成熟的经验和行之有效的做法，凝聚检察机关公益诉讼检察力量，发挥一体化办案优势，为无障碍环境建设提供了司法保障，有效维护了残疾人、老年人等弱势群体的合法权益。为解决公益诉讼发现的无障碍环境建设问题，进一步促进无障碍环境建设高质量发展，提出如下建议。

（一）积极推动无障碍环境建设纳入公益诉讼法定领域

无障碍环境建设不仅事关残疾人、老年人等弱势群体的权益保护，而且惠及全体社会成员。把无障碍环境建设检察公益诉讼纳入公益诉讼法定领域的时机和条件已经比较成熟。在地方立法中已经有所突破，并且取得良好经验和效果。《深圳经济特区无障碍城市建设条例》率先将无障碍环境建设纳入公益诉讼范围，明确规定残疾人联合会、妇女联合会、共青团等群团组织可以依法提起民事公益诉讼，人民检察院可以向行政机关提出检察建议或向人民法院提起行政公益诉讼。《杭州市无障碍环境建设和管理办法》规定，人民政府及其有关部门、企业事业单位、社会团体以及个人应当支持和配合无障碍环境建设公益诉讼工作。《珠海经济特区无障碍城市建设条例》规定，残疾人联合会、妇女联合会、共青团等群团组织应当将公益诉讼案件线索转交人民检察院依法办理，并根据实际需要提供必要的协助。建议积极推动无障碍环境建设公益诉讼双向入法，把公益诉讼作为保障措施纳入无障碍环境建设立法，把无障碍环境建设作为公益诉讼事项纳入公益诉讼立法，明确起诉主体和范围。

（二）尽快出台无障碍环境建设专门法律

国务院颁布的《无障碍环境建设条例》（以下简称《条例》）已经实

施十周年，各地也相继出台了配套法规。《条例》的贯彻实施取得了明显效果，也积累了很多宝贵经验和做法。但我们在调研中发现，《条例》的层级较低，多于倡导、少于强制，多于软性、少于硬性，影响到无障碍环境建设的法律保障力度，需要提高《条例》的法律层级，明确政府、企业事业单位、社会组织、高等院校、科研机构等单位以及公民在无障碍环境建设中的刚性责任和义务，要赏罚严明，特别是加大对违法者的惩戒力度，提供强有力的执法依据。广大基层无障碍环境建设和管理工作者积极呼吁国家尽快出台“无障碍环境建设法”。理论界的专家学者也纷纷发表论著，通过大量论证，提出了无障碍环境建设立法的可行性、必要性、紧迫性。很多全国人大代表、政协委员也多次提出了为无障碍环境建设立法的建议。推进无障碍环境建设立法是落实习近平总书记关于无障碍环境建设重要指示的实际行动，是贯彻“以人民为中心”发展思想、回应社会各界呼声关切的重要举措，也是改善社会人文环境、推动共同富裕的迫切要求。建议将无障碍环境建设散落在各个法律法规中的相关规定整合并形成系统完善的专门法律或基础法律，增强法律法规之间的衔接性；建立综合协调机制，形成合力；明确无障碍环境建设范围和整改期限，同时增加豁免条款，进一步提升可操作性；明确相关主管部门的责任，厘清各个环节的责任主体，以及明确拒不进行无障碍环境建设、改造和管理的法律责任，让法律“长出牙齿”。

（三）积极拓展无障碍环境建设检察公益诉讼范围

依据最新颁布的《建筑与市政工程无障碍通用规范》全文强制性国家标准，按照“系统抓、抓系统”的思路，本着“天下无讼、以和为贵”的价值追求，坚持“和风细雨、为民服务”的办案理念，在解决无障碍环境建设“有没有”“好不好”的同时，把无障碍设施整改拓展到包括居家、社区、交通、道路、建筑等系统的物理空间。围绕贯彻落实国家关于适老化改造、预防疾病、消除数字鸿沟等法律政策，增强检察公益诉讼的预防功能，弥补无障碍信息交流薄弱的不足，强化无障碍社会服务不足的弱项，促进无障碍环境建设的系统治理和有效解决。

（四）加快完善无障碍环境建设标准规范

无障碍环境建设需要法治保障以及政府和社会各界的高度重视、共同参与，它是一项专业性、技术性很强的工作，更需要有完善的标准、规则进行规范和引导，否则无障碍环境建设就不能更好地满足人们生活需要。要充分发挥政府部门、高等院校、科研机构的智力优势，结合城乡和各行各业特点，在国家法律法规指导下，细化无障碍环境建设地区和行业标准、导则等强制性规范，为做好无障碍环境建设提供有力的技术支撑。有关部门和单位要把贯彻无障碍环境建设标准规范作为建筑施工和信息化建设验收的基本标准，实行一票否决制，确保无障碍环境建设各项标准、规则落到实处，不断提高无障碍环境建设人性化、标准化、法制化水平。

（五）加大无障碍环境建设监管力度

一是要加强行政监管。各级政府有关部门要认真履行无障碍环境建设和监管责任，严格行政执法，加强事前把关、事中监管、事后检查验收，确保无障碍环境建设各项法律法规落实到位。二是要加强检察监督。大力推广和普及无障碍环境建设检察公益诉讼制度。从调研情况来看，公益诉讼对于纠正行政机关在无障碍环境建设中的不作为、慢作为、乱作为等现象，具有立竿见影的推动作用，可以起到事半功倍的效果。这是检察机关为群众办的一件大好事。要总结推广先进经验做法，在全国各地推广普及这一好的做法。三是加强人大监督。要把无障碍环境建设法律法规执行情况纳入各级人大监督内容，纳入政府述职内容，常抓不懈。四是要广泛开展社会监督。要建立群众监督员队伍，设立并公布举报电话、邮箱，广泛收集无障碍环境建设违法线索，对违法者依法加大惩戒、整改力度。

（六）总结、推广、宣传成熟做法和经验

最高人民检察院和省级检察院应加大对各地办案经验的总结提升，分领

域、分阶段编发典型案例，为基层办案提供指导和参考。受经济条件、地方立法等因素的影响，各地无障碍环境建设水平参差不齐，需要加强统筹和指导，因地制宜借鉴典型案例、创新基层治理经验。加强宣传，采取多种喜闻乐见的形式宣传无障碍公益诉讼开展情况和成效，可以提高社会公众对无障碍环境建设的认知水平、维护意识和参与能力，聚集社会公众力量，持续扩大线索来源，助力公益诉讼整体效能提升。

B.12
无障碍信息交流立法需求与建议

王 莉 丁丽婷*

摘 要： 数字技术快速发展，全面融入经济社会发展各领域全过程，深刻改变了人们的生产生活方式。如何促进我国无障碍信息交流发展，解决残疾人、老年人等障碍人群获取和使用信息困难问题，便利全体人民共享信息革命发展红利，是我国发展中的必答题。本报告系统梳理无障碍信息交流的基本概念，明确无障碍信息交流的建设范围和重点受益群体，深入分析我国无障碍信息交流建设取得的进展和存在的问题，充分调研重点受益群体面临的信息交流障碍，汇总政府部门、行业专家及企业单位对无障碍信息交流立法的建议，系统研究我国无障碍信息交流立法进程，总结国际组织和典型国家的立法经验，最后提出对无障碍信息交流立法的意见建议。

关键词： 无障碍信息交流 数字技术 数字鸿沟

一 无障碍信息交流的基本概念

（一）无障碍信息交流的定义

“无障碍信息交流”是“无障碍”必不可少的组成部分，重点关注不

* 王莉，博士，中国信息通信研究院产业与规划研究所高级工程师，研究领域为数字鸿沟、信息无障碍；丁丽婷，中国信息通信研究院产业与规划研究所工程师，研究领域为数字适老化、信息无障碍。

同人群在任何情况下交换和共享信息时机会和成本的平等性、一致性问题。参考联合国、国际电信联盟（ITU）、经济合作与发展组织（OECD）等国际组织对信息公平、信息平等的相关条款内容，给出“无障碍信息交流”的定义。

联合国《残疾人权利公约》提出，“无障碍”指为了使残疾人能够独立生活和充分参与生活的各个方面，缔约国采取适当措施，确保残疾人在与其他人平等的基础上，无障碍地进出物质环境、使用交通工具、利用信息和通信。ITU、OECD 等国际组织对电信普遍服务内容界定基本一致，即让所有人在任何地方都能以可承担的价格享受电信服务；信息公平指社会主体不因种族、民族、性别、年龄、职业、阶层等不同，在信息资源的获取、分配、利用过程中具有不平等地位；信息平等是在信息资源获取权利和机会上表现出的平等关系，侧重信息主体在资源获取或分配上的均等无差别状态，在信息社会中打破某些人或集团对信息资源的恶意垄断，为每个信息主体提供平等享有信息的机会。

综上，我们给出“无障碍信息交流”的定义，“无障碍信息交流”是指任何人（包括残疾人和健全人，年轻人和老年人）在任何情况下都能平等、方便、无障碍地交流、获取、使用信息。

（二）无障碍信息交流的建设范围

根据信息交流理论可知，信息交流离不开信源、信道、信宿和信息，主要包括信息形式/内容、信息传递媒介和信息交流场景。根据信息交流理论，圈定无障碍信息交流的建设范围，如图 1 所示。

（三）无障碍信息交流的重点受益群体

无障碍环境受益群体为全体社会成员，重点受益群体是因残疾、年老、年幼、生育、疾病、意外伤害等致使身体机能永久或短暂丧失或缺乏，面临行动或感知障碍的人员及其同行的陪护人员。广义的无障碍信息交流并非为特定群体服务，而是实现所有人的信息平等，保障全体人民获取、使用信息

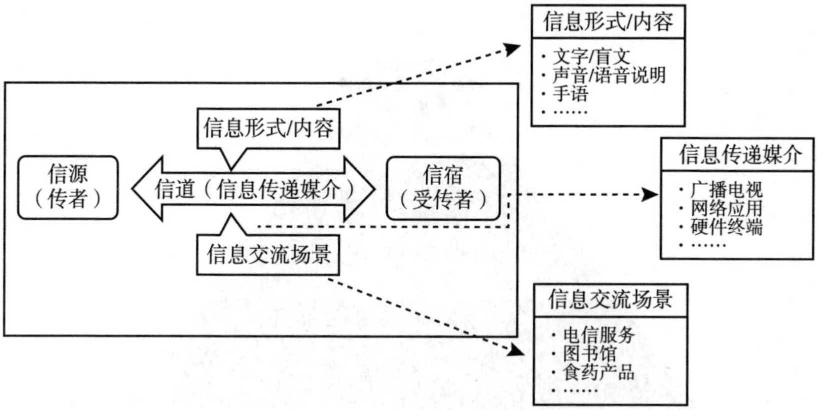

图 1　无障碍信息交流的建设范围

的权利。国际社会上，越来越多的国家主张使用通用设计理念代替原有无障碍理念。但在无障碍信息交流建设的实践中，一些特定群体由于身体、环境等方面的限制存在较大信息障碍。因此，当前形势下，无障碍信息交流建设工作主要围绕解决特定人群的信息障碍展开，将这类群体界定为无障碍信息交流重点受益群体。根据群体的障碍原因不同，可分为以下两类。

残疾人：由于感觉器官等部分身体机能缺陷，在信息获取与使用的过程中存在感知渠道受限、操作困难、信息处理能力低、处理速度慢等问题。其中，视障人群和听障人群是无障碍信息交流重点聚焦群体。

老年人：由于年龄增长而身体机能衰退，通常遇到的障碍与残疾人的问题相似，并且老年人群体信息技能相对缺乏，对数字化产品的学习使用能力不强，存在对信息真实性的辨识能力较弱等问题。

从我国目前情况来看，残疾人和老年人是获取和使用信息最困难的人群，是无障碍信息交流建设工作关注的重中之重。如何让残疾人、老年人和健全人、年轻人一样能使用、会使用、使用好手机、互联网等现代信息工具，提升他们的生活质量，是当前无障碍信息交流建设工作的重心。

（四）无障碍信息交流的意义

无障碍信息交流是全面建设信息社会的必然要求。从信息社会发展角

图 2　无障碍信息交流重点受益群体概念界定

度，我国在“跑得快”层面发展强劲，但如何让信息技术发展惠及全体人民，实现“跑得齐”的问题，还未得到完全解决。残疾人、老年人、偏远地区的人难以享受技术进步带来的便利。截至 2021 年 12 月，我国非网民规模为 3.82 亿人，不上网的主要原因是使用技能缺乏、文化程度限制和没有上网设备。[①] 我国互联网快速发展，越来越多人享受着数字红利，如果忽视了庞大的信息障碍群体，他们就会在信息社会中被边缘化，甚至被抛弃。只有不断提升全社会无障碍信息交流建设意识，利用信息技术突破信息壁垒，才有可能缩小“数字鸿沟”，让信息障碍群体可以共享信息化发展的数字红利，平等参与到社会活动中。

无障碍信息交流是补齐民生短板的重要措施。残疾人、老年人、偏远地区居民、文化水平差异群体是无障碍信息交流建设的重点面向人群。即使是健全人，随着年龄、环境、技术的变化，也会面临信息障碍问题。《中国残

① 中国互联网络信息中心：第 49 次《中国互联网络发展状况统计报告》。

疾人事业研究报告（2018）》和中国残联等机构数据显示，我国现在残障群体人数已经超过 8500 万人，占比为 6.09%，涉及全国 1/5 家庭，关联 2.6 亿家庭人口。其中视障群体人数已达 1700 万人，听障人群超过 2400 万人。第七次全国人口普查数据显示，我国 60 岁及以上老年人口达 2.64 亿人，他们在信息获取、信息使用上存在许多障碍。开展无障碍信息交流建设工作，是帮助残疾人、老年人等群体享受民生服务、补齐民生短板的重要举措，深刻体现了党和国家对残疾人、老年人等群体的关怀，彰显了党和国家为人民谋幸福的根本宗旨。

无障碍信息交流是拉动我国信息消费与经济发展的新力量。近年来，数字经济日益成为带动我国国民经济发展的关键力量。无障碍信息交流建设是扫清残疾人、老年人信息消费的客观障碍、释放内需、推动数字经济增长的重要力量。我国银发经济日益发展，中老年人成为日常消费的主力军，此外，开展无障碍信息交流建设催生的新产品和新业态也能为我国数字经济的高质量增长以及国民经济的健康发展注入新活力。

无障碍信息交流是保障就业与巩固脱贫成果的有效手段。不能使用信息化工具和互联网，会导致很多残疾人就业更加困难。截至 2020 年底，我国就业年龄的持证残疾人有 1694.8 万人，劳动参与率仅为 50.8%。开展无障碍信息交流建设、研发推广无障碍信息交流产品、开展网站和应用的无障碍改造，可以为残疾人接受教育、提高职业技能与创业就业能力创造更多机会。同时，随着无障碍信息交流建设推进，残疾人能够在各行各业中贡献自己的力量，甚至通过远程办公、电子商务实现居家就业，缩小收入等方面的差距，助力巩固脱贫攻坚成果。

无障碍信息交流是应对突发公共事件的迫切需求。新冠肺炎疫情让人们更加意识到互联网等现代信息技术与信息服务的重要性。全民抗击新冠肺炎疫情行动中，信息技术在人群监测、疫情宣传、线上购买物资等防疫措施中发挥了巨大作用。但我国还有 4 亿名左右老年人、残疾人、偏远地区居民等群体，尤其是空巢、失能及患有慢性疾病等的老年人、残疾人更是疫情的易感、易重人群。他们获取信息时存在滞后性和片面性，居家隔离时无法线上购买必需品。新冠肺炎疫情这类突发公共事件，更加反映出我国推进无障碍信息交流工作、保障人民群众生命安全的迫切性。

二　我国无障碍信息交流建设取得的进展

（一）政策法规

近年来，互联网等信息技术快速发展，智能化服务得到广泛应用，我国高度重视老年人、残疾人面临的“数字鸿沟”问题，密集出台了多项政策，推动无障碍信息交流建设。

无障碍信息交流顶层制度体系不断完善。随着我国老龄化程度加深和疫情防控常态化的影响，数字化发展背景下弱势群体合法权益保障工作的重要性不断提升。党中央、国务院高度重视老年人、残疾人等群体在运用智能技术方面遇到的困难问题。2020 年 11 月，国务院办公厅印发《关于切实解决老年人运用智能技术困难的实施方案》，提出要持续推动充分兼顾老年人需要的智慧社会建设，坚持传统服务方式与智能化服务创新并行，让老年人在信息化发展中有更多获得感、幸福感、安全感；[1] 2021 年 7 月，国务院印发《“十四五”残疾人保障和发展规划》，明确提出要加快发展无障碍信息交流，将信息无障碍作为数字社会、数字政府、智慧城市建设的重要组成部分，加快普及互联网网站、移动互联网应用程序和自助公共服务设备无障碍；2021 年 11 月，中共中央和国务院发布《关于加强新时代老龄工作的意见》，提出要加快推进老年人常用的互联网应用和移动终端、App 适老化改造，实施“智慧助老”行动，加强数字技能教育和培训，提升老年人数字素养。[2] 我国弥合“数字鸿沟”、推进无障碍信息交流发展的顶层制度体系

---

① 《关于切实解决老年人运用智能技术困难的实施方案》，中国政府网，http：//www. gov. cn/zhengce/content/2020-11/24/content_ 5563804. htm。

② 《中共中央　国务院关于加强新时代老龄工作的意见》，中国政府网，http：//www. gov. cn/zhengce/2021-11/24/content_ 5653181. htm。

不断完善。

行业主管部门立足自身职责积极推进配套政策制定。为贯彻落实党中央、国务院的重要决策，各行业主管部门纷纷制定政策文件，推动解决老年人、残疾人在运用智能技术方面遇到的困难。2020 年，工业和信息化部联合中国残联出台了《关于推进信息无障碍的指导意见》，着重消除信息消费资费、终端设备、服务与应用三方面障碍，完善基础设施建设，增强产品服务供给，补齐信息普惠短板。[①] 工信部陆续发布了《互联网应用适老化及无障碍改造专项行动方案》《关于切实解决老年人运用智能技术困难便利老年人使用智能化产品和服务的通知》《关于进一步抓好互联网应用适老化及无障碍改造专项行动实施工作的通知》等政策文件，助力老年人、残疾人等重点受益群体平等便捷地获取、使用互联网应用信息。中央网信办发布《提升全民数字素养与技能行动纲要》，推动开展数字助老助残行动，促进老年人、残疾人等特殊群体数字技能稳步提升。金融、交通、医疗等领域也对消除老年人、残疾人等群体面临的数字鸿沟问题做出了规定和要求。

（二）基础电信服务

随着“宽带中国”战略与电信普遍服务试点工作持续推进，光纤宽带网络和移动 4G 网络在农村地区深度覆盖，越来越多的农村居民能够享受到普惠、优质的电信服务。

信息基础设施建设不断完善。城乡区域性数字鸿沟显著缩小，中国贫困地区通信难问题已得到历史性解决。2015 年以来，工信部联合财政部先后组织实施了八批电信普遍服务试点项目，支持全国超过 13 万个行政村光纤宽带建设和 6 万个 4G 基站建设，[②] 在数字减贫中发挥了重要作用。截至

① 《工业和信息化部　中国残疾人联合会关于推进信息无障碍的指导意见》，中国政府网，http：//www. gov. cn/zhengce/zhengceku/2020-09/23/content_ 5546271. htm。

② 《我国行政村全面实现“村村通宽带”》，工业和信息化部官网，2021 年 12 月 30 日，https：//www. miit. gov. cn/xwdt/gxdt/sjdt/art/2021/art_f093e67f871b4c60bda69de8ef03a677. html。

2020年底，我国行政村光纤和4G覆盖率均已超过99%，光纤宽带下载速度超过100MBps，与城市“同网同速”。2021年4月第七批电信普遍服务试点项目启动实施，重点解决农村公共服务机构、30户以上自然村等区域4G网络覆盖问题。截至2021年11月底，我国现有行政村已全面实现“村村通宽带”。良好的网络接入条件带动农村互联网应用普及，截至2021年12月，我国农村网民规模为2.84亿，农村地区互联网普及率为57.6%，[①] 城乡互联网普及率差距进一步缩小，为广大农村地区群众同步享受信息化社会带来便利。

电信服务更加便利普惠。通信资费方面，近年来，国务院、工信部、中国残联相继出台多项相关政策，鼓励、引导电信业务经营者为残疾人、老年人提供更优惠的资费方案，促进其平等方便获取信息。各省市先后出台信息消费优惠方案，畅通优惠办理渠道，扩大资费优惠宣传，已有超过20个省份出台了信息消费补贴的通知及办法。传统电信服务方面，运营商坚持传统服务与智能化服务创新并行，在线下营业厅设立爱心专区，提供一键呼入客服服务。目前此功能已累计为超过7000万名老年用户提供便利。

（三）互联网应用

互联网给人们购物、出行、就医等各方面带来极大便利。为让老年人享受互联网带来的便捷，2020年12月，工信部在全国范围内启动互联网应用适老化及无障碍改造专项行动，立足老年人使用习惯和需求，重点指导与老年人生活密切相关的互联网网站和移动互联网应用（App）开展适老化及无障碍改造，围绕新闻媒体、交通出行、社交通信、生活购物、搜索引擎、金融服务等高频事项场景实现重点突破，取得积极成效。

公共服务网站适老化进程提速。政务类网站适老化建设普及率大幅提升。800多个政府单位完成信息无障碍服务平台建设，实现无障碍功能的网站数量超过3万个。例如，北京市政府门户网站上线语音朗读、语音导航、页面放大等功能。公共服务网站适老化进程提速。452家网站通过适老化及

① 中国互联网络信息中心：第49次《中国互联网络发展状况统计报告》。

无障碍水平评测，推出字体大小调整、语音阅读等功能，老年人使用网络的需求得到基本保障。例如，12306 网站上线一键拨打电话订票、语音识读等功能。

移动互联网应用适老化改造效果显著。国内互联网企业积极开展 App 的适老化及无障碍改造工作，近百款 App 推出了大字体、大图标、高对比度、功能界面简洁的长辈模式，实现一键操作、语音旁白等多种辅助功能。新闻资讯方面，图文场景下，今日头条、腾讯新闻关怀版推出语音阅读功能，帮助视障群体听资讯。社交通讯方面，QQ 无障碍功能全年超 6000 万人次使用，全年使用量超过 1.6 亿次。微信重点围绕读屏软件的兼容性，按钮、标签可读性等功能优化改造。另外，充分考虑验证码易用性和安全性，微信、QQ 创新使用倒计时验证码，便于老年人、视障用户操作。生活购物方面，淘宝在优化购物主链路无障碍的同时，对大促会场等进行了无障碍优化。京东主要对首页、搜索、购物车等功能进行无障碍改造。金融服务方面，各类银行 App 主要对转账汇款、我的账户、登录等常用功能进行无障碍改造，还提供语音交互服务，帮助用户一句话办业务。旅游出行方面，各类地图除常用功能无障碍改造外，增设了无障碍设施的展示，便于残疾群体查找。

（四）无障碍终端产品

经过多年努力，我国无障碍信息交流辅助产品研究取得了较大进展，终端的无障碍信息交流性能取得了显著提高。越来越多科技水平高、性价比优的智能辅助器具、无障碍信息交流终端产品出现，为残疾人、老年人参与信息化社会生活创造条件。按照适用人群身体机能障碍的分类，我国生产的无障碍信息交流终端主要包括视觉障碍、听觉障碍、肢体操作能力障碍、认知能力障碍方面的无障碍信息交流终端和适老化终端。

1. 视觉障碍辅助终端产品

视觉障碍辅助终端的服务对象主要是极低或无视力（盲人）、有限低视力、色盲这三类人群。目前，国内主流手机基本实现视觉信息方面的无障碍，通过读屏软件，盲人可通过快捷手势功能操作手机；文字加粗设置、显示方式设置及放大功能，使低视力人群看得清屏幕信息；可视化信息颜色的调整，满足色盲人群的需求。电脑也是视障人群常用的信息终端产品，通过读屏软件，盲人同样可以正常使用其功能。目前，我国有多家从事读屏软件研发的公司，读屏软件性能不断优化，改善了视障人士的使用体验。随着通信技术和物联网技术不断发展，我国终端厂家不断研发视觉信息无障碍的智能家居和家电产品，例如智能音箱，通过语音指令，便可操控智能家电和家居运行。目前，由于城市快速发展，盲人出行面临极大困难，终端厂家研制的可穿戴导盲终端，一定程度上解决了盲人出行遇到的痛点。如中兴健康生产的全球首款智能导盲帽，运用雷达、定位导航、图像及文字识别、信息无障碍技术，通过后台服务和亲属服务的方式实现避障和导盲功能。

2. 听觉障碍辅助终端产品

听觉障碍辅助终端主要服务对象包括无听力（聋人）和有限听力人群。目前，我国终端厂家生产的信息无障碍手机可基本满足听障人群需求，通过语音转文字功能，听障人群可接收来自终端的音频信息。例如，中国联通推出的“无障碍 AI 呼叫服务”，把手机语音通话转为文字，实时传送到接听界面，也可以把输入的文字转换为实时语音，发送给对方，不仅满足听障人群接听需求，也满足失语障碍人群拨打电话的需求。

随着语音识别技术的成熟，语音转文字开始广泛应用于手机外的无障碍终端产品，通过内置麦克风或连接语音输出接口接收语音信息。对语音信息识别处理并以文字或手语的方式显示在终端产品屏幕上或被连接语音输出接口的终端屏幕上，从而弥补听力障碍。

3. 肢体操作能力障碍辅助终端产品

肢体操作能力障碍辅助终端产品的主要服务对象是无法利用手指正常进行终端操作的肢体操作能力障碍人群。终端通过屏幕触控性能的改进和实体按键的设置，可满足部分手指操作能力障碍人群的需求；肢体操作能力障碍人群可通过声控技术、头控技术或外接操作辅具的方式操作终端。

我国部分终端厂家的产品已进行了优化，如优化屏幕触控性能，设置触摸和延迟、增加忽略重复点击功能。通过增加操作辅具的接口，满足手指操作能力缺失的障碍人群对移动终端的操作。

4. 认知能力障碍辅助终端产品

认知能力障碍辅助终端产品通过简化操作界面、扩大语音助手操作范围、设立快捷图标和实体快捷键的方式满足认知能力障碍人群的使用。我国生产的移动终端产品部分已支持简易模式、语音助手和一键呼叫等功能，可以简化操作过程，提高易用性。

5. 适老化终端产品

适老化终端产品主要解决老年人使用智能终端困难问题。目前，国内厂商主要从七个方面解决。一是视觉增强，文字放大和加粗、屏幕放大、对比度加强、大图标和图标背景的设置，使视力退化的老年人看清屏幕信息。二是听力辅助，通过音量平衡和单声道音频提升老年人使用体验。三是触控辅助，通过长按交互、点击持续时间、忽略重复点击，解决部分老年人因手指机能障碍无法正常操作手机问题。四是语音交互，通过扩大语音指令的识别范围，帮助老年人通过语音指令操作常用功能。五是简易模式，通过简化界面，方便老年人特别是具有认知障碍的老年人学习使用移动终端产品。六是远程辅助操作，解决老年人不会使用或不熟练问题。七是应急应用，增加紧急联系人呼叫、紧急医疗信息发送、长时间未操作报警及地理围栏等应急功能。目前，已有 vivo、OPPO、小米的相关移动终端产品达到《移动终端适老化技术要求》（T/TAF 090-2021）的 A 级项目标准要求，获得移动终端适老化认证证书。

（五）公共服务

我国出台多项法规政策明确公共文化服务场所为残疾人提供服务的基本职责。1988 年 11 月成立的上海市盲人有声读物图书馆是我国首批为残疾人服务的图书馆之一。1994 年，中国盲文图书馆正式对外服务。近年来，我国各地先后涌现残疾人图书馆。据统计，目前 31 个省级图书馆中，有 29 个开展了残疾人阅读服务。部分图书馆开设残疾人阅览室、残疾人分馆。为方便老年读者和残障人士，大多数市级图书馆配有无障碍设施、老花镜等辅助工具。另外，近年来，数字图书馆成为满足残疾人阅读需求的新方式。部分图书馆官网已经过无障碍改造，可调节字体大小、提供文字转语音服务。

（六）广播电视

电视仍是当今社会重要的信息传播载体，尤其是老年人，依然热衷于看电视。根据 CSM 媒介（中国广视索福瑞媒介）研究，全国 71 个大中城市的收视调查数据中（2019 年数据），65 岁以上群体占 21.8%，且近三年来占比基本保持稳定，成为目前电视节目最大受众。另外，听障群体也习惯于通过电视获取信息。我国广播电视在信息交流无障碍方面取得一定成效。一是电视字幕形式多元化，信息量逐渐丰富。电视传播的文字信息主要以字幕形式体现，各级电视台所播栏目均呈现多种字幕形式，位置也越来越规范，如标题字幕、片头片尾字幕、解说字幕、滚动字幕、介绍性字幕等。[①] 二是手语栏目日益增多。1984 年，广东电视台率先开办了手语节目。[②] 2010 年，省级、地市级电视手语栏目分别为 29 个、161 个；至 2020 年，分别增加了 5 个、106 个，[③] 共增加了 58.4%。除手语栏目外，党的十八大、十九大开幕式和“两会”开幕式等重要会议均配有手语译员。2020 年 2 月 4 日，北京市新冠肺炎疫情防控工作新闻发布会率先配备手语译员，为听障群体及时获取信息、应对突发事件等提供了便利。

（七）标准规范

无障碍信息交流标准的制定是我国无障碍信息交流建设重要成就之一，

① 白瑞霞：《电视媒体信息无障碍传播供给研究》，《中州大学学报》2021 年第 5 期，第 86～89 页。

② 穆小林：《荧屏上一道亮丽的风景线——记广东电视台聋人手语节目》，《中国残疾人》2000 年第 4 期。

③ 《2021 年残疾人事业发展统计公报》，中国残疾人联合会网站，https://www.cdpf.org.cn/zwgk/zccx/tjgb/0047d5911ba3455396faefcf268c4369.htm。

为设计、研发无障碍信息交流产品提供了技术支撑，为政府从法律角度实施监管提供了技术依据。

无障碍信息交流标准规范体系持续完善。目前，我国已发布相关国家标准、行业标准和团体标准20多项，涉及基础通用类、技术和产品类、服务系统类、测试评估类标准。① 其中基础通用类标准为统一符号标识、名词术语等基本技术要素提供规范；技术和产品类标准为无障碍信息交流相关技术和产品研发提供技术依据；服务系统类标准对基于电信网和互联网的公共信息服务系统提出无障碍信息交流要求和技术依据；测试评估类标准为相关系统和产品的测试评估提供技术依据。标准规范内容涵盖终端设备、互联网应用/内容等方面。无障碍信息交流标准规范体系架构见图3。

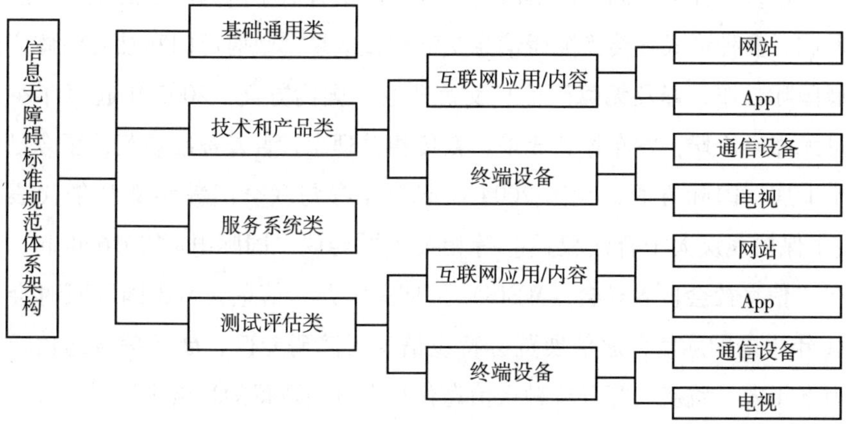

图3　无障碍信息交流标准规范体系架构

标准规范落地执行效果逐渐提升。相关标准规范在指导相关企业开展通信终端无障碍设计、互联网应用无障碍优化等工作中发挥了重要作用。2021年开展的互联网适老化及无障碍改造专项行动要求相关单位参照国家标准《信息技术　互联网内容无障碍可访问性技术要求与测试方法》、行业标准

① 丁丽婷：《当“数字化”遇到“老龄化”科技适老面临三大挑战》，《通信世界》2022年第9期，第40~42页。

《信息无障碍　身体机能差异人群　网站设计无障碍评级测试方法》、《移动互联网应用（APP）适老化通用设计规范》等。

（八）社会意识

党中央、国务院高度重视老年人、残疾人权益保障工作，要求切实解决老年人运用智能技术困难。相关部委、企事业单位认真贯彻党中央、国务院重要决策部署，将“切实解决老年人运用智能技术困难”纳入“我为群众办实事”事项清单。工信部自2009年起，组织电信运营商在“全国助残日”等节日发送公益宣传短信，平均每年发布一百亿条。2015年，12385残疾人维权热线开通。在政府部门的引导下，社会各界积极参与无障碍信息交流工作，全社会共同关注解决老年人、残疾人数字鸿沟问题的氛围已经逐步形成。多种形式宣传无障碍信息交流建设成果。政府部门和社会团体广泛开展国际合作，普及无障碍信息交流理念。国内方面，2005年起每年举办信息无障碍论坛，发布最新成果，宣传相关理念，普及标准规范，至今已举办十七届。国际方面，我国2004年起每年参与联合国教科文驻华代表处“关于保护残疾人士合法权益”等相关主题会议。国际电联2016年起，每年在“信息社会世界峰会（WSIS）”期间主办“信息无障碍国际研讨会”。2021年中国国际信息通信展览会特设信息无障碍专区，展示信息通信行业助力老年人、残疾人等群体融入信息化社会方面取得的积极进展。

三　我国无障碍信息交流发展中存在的问题

（一）互联网应用

一是互联网应用适老化及无障碍普及率较低。相比互联网应用市场百万级的应用存量，现有可用的无障碍应用十分稀缺，大量老年人、残疾人常用的应用不能满足需求。二是互联网应用未在设计之初考虑老年人、残疾人的使用需求。互联网公司的发展一直以年轻人为基本盘，花哨的界面和复杂的流程使老年人、残疾人在使用过程中遇到多种障碍，导致他们在数字社会中处于弱势地位。对企业来说，产品成熟后再去做适老化及无障碍改造难度更大。三是部分企业动力不足。很多中小型企业的无障碍意识较为缺乏，将无障碍改造当作产品的情怀功能，而并非当作基础功能或 bug 去对待。另外，互联网应用的适老化及无障碍改造并非强制性要求和企业刚需。尤其中小型企业很难将资源投入无障碍信息交流的建设中。

（二）终端产品

无障碍信息交流终端市场有效供给不足。市场上供视障人群、听障人群等群体选择的智能手机终端类型比较少。手机终端无障碍信息交流标准并非国家强制标准，是否开发无障碍功能对手机入网、上市无直接影响。并且，出于投资效益的考虑，终端生产企业难以对所有产品做到无障碍信息交流全覆盖。

（三）公共服务

一是盲用文献资源较为匮乏。大部分图书馆的盲文文献馆藏量和种类有限，各级公共图书馆无障碍资源数量悬殊。二是视障阅读设备缺乏，数字图书馆使用存在障碍，部分图书馆网站未提供无障碍服务。三是面向老年人、残疾人等提供的信息素养提升活动较少，特殊群体信息技能学习需求尚未得到充分重视。

（四）广播电视

一是电视字幕信息缺少完整性，市级以上人民政府设立的电视台的部分节目无法提供实时字幕。其他电视制作方普遍仅关注处于强势地位的健听用户，忽略了听障受众的需求。二是手语准确率不高。调研显示，很多听障者反映对手语新闻中的手语一知半解，主要存在主播语速过快难以翻译全面、译员使用手势汉语、译员屏幕偏小以及上衣颜色浅等问题。三是公开发行的影视类录像作品普遍不具备可供选择的无障碍功能。

（五）标准规范

一是标准均为推荐性标准，约束力不足。我国虽已发布了多项无障碍信息交流标准，但未引起足够重视，标准的推行缺乏力度与保障。二是标准可操作性较弱，企业参考标准执行的难度较大。推荐性标准的针对性、实用性较弱，相关企业直接参考标准执行的操作难度较高。另外，大部分标准没有相应的评估考核基准，推行难度较大。三是标准滞后于需求，随着信息技术的不断发展，5G 时代移动终端和大数据、云计算以及物联网将改变现有技术格局，但与之匹配的无障碍信息交流技术标准却严重滞后。

四　我国无障碍信息交流立法研究

近年来，党中央、国务院高度重视残疾人、老年人等弱势群体权益保障工作。相关法律法规保障体系是保障弱势群体合法权益、助力无障碍环境建设的有效法律武器，对提升我国在国际社会上的人权保障形象具有现实意义和历史意义。

（一）总体格局

我国无障碍法律体系包括四个层次，法律、行政法规、国家/行业标准、地方性法规。目前我国无障碍信息交流法律体系如图 4 所示。

作为根本法的《中华人民共和国宪法》从保障基本人权的角度保障残疾人等享有同等权利，在劳动、生活和教育等方面对其提供帮助；《中华人民共和国残疾人保障法》是我国残疾人权益保障的基础法律，从保障残疾人平等参与社会生活、共享社会发展成果的角度，推进信息交流无障碍；2012 年颁布的《无障碍环境建设条例》，对信息交流无障碍做出规定。随着我国无障碍法治进程的不断深入，新时代无障碍环境建设呈现出全面发展的良好态势。

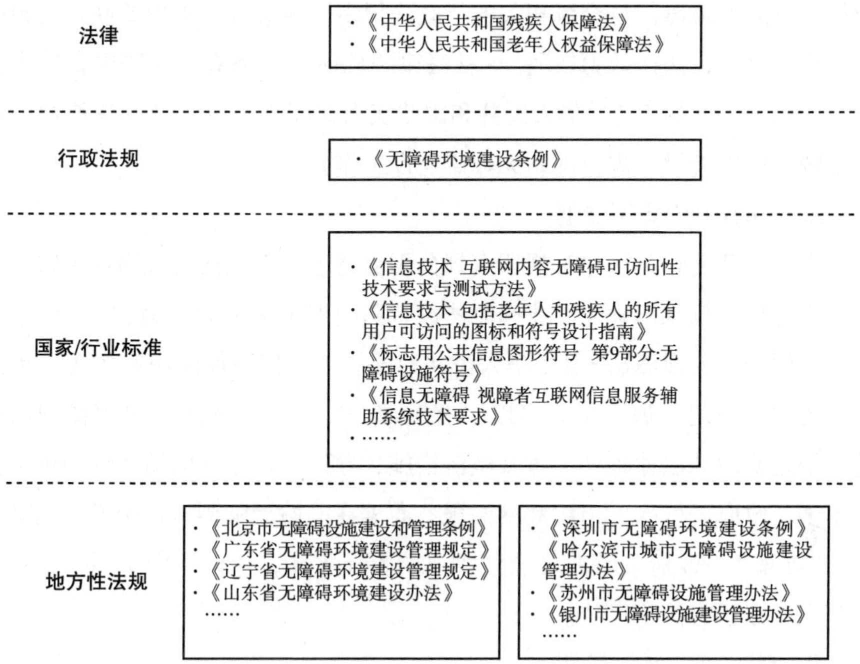

图 4　我国无障碍信息交流法律体系

（二）内容分析

我国无障碍信息交流法律条款内容主要包括信息获取、使用与共享的无障碍，以及为残疾人、老年人提供满足他们需求的公共文化服务和信息服务。从国际社会背景的角度，《残疾人权利公约》要求缔约国为残疾人提供无障碍的信息交流环境，并特别指出促进网络无障碍、早期阶段的无障碍信息和通信技术、系统发展。

（三）存在的问题

我国相关法律法规保障体系主要存在以下几方面的问题。

1. 法律体系不健全

我国在行业标准和规范方面成果较突出，但无障碍法律整体体系仍存在短板。目前无障碍信息交流相关的行政法规多以相关部门单独或联合发布通知的形式出台，法律效力较弱。[①] 从法律法规体系上来看，立法内容较为模糊、零散。[②] 宪法和《中华人民共和国残疾人保障法》中涉及的法律规定过于宏观，难以指导、规范网站无障碍建设工作。

2. 法律权利设定不清晰

无障碍环境相关法律法规职责划分不够清晰。上位法相关内容欠缺，使得无障碍环境权难以确立。我国宪法没有明确列举无障碍环境权，《中华人民共和国残疾人保障法》《中华人民共和国老年人权益保障法》中关于无障碍环境权的规定分散，条文多以"有关部门""可以依法"等模糊词语表述，缺乏明确的法律责任主体及救济措施，导致法律条文的适用性与可操作性不强。政府、残疾人组织和网站服务商等在网站无障碍建设中没有明确定位。"国家""政府"等是社会法主要的责任主体，主体指向不明，在一定程度上导致了有法不可依。

3. 立法滞后、效力较弱

从立法效力和层次上看，立法滞后、效力较弱。无障碍信息交流是在2000年《东京宣言》中提出的，"无障碍信息交流"一词直到2006年才开始正式出现在我国行政法规中，目前还缺乏与信息社会发展相适应的无障碍法律。无障碍环境立法中对信息技术、信息服务等的考虑也较为滞后，不适应信息化社会的快速发展。另外，无障碍信息交流，尤其是网站无障碍相关的规定零散分布于一些法律法规、规章的少数条款中。从立法层次上看，法律法规较少，规范性政策文件较多，法律效力较弱。

4. 行政执法不到位

我国无障碍相关法律法规对于违反和破坏无障碍环境建设的单位和个人应承担的法律责任条款，一般使用"由主管部门依法处理"等表述，缺乏对处理措施的具体说明，法律责任不足导致法律执行效果欠佳。另外，无障碍检查与

---

① 安天义：《我国无障碍法律环境研究及国际比较》，硕士学位论文，清华大学，2010。

② 赵媛、张欢、王远均、章品：《我国信息无障碍建设法律法规保障体系研究》，《图书馆论坛》2011年第6期，第266~274页。

评估机制缺失，行政以外的司法、监察机关以及社会监督未发挥应有作用。另外，国内还缺乏专门针对网站无障碍工作的奖惩措施，难以发挥约束效力。财税、金融、投融资、人才培养等方面相应的政策法规还有待细化和进一步落实。

五　国际经验研究

（一）总体格局

无障碍信息交流的国际格局呈现发达国家和国际组织立法较完善，发展中国家立法意识产生较晚、立法数量较少。

从国际组织无障碍立法格局来看，20 世纪中后期到 2000 年前后，联合国、八国集团首脑会议等世界组织开始呼吁与开展无障碍信息交流建设。2006 年 12 月 13 日联合国大会通过了《残疾人权利公约》。到目前为止，已经有 185 个国家被批准加入《残疾人权利公约》，这是目前在开放签字之日获得签字数量最多的联合国公约。此外，有很多国际标准组织开展了无障碍信息交流研究。

从不同国家无障碍立法格局来看，全球各国陆续出台了 30 余部涉及信息无障碍的专项法律、法规与强制政策，涵盖亚洲、欧洲、美洲和大洋洲等地区的 25 个国家与地区。法律体系的建立健全为发达国家无障碍环境建设提供了强有力保障，欧美发达国家从 20 世纪 90 年代就开始关注信息无障碍立法工作，1990 年《美国康复法案》Section 508 正式出台，是第一部涉及信息无障碍的法律。从世界范围看，信息无障碍法律政策相对完善的五个国家和地区分别为美国、日本、加拿大、澳大利亚、欧盟，此外，英国、法国、韩国等国家的信息无障碍法律政策也各有特点。世界其他国家和地区尤其是发展中国家信息无障碍立法的意识产生较晚、数量较少。我国信息无障碍在 21 世纪初才开始受到关注。

（二）法律体系

多数国家的无障碍设计法律体系构成包括三个层次：法律、规定和标准。当前，各国无障碍信息交流立法普遍采用了政策法规和技术标准相结合的方式。政策法规和技术标准相辅相成，前者为后者的执行提供制度保障，后者为前者的执行提供技术依据。

政策法规方面，在各个国家或地区，不同政策法规要求的对象有所不同，如表1所示。总体来说，主要划分公共部门和私营部门两大类。公共部门包括政府及其经营或拥有的实体，以及接受政府资助的实体，私营部门包括不属于公共部门的企业、组织及非营利组织。

表1　五个国家和地区部分无障碍相关法律及政策适用范围

	无障碍相关法律及政策名称	主要规范对象
欧盟	《Web 和移动可访问性指令》	公共部门
	《欧洲无障碍法案》	公共部门、私营部门
美国	《美国康复法案》Section 508	公共部门
	《美国残疾人法案》	公共部门、私营部门
日本	《建立先进的信息和电信网络社会的基本法案》	公共部门、私营部门
加拿大	《加拿大人权法案》	公共部门、私营部门
	《通信政策与联邦身份》	公共部门
澳大利亚	《反歧视残疾人法》	公共部门、私营部门

在全球范围内，对公共部门的法律及政策要求在国家或地区法律体系中几乎是必须的，对私营部门的要求则通常是结合本国或本地区的情况，制定相应的法律或者政策。

在技术标准方面，各个国家或地区在制定本国或本地区的信息无障碍标准时，常涉及个人设备和公共服务，需同时考虑本国或本地区的实际情况和国际间标准的统一性。目前已实施信息无障碍法律法规的国家中，标准文档几乎都通过引用国际标准制定的。引用国际标准可以最大限度地减少不同国家针对信息无障碍产品和服务无障碍的特定规则，从而使国际企业受益于一套通用规则，这不仅能更好地推动跨境贸易，也可促进信息无障碍产品和服务建设的高质量发展。目前各个国家或地区在信息无障碍标准的引用中，常选择多家在国际信息无障碍标准领域具有代表性的机构的信息无障碍标准，如国际标准化组织（ISO）、国际电工委员会（IEC）、国际电信联盟标准化部（ITU-T）、万维网联盟（W3C）、互联网工程任务组（IETF）等。

综上所述，已实施无障碍法律法规的国家或地区中，信息无障碍的实施受到法律法规、政策和标准等多种方式相结合的约束。在标准的制定过程中，各个国家或地区大部分引用相同的国际标准，也根据本国情况进行相应修订。这样既能够符合相应需求，又能规避因标准不统一造成的国际贸易壁垒。

（三）国际组织与典型国家立法特点

1. 国际组织制定标准规范，引领各国相关法律制定

W3C、ITU-T、ISO、IEC、ETSI 等国际组织制定了多项标准与技术规范，从人权保护、ICT 政策制定指引、标准研制、网站建设与技术规范指引等方面指导各国开展无障碍信息交流建设。其中 W3C 公布的《网页内容无障碍指南》（WCAG）最具影响力。ITU-T 是国际电信联盟下属的标准组织，其标准成果以建议形式发出，各国在此基础上进行立法规范方有强制效力。ETST 在 1996 年制定了对于有听力损伤的人群，电话实现信息无障碍的设计标准。从 2000 年开始，协会陆续出版了信息无障碍的系列标准建议，包含很多不同残障形式群体对信息获取和利用的需求研究，建立了专门研究信息无障碍的 Human Factors 工作小组，主要为信息无障碍相关标准的出台提供研究报告。

2. 日本：法律覆盖面广，强调基本权益与尊严维护

日本残疾人口与老年人口数量较多，并且少子化、老龄化严重。根据日本总务省统计局数据，截至 2021 年 9 月，日本 65 岁及以上老年人口达 3640 万人，占比达 29.1%，较上个统计周期分别增加了 22 万人、上升了 0.3 个百分点。日本无障碍信息交流立法主要有以下几个特点。

一是强调基本权益与尊严维护。立法以维护残疾人、老年人等弱势群体的尊严为原则，侧重创造条件提高其独立生活和参与社会经济活动的能力。日本政府 2001 年颁布“e-Japan 2002”信息社会重点建设计划，针对弱势群

体拟定了相关的具体法律和措施，致力于为老年人及身心障碍者提供一个无障碍和信息可及的环境。

二是侧重物质环境信息保障。“图书馆三法”（《国会图书馆法》《图书馆法》《学校图书馆法》）是图书馆残疾人服务法律体系的支柱，为残疾人获取图书信息资源提供保障。“图书馆三法”对图书馆网络服务能力与资源共享效率的提高进行了相关规定，包括盲文图书/录音图书全国综合目录、视障用户服务资源的数据采集和电子文献传递服务等。

三是网站无障碍要求严格。日本在 2000 年发布了《标准开发人员指南》（JISZ8071）、《老年人和残疾人指南信息和通信设备软件和服务第 1 部分：通用指南》（JISX8341-1）等系列标准，分别在信息与办公设备、网站内容等方面指导信息无障碍开发，以满足特殊人群的需求。日本政府要求政府网站在招标时对企业审核，所有招标企业均需符合无障碍要求，否则将不纳入政府采购范围。

四是标准规范约束力强。日本以国家级标准中最重要、最权威的日本工业标准制定网页无障碍设计、通信无障碍标准，赋予其强有力的法律效力。日本内阁秘书处还制定了《建立先进信息和电信网络社会的基本法》，并据此成立“实现无障碍信息交流获取标准化调查委员会”，开展无障碍系列标准研究与制定工作。

3. 英国：基本权益保障法律丰富，政府网站无障碍优化先行

英国障碍人口多，老年人残疾比例较高。根据英国统计局数据，2019 年英国人口达到 6680 万人，65 岁及以上人口有 1240 万人，占比为 18.6%；85 岁及以上高龄老年人口达 160 万人，占比为 2.4%。英国无障碍信息交流立法主要有以下几个特点。

一是弱势群体基本权益保障法律丰富。英国在综合性反歧视法方面出台的《平权法案 2010》是一部全面的反歧视法案。同时，针对残疾人群体，《英国残疾条例》《特殊教育需求与残疾人法案 2001》等对残疾人权益的保障提出要求。《反残障歧视法案》认为对残疾人的区别对待构成歧视残疾人的违法行为，必须予以纠正。该法案第 4 节还规定所有商业网站和政府网站

都必须实现无障碍化。

二是重点关注信息交流无障碍。《通信法》专门针对有交流障碍的残疾人设定，通过规定相关指标保障残疾人交流权利，具体包括对电子设备、网络设备、印刷品、服务收费等各个方面的规范。

三是网站无障碍建设政务网站先行。英国相关标准的制定，主要参考 W3C 发布的《网页内容无障碍指南》WCAG 1.0 及 WCAG 2.0 版本。在标准制定上，英国政府优先研制适用于政府网站、公共服务网站的标准导则。英国网站无障碍建设以政务信息的无障碍传达作为切入点，总体依照“e 政府互通性方案”实施。该方案明确指出必须能让有使用限制或障碍的民众可以适当通过个性化的技术来获取基本的服务信息。

4. 美国：立法体系完善，标准对接国际

美国残疾人、老年人人数多，比重大，并且老年人口残疾比例高。针对这一特点，美国形成了以残疾人、老年人为重点关注人群的无障碍信息交流保障体系，涵盖网站无障碍相关法律。

一是基本法保障基本信息权益。《美国残疾人法案》于 1990 年颁布，是一部保障残疾人平等享有各种权利的基本法案，为残疾人无障碍信息获取奠定了基础。第四章要求为听力有缺陷的残疾人提供文字电话或相应的听障专用电信设备。还规定广播媒体、有线电视运营商和其他多渠道视频节目运营商必须为听力和视力残疾人提供紧急信息的无障碍获取。

二是无障碍信息交流专门法覆盖全方位信息交流领域。美国无障碍信息交流专门法体系主要针对障碍人群在通信、互联网、图书馆等情境中的信息获取与利用。《美国康复法案》Section 508 于 1998 年正式颁布实施，开创了无障碍信息交流立法工作的先河。该法案主要针对各政府网站以及与政府有往来业务或接受政府资助的公司，一方面从硬件、软件等方面对计算机设备无障碍技术的改进与标准提出了要求，另一方面对网络资源信息方面如何确保无障碍获取做出了规定。《通信法》定义了听力和言语残障人群可使用的通信设备和远程通信中级服务的标准，提出电信设备制造商不得提出与“残疾人接入电信业务”原则相违背的禁止性要求。《信息自由法》明确规定了包括残疾人在内的全体公民的知情权，为残疾人获取政府信息提供了有力的法律保障。

5. 澳大利亚：将网站无障碍上升至国家战略高度

澳大利亚残疾人比例较高，且老年人残疾比例超半数，老年人口比例逐年上升。2020 年澳大利亚人口总数为 2568. 7 万人，65 岁及以上人口数量为 416. 47 万人，占比为 16%，已步入老龄社会。澳大利亚的无障碍信息交流立法主要有以下特点。

一是联邦政府法律提供基本权益保障。澳大利亚联邦政府《残疾人歧视法案》明确规定反对任何对残障人群的歧视，所有社会成员享有同等参与社会生活、享受社会服务的权利。澳大利亚政府信息管理办公室发布的《网络出版指南——无障碍信息交流》致力于保障政府服务的公平和无障碍，并提供网站无障碍技术资源。

二是地区政府法律法规侧重网站优化。澳大利亚人权和平等机会委员会颁布《互联网访问：残障歧视法案咨询说明》，包含网站无障碍设计的法律依据和相关技术要求等。堪培拉直辖区 2008 年公布《网站开发和管理标准》，为网站实现通用设计提供了技术标准。南澳大利亚 2005 年公布了《政府网站标准》，第 2 节规定政府网站必须充分考虑无障碍问题。①

三是各领域信息无障碍标准导则丰富。澳大利亚行业无障碍信息交流政策主要从微观角度出发解决残障人群可能遇到的障碍。国家图书馆制定了《残障行动计划》，指出要确保残障人群能够充分利用图书馆信息资源。《残障人群图书馆标准指引》指明图书馆应提供给残障人士各种形式和格式的适合其自身特点的资源，特别提到了网络资源。政府公布的《残障教育标准》指出教育服务提供者必须考虑残障学生的学习需要。银行业协会出台的《银行自动柜员机标准》《网上银行标准》等，致力于确保老年人和残疾人可以便利地使用自动化设备、网上银行、电子银行业务。

① 张瑜：《澳大利亚无障碍环境建设立法研究》，硕士学位论文，山东师范大学，2018。

（四）法律执行力度研究

在法律和政策执行力度层面，大部分已实施无障碍法律法规的国家或地区的执行依据是信息无障碍相关法律，个别国家或地区在已有相关法律的前提下，制定相关政策以强化法律法规的具体执行力度。信息无障碍相关政策通常分为强制性政策和推荐性政策，这些政策会对本国或本地区的产品和服务提出要求以满足残障人士的需求。反歧视法、无障碍法和采购法是目前各个国家和地区主要的信息无障碍法律法规。这些法律法规与强制性政策对产品和服务无障碍属性进行了强制性约束，也为信息无障碍法律诉讼提供了相应的支持。

无障碍相关法律在不同国家和地区的执行力度不一。例如在美国，产品和服务未遵守《美国残疾人法案》的公司至少会面临三个方面的后果：首先，一系列罚款，美国联邦法律允许对首次违规处以最高 7500 美元的罚款，再次违规的罚款最高可达 150000 美元，且允许州和地方政府额外罚款；其次，法律诉讼、人身伤害索赔以及法律或民事处罚；最后，该公司品牌将被公开登记，对企业或品牌形象会造成长久损失。韩国反歧视法中规范了对无障碍的要求，如果有产品和服务未达到相关要求，会被处以 3000 万韩元以下的过失罚款，若涉及恶意歧视，相关责任人最高可面临三年以下有期徒刑。欧盟《欧洲无障碍法案》作为法律法规，为无障碍相关诉讼提供了法律依据，对产品和服务做出了约束。这些地区法规也会对政府的采购和招标提出无障碍要求，投标公司实施无障碍行动的意愿会提升，竞争公司之间对产品和服务无障碍的监管也会增强。

目前无障碍法律执行中也面临诸多问题，如新技术缺乏标准依据、无障碍检测度量衡不一致、无障碍存在一定主观性、监管机构依据不一致等。覆盖不够全面成了法律实施中的主要问题。举例来说，韩国政府监管和执行力度过于严格，标准又不够明确，导致无障碍法律法规在国内没有很好的实施。因此如何解决法律的执行力度和标准不统一问题、确保监管机构的权威性是无障碍法律实施的难题。

六　无障碍信息交流立法建议

（一）增强信息无障碍意识与立法理念

推进我国无障碍信息交流建设，首先要增强信息无障碍意识与立法理念，转变立法观念是加快推进无障碍信息交流立法的首要步骤。另外，无障碍信息交流建设不仅局限于为残疾人服务，应让公众意识到即使健全人在某一天也可能会需要无障碍信息交流服务。理念转变和适用人群范围扩大可以让全社会充分认识无障碍信息交流建设的意义，更加主动、自觉地维护、监管无障碍信息交流环境。

（二）推动法律体系建立健全

健全的法律体系是推进无障碍信息交流的前提和保障。法律体系的健全要从两方面发力，一是完善现行法律条文，在效力较高的法律和行政法规中补充相关内容，在《无障碍环境建设条例》、现行地方性法规中补充无障碍信息交流条款，明确责任主体。二是将无障碍信息交流纳入国家整体法治化建设轨道，在无障碍环境建设立法中细化无障碍信息交流的相关条文。推动出台无障碍信息交流专门法。深入研究老年人、残疾人等群体在使用智能技术中遇到的障碍，出台配套的实施细则。结合信息技术快速更迭的特点，提高立法的前瞻性，为无障碍信息交流建设提供明确的法律依据。

（三）明确无障碍信息交流部分条款范围

根据国内外无障碍信息交流立法研究、对重点受益群体深度调查研究，参考信息交流理论框架，建议无障碍环境建设立法中无障碍信息交流部分包括以下内容：信息形式/内容方面，包括文字、盲文、手语、声音/语音说明等形式；信息传递媒介方面，包括广播电视、网络应用、硬件终端、图书报刊信息；信息交流场景方面，包括电信服务、公共图书馆、食药产品。建议依照此框架设计条款内容。

（四）强化法律执行力度

一是明确行政主体的法律责任，建议在法律修订与研制中，更加明确管理主体的职责、权限、途径和方式，防止权力边界模糊造成责任交叠或管理空白的现象发生。二是推动各地区出台配套法律和行政法规，结合地方实际，深入开展立法调研和科学论证，确保本地区的无障碍信息交流建设有法可依、有章可循。三是根据设备、设施所属性质不同，分级分类设置条款力度和处罚措施。对具有公共服务属性的设备和设施，可不过多考虑成本因素，要求必须达到无障碍通用设计标准。对私人购买的设备，建议要求逐步或鼓励达到无障碍通用设计标准。对健全人来说，设备是否达到无障碍通用设计标准不影响使用，若要求所有私人硬件终端都必须达到无障碍通用设计标准，增加的成本将被转嫁到消费者身上。

（五）构建执法监督机制

无障碍信息交流法律的实施需配合相应的监督管理，需建立长效的监管和奖惩机制。建议社会团体、第三方评估机构参与到无障碍信息交流建设的监管中，参与制定无障碍信息交流建设实施办法，定期组织开展无障碍信息交流水平评估检查等工作，公开发布评估结果，以保障相关法律落地实施。另外，还可设立奖励措施，鼓励在无障碍信息交流建设上表现突出的企业，探索补助金、减免税、企业信用评价加分等奖励方式，促进无障碍信息交流建设。

案 例 篇

Case Studies

B.13

科技助力无障碍环境建设发展*

——以北京冬奥会、冬残奥会的实践为例

“无障碍、便捷智慧生活服务体系构建技术与示范”项目组**

摘　要： 围绕北京2022年冬奥会和冬残奥会需求的关键技术问题，本报告充分利用智慧化、信息化的手段，开展多层次、全方位无障碍生活服务需求的调研和分析，建立无障碍、便捷智慧生活服务体系。本报告选择居住、场馆、机场三个不同应对场景以及无障碍服装和导盲犬两项专项服务，并开展应用示范，全面提升举办城市的无障碍生活服务能力，为北京2022年冬奥会

* 本报告为国家重点研发计划科技冬奥专项项目“无障碍、便捷智慧生活服务体系构建技术与示范”（项目编号：2019YFF0303300）的研究成果。

** “无障碍、便捷智慧生活服务体系构建技术与示范”项目组由北京市建筑设计研究院有限公司牵头，联合北京邮电大学、中国民用航空总局第二研究所、北京服装学院、大连医科大学、天津大学、中国建筑设计研究院有限公司、杭州东信北邮信息技术有限公司、清华大学、北京首都国际机场股份有限公司共同组成。北京市建筑设计研究院有限公司无障碍通用设计研究中心焦舰担任项目及课题第一负责人，高渝斐担任项目联络人。北京邮电大学马占宇、中国民用航空总局第二研究所何东林、北京服装学院史丽敏、大连医科大学王靖宇分别担任课题第二、三、四、五负责人。

和冬残奥会圆满举办提供科技支撑，为无障碍环境和服务体系科技创新提供指导。为更好地发挥科技在无障碍环境建设中的作用，本报告提出八点建议：一是深化科技创新体制机制改革；二是不断提升智慧服务应用水平；三是加快推进数字包容性社会发展；四是搭建支持科技创新交流平台；五是充分激发科研人员创新活力；六是加大经费投入力度，促进成果产出；七是积极开展示范，推动科研成果转化；八是加强国际交流与合作。

关键词： 科技冬奥　无障碍环境　数字技术

中国践行绿色、共享、开放、廉洁的办奥理念，兑现申奥承诺、圆满举办北京冬奥会和冬残奥会，无疑离不开各项新科技、新技术的强大助力。科技部围绕办赛、参赛、观赛、安全、示范5大板块，共安排部署80个“科技冬奥”重点专项，有200多项技术在北京冬奥会、冬残奥会上落地应用，为实现北京冬奥的“简约、安全、精彩”提供有力支撑。①

无障碍环境建设是一个国家和社会文明的标志，最能体现城市温度，也是筹办北京冬奥会、冬残奥会的硬任务、硬指标。国家重点研发计划科技冬奥专项项目“无障碍、便捷智慧生活服务体系构建技术与示范”（以下简称“无障碍、便捷智慧项目”）作为唯一一个无障碍生活服务领域的重点研发项目，多项成果在北京冬奥会、冬残奥会上应用示范，有效提升人性化、科技化服务品质，并推动我国无障碍、便捷生活服务体系在先进的信息智慧技术支撑下进入新的发展阶段。

---

① 《“科技+冬奥”一起向未来——科技创新如何让冬奥更精彩》，中国政府网，2022年2月21日，http：//www.gov.cn/xinwen/2022-02/21/content_5674895.htm。

一　项目总体情况

（一）任务来源

无障碍、便捷智慧项目经中国残疾人联合会推荐，由北京市建筑设计研究院有限公司牵头，联合北京邮电大学、中国民用航空总局第二研究所、北京服装学院、大连医科大学、天津大学、中国建筑设计研究院有限公司、杭州东信北邮信息技术有限公司、清华大学、北京首都国际机场股份有限公司共同承担。项目在 2019 年 10 月正式立项，历时 33 个月，于 2022 年 6 月顺利完成实施。

（二）研究目标

面向北京 2022 年冬残奥会需求，利用智慧手段，将系统集成、技术研发和应用示范结合，针对北京 2022 年冬残奥会无障碍、便捷智慧生活服务的关键问题研发系统集成、技术路线、智能平台、技术标准、方案方法、评估体系、设备装备等，并开展应用示范。为北京 2022 年冬残奥会提供科技支撑，为我国无障碍环境和服务体系的科技创新提供指导。

（三）研究内容

无障碍、便捷智慧项目以“无障碍、便捷”为目标、以“智慧生活服务体系”为对象开展研究，重点围绕建设面向冬残奥会的无障碍生活服务的关键科技问题开展研究与示范，从构建体系和技术路线、选取重点的应对场景、选取重点的专项服务三个方面，共分为五个课题（见表 1）。各课题相互协同，聚焦关键技术问题，构建体系完整、重点突出、适用于冬残奥会的无障碍、便捷智慧生活服务体系，并开展研究与示范应用。

表 1　无障碍、便捷智慧项目各课题设置情况

序号	课题名称	牵头单位	参与单位
课题一	无障碍、便捷智慧生活服务体系及智能化无障碍居住环境研究与示范	北京市建筑设计研究院有限公司	天津大学 中国建筑设计研究院有限公司
课题二	基于人工智能技术的视障辅助系统研究与示范	北京邮电大学	杭州东信北邮信息技术有限公司 中国建筑设计研究院有限公司
课题三	机场智能无障碍服务保障技术研究与应用示范	中国民用航空总局第二研究所	清华大学 北京首都国际机场股份有限公司 北京市建筑设计研究院有限公司
课题四	符合残障人士人体及运动特征的无障碍服装服饰体系研究与示范	北京服装学院	—
课题五	导盲犬培育、培训及筛选评估体系和标准研究与应用示范	大连医科大学	—

无障碍、便捷智慧项目应对场景主要是以北京冬残奥村为代表的居住、以冬残奥馆为代表的场馆和以北京奥运保障机场为代表的机场等三大场景，专项服务主要是无障碍服装和导盲犬两项专项服务，项目技术路线详见图1。解决的关键技术问题如下。

面向冬残奥会的无障碍、便捷智慧生活服务体系和技术路线；冬残奥村居住环境无障碍智慧生活服务重点技术；针对视障人群的计算机视觉与自然语言理解技术；针对视障人群的智能运营平台；基于机场无障碍服务保障体系、智能交互和出行引导技术、智能装备和综合信息服务平台的机场智能无障碍服务保障技术；适合残障运动员的人体测量方法、体型数据库及服装原型；针对残障（肢残）运动员功能服装的舒适、保暖、穿脱、收纳等关键技术；培训复杂、严寒的环境条件下稳定工作、引领视障人士安全出行的高质量导盲犬。

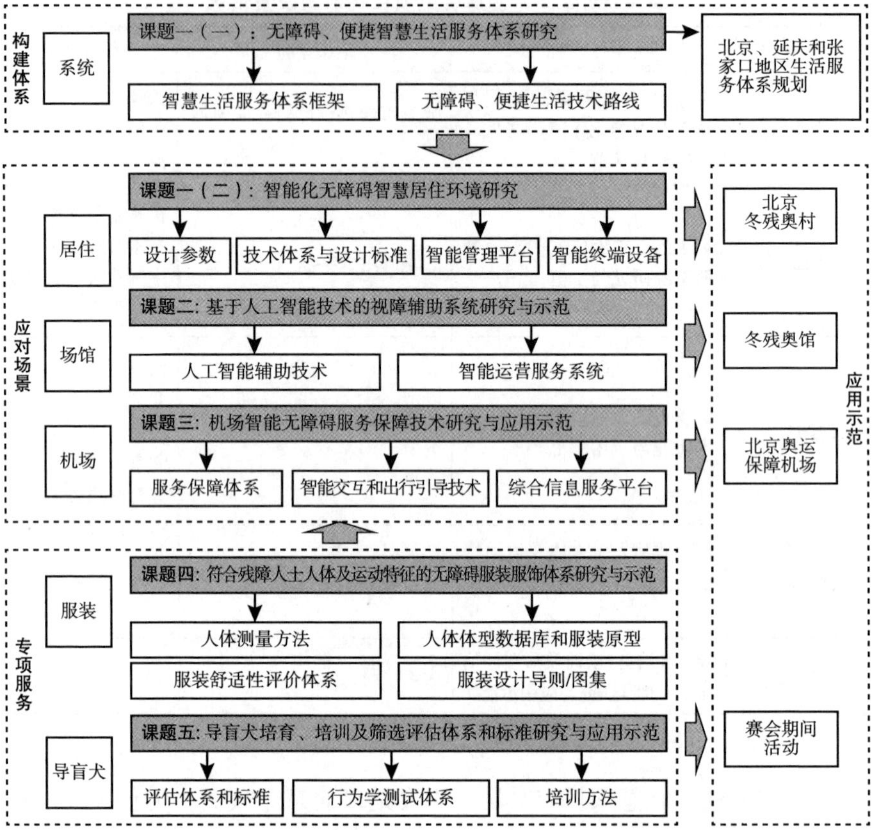

图 1　无障碍、便捷智慧项目技术路线

（四）研究成果

在科技部的领导下，中国残疾人联合会的指导下，北京 2022 年冬奥会和冬残奥会组织委员会、北京市规划和自然资源委员会、北京市无障碍环境促进中心及河北省相关主管部门等部门的支持下，北京城市副中心投资建设集团有限公司、北京首都国际机场股份有限公司等示范单位的配合下，无障碍、便捷智慧项目总体上进展顺利，服务于北京冬残奥会的相关需求，促进基础性科研成果向应用性科研转化。

无障碍、便捷智慧项目成果丰富，解决 8 个关键技术问题，提出 6 个创新点。共 121 项成果，71 项论文专利软著。研发成果包括 6 项技术体系，5 项技术方案或方法，6 项标准，6 套设计导则，6 套设计图集，1 部指导手册，3 个智慧平台，3 项软件，1 个数据库，8 类设备装备样机，1 个服装原型。应用示范包括编制 3 个赛区所在地的无障碍生活服务规划，分别在北京冬残奥村、冬残奥馆、北京奥运保障机场 3 个场景中开展应用或示范，为残疾人运动员提供 6 个系列的服装，20 只以上高质量的导盲犬。①

二 无障碍、便捷智慧生活服务体系研究

从北京冬奥会、冬残奥会的无障碍需求和智慧生活服务的相关调研出发，构建冬残奥会所需的无障碍、便捷智慧生活服务体系，构建和研究具体的应对场景，研究成果为整个项目提供理论支撑和方向指导，并将研究成果应用于北京冬奥会、冬残奥会举办地区的无障碍、便捷智慧生活服务体系规划。

（一）战略探索，切实加强基础研究

1. 开展全方位、多层次的调研

无障碍、便捷智慧项目研究团队围绕冬残奥会国家集训队、不同障碍类型残疾人开展了一系列生活服务需求调研，开展赛时场馆、赛时交通、赛时居住、公共设施等方面的无障碍建设情况调研，归纳整合后为无障碍、便捷智慧生活服务体系框架的建立提供依据。主要调研内容如下。

开展北京冬残奥会国家集训队调研。深入了解冬残奥会六大运动项目，在不干扰运动员正常训练的情况下，与领队、运动员代表开展座谈交流，对运动员的日常生活及生活环境的无障碍条件及需求有了大致的了解。

开展北京冬奥会、冬残奥会比赛场馆无障碍建设情况调研。分别组

---

① 周南、王晓慧：《121 项无障碍成果献礼冬残奥》，《华夏时报》2022 年 3 月 7 日，第 4 版。

织了北京赛区、延庆赛区、张家口赛区（视频方式）主要场馆及场馆周边公共区域的调研，了解当前场馆的建设进展、无障碍建设情况、各类人员的赛时交通路线、运动员及观众数量等重要信息，并获取了相关实例数据。

开展不同障碍类别的残疾人生活服务需求调研。分别组织了听觉障碍、行动障碍、视觉障碍残疾人开展座谈交流，倾听残障人士的心声，不仅对他们生活中迫切的需求有了全面、细致的了解，还发现了目前无障碍发展、建设过程中存在的问题。

开展残障人士无障碍生活环境调研问卷。以不同类型残疾人身体特点及生活困难点为基础，结合冬残奥居住环境需求以及户型特点、社区环境等相关资料，挖掘不同类型残疾人对于居住环境的需求。整理出套型内入户空间、起居室、卧室、厨房、卫生间以及其他空间中的突出问题点，并针对社区室外环境单独设计了一套问卷，整体调研工作更具体系性。

开展冬残奥村样板间无障碍测试。分别对北京、延庆冬残奥村进行现场勘探，重点对公共服务设施的点位设备、视频监控、安防报警、门禁管理、楼控等智能化子系统施工建设情况以及室外无障碍环境进行调研。

2. 建立冬残奥会无障碍、便捷智慧生活服务体系

从各类残疾人的实际需求出发，面向冬残奥会举办及运行的要求，从赛事保障的核心需求，到赛事相关的服务需求，直至整个城市的无障碍、便捷智慧生活服务需求，运用文献研究、社会学综合调查、大数据分析、地理信息系统分析、学术交流等方法，构建无障碍、便捷智慧生活服务体系框架，并分项开展其研发技术路线研究。

无障碍、便捷智慧生活服务体系框架由 9 大类服务和 1 个平台组成的“9+1”模式构成，具体包括“居住社区服务、住宿餐饮服务、交通出行服务、健康医疗服务、文化体育服务、培训教育服务、购物金融服务、休闲旅游服务、民生政务服务和信息基础智慧平台”，每一大类服务的要素通过与信息基础智慧平台互联衔接、协同配合，形成完善、开放的生活服务体系，提供全方位、多层次、精准高效的生活服务。

（二）政策支撑，统筹谋划顶层设计

为进一步健全和完善无障碍生活服务体系，强化顶层设计推动无障碍环境高质量发展，加强和改善北京 2022 年冬奥会和冬残奥会赛会相关服务，建设生活更方便、更舒心、更美好的和谐宜居城市形象，结合快速发展的信息技术与智能化服务，拓展智慧技术应用领域，开展无障碍、便捷智慧生活服务体系研究，编制主办地区（北京、延庆、张家口）无障碍、便捷智慧生活服务体系规划（以下简称“无障碍服务规划”）。规划成果已上报至无障碍环境建设主管部门，以期为相关政府部门提供决策参考。

1. 研究确定规划大纲

基于广泛调研分析，明确无障碍服务规划编制方向。针对主办地区的无障碍及智慧城市建设情况开展了一系列调研。研究冬残奥会主办地区在智慧城市的建设中所包含的应用服务内容，重点关注城市生活服务中的生活服务体系；调研了冬残奥会主办地区智慧城市的评价指标体系，总结三个地区生活服务相关指标；调研冬残奥会主办地区生活服务领域的无障碍建设，重点关注面向冬残奥会的无障碍生活服务需求与特点。结合已建立的冬残奥会无障碍、便捷智慧生活服务体系，确定了无障碍服务规划编制方向。

梳理政策文献，找准规划编制依据。梳理主办地区涉及无障碍生活服务、智慧城市建设的相关法律法规、技术规范、政策性文件以及上位规划要求，为大纲的构建提供充足依据。梳理冬残奥会相关政策性要求，结合北京冬奥会、冬残奥会特点，为规划文件的编制提供视角全面和完善的政策及法规层面的支撑依据。

2. 编制主办地区无障碍服务规划

在聚焦无障碍、便捷智慧生活服务的同时关注赛事保障，充分发掘残疾人参与奥运会的全方位需求，对主办地区的发展适度展望，最终构建面向北京 2022 年冬残奥会的、具备科学性及实践指导意义的无障碍、便捷智慧生活服务体系规划性文件及规划指标体系。规划包含居住社区服务、住宿餐饮服务、交通出行服务、健康医疗服务、文化体育服务、培训教育服务、购物金融服务、休闲旅游服务、民生政务服务和信息基础智慧平台共10个方面的主要任务，每项任务均通过提炼目标、制定范围、提出策略，制定了相应的规划要求。同时，规划针对冬（残）奥会赛事保障，以赛事期间的地区保障为立足点，对各主要任务提炼了各自的目标、范围，并制定了具有针对性的规划策略。

北京市无障碍服务规划侧重战略性，基于北京市总体情况做出全局安排。北京市无障碍环境建设的基础条件较好，规划旨在对生活服务内容做出系统性安排，并适度展望；提出总体目标、策略，指导各区的工作安排；考虑冬（残）奥会期间，北京市的总体生活服务保障工作。

延庆区无障碍服务规划侧重实施性，对延庆区的生活服务水平提升做出具体安排。细化落实北京市的规划要求，比如对某保障酒店提出详细要求；延庆区的功能定位相对单一，重点突出冬残奥会保障的服务内容；因地制宜，提出现阶段延庆区的工作内容。

张家口地区无障碍服务规划侧重协调性，基于大数据和GIS应用分析，引导张家口市不同规划尺度的协同发展。统筹张家口市和崇礼区的规划衔接，以崇礼区为重点带动张家口市的服务提升；张家口市的可用数据量相对完善，能够基于残障人士信息以及交通、酒店等数据，结合GIS应用分析指导规划，提高成果的科学性。

三　智能化无障碍居住环境研究

针对以北京冬残奥村为代表的居住场景，研究无障碍、智慧居住环境技术体系，制定设计标准，指导冬残奥村设计；结合先进的智能管理信息技术，开发无障碍智能管理平台和智能终端设备，提升我国居住环境的无障碍智慧服务能力。

（一）标准引领，有效推动高质量发展

基于智慧社区、居住生活服务等方面的理论研究，提炼出无障碍、智慧居住环境技术体系框架及其具体内容。以技术体系为指导、冬残奥村的建设为契机，总结冬残奥村的实施要求与建设经验。理论与实践相结合，研究制定《无障碍智慧居住环境设计标准》，指导冬残奥村及会后的地区设计，切实发挥标准引领的指导作用。

1. 建立无障碍、智慧居住环境技术体系

“无障碍”“智慧”是“居住环境”的定语，其中“无障碍”是“居住环境”的建设目标，即构建满足所有居民生活服务需求的居住环境，“智慧”是“居住环境”的建设手段，即通过智能综合服务平台与智能系统等智慧方法，为居民建立安全、舒适的优质居住环境。通过对无障碍、智慧居住环境内涵的综合分析，明确了无障碍、智慧居住环境的建设范围包括交通和室外场地、住宅、配套设施等。

结合有关无障碍、智慧居住环境服务体系分析，通过智慧社区发展综述与建设体系分析，总结相关智慧技术，最终建立适宜冬残奥村会期和会后使用的无障碍、智慧居住环境技术体系框架（见表 2），为《无障碍智慧居住环境设计标准》的编制提供理论支撑。

表 2　无障碍、智慧居住环境技术体系框架

<table>
<tr><th rowspan="2"></th><th colspan="2">具体居住环境</th><th colspan="2">无障碍生活服务（社区服务）</th><th colspan="2">智慧技术（智能系统应用）</th></tr>
<tr><th colspan="2">建设实施场景</th><th colspan="2">服务需求</th><th colspan="2">应用手段</th></tr>
<tr><td rowspan="2">交通和室外场地</td><td>交通</td><td>车行交通、慢行交通</td><td>无障碍交通服务</td><td>无障碍出行服务、无障碍导航服务</td><td>智慧交通系统</td><td>智能交通网络系统、交通紧急事件系统、智能停车系统、无障碍导航系统</td></tr>
<tr><td>室外场地</td><td>公共绿地、室外活动场地</td><td>室外环境建设</td><td>无障碍设施环境建设、生态与环境管理</td><td>智慧环境与生态系统</td><td>智能垃圾监测系统、智能生态监测系统、智能管养系统</td></tr>
</table>

续表

	具体居住环境		无障碍生活服务（社区服务）		智慧技术（智能系统应用）	
	建设实施场景		服务需求		应用手段	
住宅	公共空间	出入口、门厅、过厅、公共走廊、垂直交通	楼宇安防控制与管理	楼宇能源管理、楼宇安防、楼宇设备控制	智慧楼宇系统	智能梯控系统、智能门禁系统
	套内空间	门窗、居住空间、卫生间、厨房、走廊	家居安防控制与管理	家庭能源监测与管理、家居环境监控、健康与医疗监测、户内部品管理	智慧家居系统	智慧全屋安防系统、智慧健康管理系统、智慧环境监测系统、智慧家电控制系统、智慧管家系统
配套设施	配套设施	公共管理与公共服务设施、交通场站设施、商业服务业设施、社区服务设施、便民服务设施	社区管理	治安防控、社区公共管理、政务服务、物业管理、应急管理、疫情防控	智慧社区管理系统	智慧信息化管理系统、智慧安防系统、智慧应急系统
			社区配套服务（基本公共服务）	劳动就业、保障服务、医疗卫生、计划生育、文体教育、住房保障、政务服务、法治宣传、法律服务、科普宣传	智慧社区服务系统（公共服务）	智慧信息服务系统、智慧医疗系统、智慧教育系统
			社区配套服务（便民利民服务	公共事业服务、家政服务、报事报修服务、残疾人和老年人照料养护服务、健康服务、洗染服务、理发及美容服务、洗浴和健康养生服务、物流配送服务、金融服务、短途出行服务	智慧社区服务系统（便民服务）	智慧购物系统、智慧养老看护系统、智能预约系统、智慧物流系统

2. 编制《无障碍智慧居住环境设计标准》[①]

技术体系是设计标准的基础。以满足无障碍需求为出发点，在技术体系理论支撑的基础上，整合技术体系中有关无障碍、智慧居住环境，无障碍生活服务，智慧技术以及基础设施与支撑技术方面的内容，结合北京冬残奥村的无障碍便捷、智慧生活服务的需要以及实际案例设计经验，通过对标国内外居住区与建筑无障碍设计标准和技术文件进一步总结提炼，最终形成《无障碍智慧居住环境设计标准》（T/CAPPD 5—2021）。该标准统筹考虑赛事需求与赛后利用，有助于改善北京冬残奥村乃至居住区的无障碍环境，提高有无障碍需求人士的生活质量和居住体验，使用智慧手段补充了无障碍设施环境设计上的不足，同时为冬残奥村无障碍、便捷智能管理平台及智能终端设备成果开发和研制提供支撑。

（二）创新应用，科技助力北京冬残奥村高效运行

以建筑信息模型为主要载体，应用信息融合和轻量化技术，依托通用数据库技术，对冬残奥村中与无障碍及便捷有关的各种设备、构件和空间等进行分类和编码，将智能系统功能与无障碍需求进行深度融合，建立针对冬残奥村居住环境的无障碍便捷智能运维管理平台，研发 4 类智能终端设备配合管理平台进行使用，服务于有无障碍需求的人士。

1. 无障碍便捷智能运维管理平台

基于物联网的冬残奥村无障碍便捷智能运维管理平台从技术层、数据层、业务层、显示层等多个角度，将平台各智能系统功能与无障碍技术及冬残奥会人群需求进行深度融合，将模型数据、业务数据以及 IOT 数据经过数据库结构化，进行资源管理、模拟仿真和数据分析，在各类终端（大屏端、PC 端、手机移动端、可穿戴终端）显示应用模块。最终建立数据和功能全

① 《无障碍智慧居住环境设计标准》（T/CAPPD 5—2021）于 2021 年 11 月 1 日经中国肢残人协会批准，在全国团体标准信息平台上发布，并于 2022 年 1 月 1 日起正式实施。

方位打通的平台，并通过平台运行和数据积累和分析对技术标准提出优化和完善建议，形成闭环服务。

构建4个1加N平台技术框架。第一个“1”是一套数字实施与数据标准，以统一的数据交互标准面对市场上多种物联网系统和集成平台；第二个“1”是一个网络神经感知体系，即与建筑设计，尤其是智能化设计密切相关的硬件基础，通过各类传感器感知建筑空间、人、车、物，将各种数据反馈到子系统和集成平台；第三个“1”是一个数字孪生模型基底，运用一套园区BIM模型，依托于通用的数据库技术，对冬残奥村中与无障碍及便捷有关的各种设备、构件和空间等进行分类和编码，搭建数字孪生模型，把整个物理建筑园区进行数字化映射，形成互相关联的一套数据并动态维护，实现与园区的时空统一；第四个“1”是一个基础数据平台，以此支撑不同的应用，实现跨系统、跨专业、跨业务的联动，即最上层支撑的N个应用，这些应用是可以逐步扩展的，随着技术发展、园区使用需求的变化，还会有很多新技术、新硬件不断迭代，而通过此技术框架实现对新应用的扩展、升级。

2. 智能终端设备

调研冬残奥会无障碍生活服务和便捷智能管理需求，结合研究建立的无障碍、智慧居住环境技术体系和设计标准，完成无障碍便捷智能运维管理平台功能架构的搭建。即通过研发硬件以及园区内无线Wi-Fi、智能门禁等智能终端感知园区内空间、人、车、物的实时状态，通过API接口连接到平台进行多端集成，在智能导航、智能停车、智能就餐、智能呼叫等围绕无障碍需求的核心功能上提供数据支撑，最后通过大屏、PC、手机、穿戴设备进行多端应用。

3. 冬残奥村示范应用

平台软件及硬件设备于2022年1月22日在北京冬（残）奥村完成部署。在冬奥会及冬残奥会期间，为北京冬奥会及冬残奥会运动员及随队官员提供园区信息指引，包括园区地图查看、公共空间人流量查询、无障碍路线指引、无障碍卫生间空位查询等服务，指引运动员及随队官员对公共空间及无障碍设施进行有效利用；通过人员感知设备对人流量状态进行实时统计，利用自主研发的算法对人流数据进行分析、预测、可为运行管理人员提供实时人流量查询及当日人流量预测，满足疫情防控管理要求。平台访问信息通过运动员手册向各代表团成员进行说明，成员可通过个人移动端进行扫码查阅，也可通过公共空间主要出入口的可视化屏实时了解空间人流量情况，管理人员可通过中控室 PC 端了解园区情况。平台功能获得了场馆运行团队和住村冬残奥会运动员称赞，并得到了冬奥会组委技术部的认可。

四　基于人工智能技术的视障辅助系统研究与示范

围绕 2022 年北京冬奥会和冬残奥会，研制了基于计算机视觉和自然语言处理技术的场景自适应视障辅助设备，实现视障人群在北京 2022 年冬残奥会场馆周边的无障碍通行；建立了基于 5G 网络的智能运营平台；研制了北京 2022 年冬残奥会运行智能辅助软件。上述硬件-平台-软件共同构成基于人工智能技术的视障辅助系统（相互关系如图 2 所示），为不同类别的视障人群提供紧急呼叫、目标检测、五彩观赛、纪念品识别、智能导引和人机对话等十多个辅助功能，提升他们在冬奥及冬残奥场馆周边出行和观赛的体验。

（一）针对不同视障特点的无障碍智能辅助终端设备

1. 基于深度学习的目标检测

利用 COCO 数据集对调研算法（包括两阶段的 Fast R-CNN、Faster R-CNN，单阶段的 Yolov3、Yolov4、RetinaNet、OneNet 等）进行对于行人样本的识别测试，通过对每种算法的运行效率、检测准确率、定位精度、mAP（平均精度均值，Mean Average Precision）等评价指标的综合分析，最终确定选取 OneNet 作为该课题项目的主要目标检测算法，并考虑到 Yolov3 的成熟度，将其作为后备选项。OneNet 作为单阶段检测器的特点是

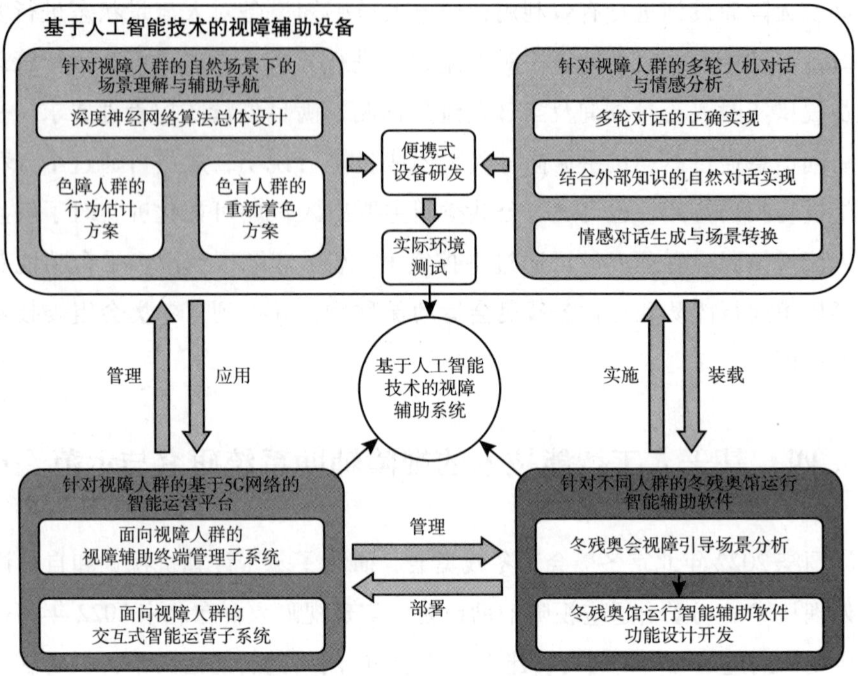

图 2　基于人工智能技术的视障辅助系统的硬件、平台、软件关系

不用产生两阶段算法中的候选区域，可以直接从图片中获得目标检测结果。相较于两阶段的目标检测算法来说，单阶段检测器最大优点在于运行速度十分快，只需要处理图片一次就可以同时得到目标物体的位置和类别。而且 OneNet 还是端到端的检测算法，免去了 NMS 后处理，运行速度更快。

2. 基于深度学习的动作识别

研究了基于骨架信息与姿态信息相融合的行为识别方法。针对骨架序列特征提取，实现了基于循环神经网络和基于图卷积网络两种特征提取方法。对基于骨架信息与姿态信息相融合的行为识别方法提出了两种模型①：第一

① 马静：《基于姿态和骨架信息的行为识别方法研究与实现》，硕士学位论文，山东大学，2018。

种模型为基于姿态的卷积神经网络与基于骨架的循环神经网络相结合①；第二种模型为基于姿态的卷积神经网络与基于骨架的图卷积网络相结合②。两种模型均以骨架序列和视频序列作为输入，通过网络模型获取具有时空信息的特征，并对特征进行分类预测，对不同网络的预测结果进行融合，得到最终分类预测结果。通过实验验证，基于第二种模型的方法具有更高的准确率和更好的性能。

3. 针对色盲人群的重新着色技术

通过图像重新着色，可以帮助色盲人士区分颜色，让色盲患者以新的视角重新看到世界，增强对图像的感知力。在大部分色彩都是红色与绿色的场景中，红绿色盲看到的几乎都是黄褐色，无法将红色与物品区分开来，而经过重新着色以后，虽然仍然无法还原真实世界中的颜色，但是可以明显提升红绿色盲对红色与绿色的感知程度，使红色与绿色在他们的视角中也能分开。

4. 官方纪念品视觉描述系统

基于 MobileNet 的端侧技术以及基于 CLIP 的云端技术，达到辅助视障人士识别官方纪念品并自动获取相关描述信息的效果。使用适合部署移动端

---

① Sun, K., Xiao, B., Liu, D., and Wang, J. D., "Deep High-Resolution Representation Learning for Human Pose Estimation," *IEICE Transactions on Fundamentals of Electronics, Communications and Computer Sciencesabs/1902.09212* (2019); Donahue, J., Hendricks, L. A., and Guadarrama, S., et al., Long-Term Recurrent Convolutional Networks for Visual Recognition and Description (paper represented at the IEEE Conference on Computer Vision and Pattern Recognition, 2015), pp. 2625-2634; Law, H., and Deng, J., "CornerNet: Detecting Objects as Paired Keypoints," *International Journal of Computer Vision128* (2020): 642-656; Girshick, R., Donahue, J., and Darrell, T., et al., Rich Feature Hierarchies for Accurate Object Detection and Semantic Segmentation (paper represented at the IEEE Conference on Computer Vision and Pattern Recognition, 2014), pp. 580-587.

② Zhang F, Zhu X, and Dai H, et al., Distribution-Aware Coordinate Representation for Human Pose Estimation (paper represented at the 2020 IEEE/CVF Conference on Computer Vision and Pattern Recognition, 2020); Lan Z, Zhu Y, and Hauptmann, A. G., Deep Local Video Feature for Action Recognition (paper represented at the 2017 IEEE Conference on Computer Vision and Pattern Recognition Workshops, 2017).

的轻量级卷积网络 MobileNetV3[①] 为基础模型，并考虑到官方纪念品类型固定、奥运元素突出的特点，设计了一种层次图像分类方法，并引入多任务学习来增强图像理解，以实现更好的识别与描述。

云端技术方案，数据集收集与预处理阶段基于 MobileNetV3 端侧的版本进行纪念品品类的拓展；模型训练阶段涉及为检索数据集抽取视觉特征，并持久化存储；测试阶段主要包括在手持数据下的识别正确率预测，top 1、top 3、top 5 分别表示在手持数据集中，模型预测的前 1、3、5 个商品类中包含正确结果的占比分别为 42.3%、60.1%、66.8%。

5. 针对视障人群的智能引导与避障技术

硬件设备由一个微型单目相机、充当单目相机载体的眼镜框和智能手机组成。系统有三个实体（黄色部分）：盲人、眼镜和手机 App。眼镜上面配置有单目摄像头，是主要的信息获取渠道，眼镜把前方视频流信息传输给手机 App 进行相应的分析。手机 App 分为图像提取模块、核心模块、智能分析模块以及语音播报模块。盲人对手机 App 进行语音控制，手机 App 最终经过语音播报模块输出语音指令，引导盲人的行动。

视障人士的智能眼镜软件系统主要包括引导和避障两大功能模块，其中具体实现依赖于 USB 摄像头读取模块、二维码识别模块、目标检测模块、深度测距模块、数据处理分析模块以及语音交互模块的协同作用。

（二）针对视障人群的基于5G 网络的智能运营平台

面向延庆和崇礼的冬奥及冬残奥场馆，研发了基于 5G 网络的智能运营平台，可支持万套以上设备接入。基于 5G 网络的智能运营平台研发方案，分为以下流程：平台需求分析，平台功能设计，平台功能编码，平台功能测试，平台功能实现评审和功能变更管理。针对 1 万套以上视障辅助终端 5G 接入的复杂场景，设计支持高频次数据交互、大流量数据传输的

① Howard, A., Sandler, M., and Chen, B., et al., Searching for MobileNetV3 (paper represented at the 2019 IEEE/CVF International Conference on Computer Vision, Republic of Korea, 2020).

系统架构，通过云平台高性能服务器的支持，满足多样化的智能运营需求。

（三）冬残奥馆运行智能辅助软件

1. 冬残奥馆运行智能辅助软件需求分析与设计

结合延庆赛区交通组织设计，对视障观众设计了典型的行进路线和方式。典型行进路线及视障辅助需求分解了视障人群在不同空间段的典型行为，提出了对应的导航或物体识别需求。如山下集散区是所有观众进入赛区的第一站，视障观众前往雪橇场馆时主要通过步行完成，而前往高山滑雪场馆需要通过步行、缆车或大巴相结合的方式完成。

2. 冬残奥馆运行智能辅助软件成果

研究分析典型视障人群的观赛、服务和管理需求，基于场地实际特点，完成出行、参观、观赛等场景体系划分，形成系统的场馆周边视障引导方案。构建智能辅助软件功能框架，实现服务于不同类型人员的查询、定位与问题处理等辅助功能。用户可以通过智能辅助软件的赛事模块接收推送信息；通过导航模块辅助引导到达目的地、了解所在环境；通过无障碍观赛模块实现语音问答、目标检测、纪念品识别、五彩观赛等多种功能；通过呼叫模块一键紧急呼叫。

3. 针对视障人群的多轮人机对话与情感分析

针对视障人群的多轮人机对话与情感分析系统以知识库问答（Knowledge Base Question Answering，KBQA）①、社区问答（Community Question Answering，CQA）② 以及网络（Web）网页搜索相关结果为知识来源，为残障人士提供导航帮助，整体可以抽象为一个金字塔结构。金字塔的

① Hua, Y., Li, Y. F., and Qi, G., et al., "Less is More: Data-Efficient Complex Question Answering over Knowledge Bases," *Journal of Web Semantics* 65 (2020).

② Yang J, Rong W, and Shi L, et al., Sequential Attention with Keyword Mask Model for Community-based Question Answering (paper represented at the 2019 Conference of the North American Chapter of the Association for Computational Linguistics: Human Language Technologies, 2019), pp. 2201-2211.

基石是底层知识库，来自 KBQA、CQA 和 Web 网页搜索；以底层知识库为支撑，在第二层构建一个具有情感分析、支持多轮人机对话功能的对话系统，实现系统具体功能；在具体功能层之上，进一步实现顶层交互模块，完成语音识别和语音合成等工作，与用户交互对话。为了满足冬奥会中视障人群快速问答的需求，系统核心技术主要包括四个部分，包括直接面向用户的语音识别和语音合成模块，情绪识别和情绪应答模块，系统获取知识、做出回答的核心模块和多轮对话管理模块。

（四）北京奥林匹克公园公共区示范应用

课题组在北京冬奥会和冬残奥会前组织了测试示范，并在北京奥林匹克公园公共区 BOP 进行了示范。

在 2021 年 12 月 18 日召开北京邮电大学校内展示交流会，邀请了来自中国残疾人联合会、中国 21 世纪议程管理中心、北京 2022 年冬奥会和冬残奥会组织委员会和项目组等单位的领导和专家，在北京邮电大学测试场地进行了测试示范。课题组根据展示交流会上专家和领导的建议与意见，对基于人工智能技术的视障辅助系统进行了优化。

在 2022 年北京冬奥会和冬残奥会期间，课题组在北京奥林匹克公园公共区 BOP 进行了示范。示范工作验证了基于人工智能技术的视障辅助系统可以有效辅助不同类型的视障人群在冬奥和冬残奥场馆周边无障碍通行。课题组还设计了两套体验调查问卷，对两套问卷共 66 个问题收集了 37 份回答，汇总了对于系统试用的体验和改进建议，为将来继续优化使用体验、为更多失能人士服务做准备。

五　机场智能无障碍服务保障技术研究与应用示范

针对航站楼区域行动不便、听障、视障三类障碍人群出行和服务需求，开展机场智能无障碍服务保障技术研究和应用示范，提升机场无障碍服务保障能力。以机场无障碍服务保障体系一体化建设、智能出行技术、交互式决策算法等核心技术问题的研究突破为基础，在机场构建残障旅客无障碍服务保障体系。提出冬残奥会期间机场大并发量残障旅客流服务保障策略，建立机场无障碍环境及服务后评估体系，指定机场引导和标识系统、流程优化的方案，发布了机场无障碍服务标准。研究适用于航站楼残障旅客出行应用场景的智能避障技术、基于隐式标记追踪和多传感器融合的多模态导航技术、机场特定应用场景下面向智能装备的无障碍交互技术、跨媒体智能技术，研制航站楼多交互能力机器人、可穿戴智能装备、多模态导航设备等针对残障人士的智能交互和出行引导装备。研究无障碍信息发布技术、交互式决策中的输入输出机制、交互路径优化方法，构建机场区域面向残障人士出行和服务的便捷信息获取及交互式决策的无障碍综合信息服务平台。

（一）研制机场智能无障碍辅助系统

针对视障、听障、行动不便等类型的残障旅客无障碍独立出行的需求，研制高性能、高精度、无障碍的机场智能无障碍辅助系统。系统由机场航站楼多模态导航设备（肩背式定位导航终端）、可穿戴智能装备、多交互能力机器人和无障碍综合信息服务平台共同构成。能够为视障、听障、行动不便等类型的残障旅客提供机场航站楼内的无障碍全流程服务。

1. 多模态导航设备

多模态导航设备采用肩颈式佩戴方式，具备定位、避障和震动反馈等功能。可实现航站楼内旅客的精准定位，定位精度达到分米级；可对距离 1~3 米的障碍物进行精准探测，并进行智能避障策略分析，使旅客安全避让障碍物；当需要转弯或前方有障碍物时，通过两侧震动马达对视障旅客肩颈处进行分级震动提醒。

2. 可穿戴智能装备

可穿戴智能装备包括骨传导耳机、AR 眼镜和计算终端。多模态导航设备与骨传导耳机、AR 眼镜、计算终端配合使用。骨传导耳机适用于视障旅客，与计算终端，多模态导航设备组合使用，可为视障旅客提供导航、航班、安检、登机口等航空出行信息的语音提示。AR 眼镜适用于听障旅客，与计算终端、多模态导航设备组合使用，可为听障旅客提供导航、航班、安检、登机口等航空出行信息的图形、文字提示。计算终端内置 App，残障旅客可以通过触屏或语音与其进行交互。App 上可显示机场地图、航班信息、导航路径、导航信息等。

3. 多交互能力机器人

多交互能力机器人具备多种交互、信息查询、远程求助、登机牌扫描、导航避障功能。通过扬声拾音、触摸屏、摄像头实现语音、文字、手势的交互，实现防疫政策、航班、机场服务等信息查询；通过摄像头可以与远程人工座席进行实时手语交流，实现远程求助；通过登机牌扫描模块，旅客可快速获取航班、行李信息；屏幕具备角度可调功能，可以实现 6°~8°的角度条件，更好地服务于行动不便的旅客。

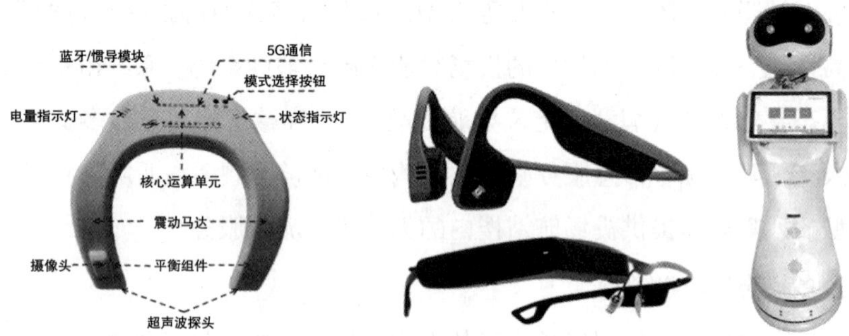

图 3　多模态导航设备、骨传导耳机、多交互能力机器人

4. 无障碍综合信息服务平台

无障碍综合信息服务平台是一套综合的服务软件，可与可穿戴智能装备、多交互能力机器人进行数据及服务交互。在综合信息服务展示大屏中可实时显示残障旅客运行轨迹、应急呼叫位置、智能装备使用情况等多种信息，提高机场服务人员的服务针对性。

（二）北京首都机场示范应用

机场智能无障碍辅助系统弥补了机场特殊旅客服务保障能力的不足，填补了可穿戴智能装备在机场无障碍服务中应用的空白。

2022 年 1 月 27 日，在北京冬奥会即将召开之际，来自中国残疾人联合会、民航局人教司、科技部科技冬奥专班等单位的人员到北京首都机场参加机场智能无障碍辅助系统的现场演示验证与体验活动。活动中，结合航站楼值机、安检、登机、无障碍卫生间、商场等实际场景，由视觉障碍志愿者进行现场全流程测试，测试过程中依次使用多交互能力机器人、可穿戴智能装备为视觉障碍志愿者提供辅助服务，收到良好效果；听觉障碍志愿者通过多交互能力机器人的文本、手势、手语等多交互方式获取航空出行帮助，解决航空信息获取困难的问题。

专家对研究成果及现场应用演示给予充分的肯定，表示智能导盲产品实现在机场无障碍史上的首次验证应用，能够帮助残障人士在机场航站楼内全流程的独立、自助、自主出行。评价该产品具备高科技、精致、尖端、特制的特点，创意好、效用高，期待着更完善的系统及设备于不久的将来能够在全国民航、铁路、大型场馆等领域为有无障碍需求的人士提供有效辅助。北京冬奥会和冬残奥会期间，该系统在首都机场 T3 航站楼为残障旅客提供了个性化服务。其中部署的 2 台多交互能力机器人，已累计完成 500 人次服务，可穿戴智能装备为 5 位听/视障志愿者提供航空出行服务体验，收到良好效果。

六　符合残障人士人体及运动特征的无障碍服装服饰体系研究与示范

面向北京冬残奥会，从调研冬残奥会运动项目、残障（肢残）人士运动员的人体和运动特征及其服装功能需求出发，聚焦无障碍服装专项服务，构建无障碍服装服饰体系。首次建立了中国肢体残疾人服装用人体测量的尺寸定义与方法、体型数据库和服装原型，首次建立了冬残奥会运动项目辅助服装设计导则和图集，形成无障碍服装开发及评价体系，在冬残奥会期间，研究成果在训练比赛中示范应用，助力运动员取得优异成绩。研究成果应用于北京 2022 年冬残奥会，填补了我国在无障碍服装服饰领域的空白，不仅为我国残疾人体育事业发展提供科技支撑，而且为我国无障碍服装服饰体系的科技创新提供指导。

（一）开展无障碍服装专项服务研究

聚焦无障碍服装专项服务，开展了五个子课题的科学研究，解决适合残障（肢残）运动员的人体测量方法、体型数据库及服装原型问题；解决残障（肢残）运动员功能服装的舒适、保暖、穿脱、收纳等关键技术问题。

从人-服装-环境角度出发，运用人体工学原理，进行合理有效的残障（肢残）人士分类，获取人体在静止和运动状态下的典型姿态，优化现有人体测量方法，定义关键人体测量项目，建立适合肢残运动员、残障人士服装用人体测量方法。该方法是课题后续研究的基础。运用 3D 数字扫描、数据动态捕捉、医学 MR 和 CT 等技术，构建了残障（肢残）人士的人体体型数据库，建立了上半身、下半身和上肢的服装原型。研究残障（肢残）运动员与健全运动员的差异性，针对着装障碍点和服装功能需求，建立了残障（肢残）运动员在特定环境下的服装舒适性评价指标和评价方法，采用 3D 数字仿真、红外 IR 热像和暖体假人等测试技术和评价手段，进行了适合残障（肢残）运动员的高性能、功能性服装材料的应用实验研究，从而建立了符合残障（肢残）人士人体及运动特征和冬残奥会项目的服装舒适性评价体系。该体系为课题后续无障碍服装研发与应用提供技术支持。在课题理论和应用研究的基础上，提炼了结构、色彩、材料等服装构成要素，结合运动员生理需求和心理需求，针对冬残奥会项目的服装设计遵循要点，完成了 6 套北京 2022 年冬残奥会运动项目辅助服装的设计导则和图集，最终完成了 6 个系列的冬残奥会运动员出场服、领奖服和训练服的开发。

（二）无障碍服装服饰体系研究取得显著成果

本课题围绕北京2022年冬残奥会六大运动项目，即轮椅冰壶、残奥冰球、残奥高山滑雪、残奥单板滑雪、残奥越野滑雪和残奥冬季两项，为满足运动员无障碍服装服饰的功能需求，建立了适合残障（肢残）人士的服装用人体测量方法和无障碍服装舒适性评价体系，研究成果包括：1项技术体系，1项测量方法，1个数据库，1套服装原型，6套辅助服装设计导则和图集，6个系列专项服装，2项团体标准，发表论文10篇，申请或获得专利19项，培养研究生8名，服装在测试赛、世锦赛、冬残奥会等比赛中进行了示范应用，得到中国残疾人体育运动管理中心的认可。其中有两项团体标准《冬残奥会运动项目辅助服装设计导则》（T/CAPPD 7—2021）和《肢体残疾人服装用人体测量的尺寸定义与方法》（T/CAPPD 8—2021）已于2022年1月1日起正式实施。

（三）无障碍服装助力残奥运动员取得佳绩

截至2022年5月，课题组共研发无障碍服装服饰54款，发放给残疾运动员及普通残疾人共计695件。其中，坐姿防风防滑羽绒裤、软底防滑保暖袜套等助力残奥越野滑雪和残奥冬季两项运动员在北京2022年冬残奥会上取得佳绩。24套训练服（比赛服）已用于中国国家残奥冰球集训队。

七　导盲犬培育、培训及筛选评估体系和标准研究与应用示范

导盲犬是视力残疾人的眼睛，是温顺聪明、训练有素的工作犬，能够帮助视力残疾人独立地安全出行，给予他们生活的陪伴与关怀，是他们忠实的朋友和守护者，因而拥有一只导盲犬是视力残疾人梦寐以求的愿望。导盲犬作为视力残疾人的出行伴侣，是视力残疾人日常生活的重要辅具，是衡量一个国家社会福利发展程度以及社会文明程度的重要指标。导盲犬的培训与推

广工作对我国的两个文明建设具有重大的现实意义。[①]

国际上规定，一个国家有1%以上的视力残疾人使用导盲犬时，才能称之为导盲犬的普及。包括导盲犬在内的辅助犬起源于欧洲，已有一百余年的发展历史，导盲犬事业发展最好的国家是美国，其导盲犬覆盖率已达到2%。我国大陆地区从2004年开始导盲犬应用的探索工作，至今共有导盲犬约300只，而我国目前有1731万名视力残疾人，想要实现导盲犬的普及，导盲犬的培训工作任重而道远。

（一）开展导盲犬专项服务研究

以提高导盲犬培训成功率、推动我国导盲犬事业发展为基本目标，研究应用犬行为学、生理学、遗传学的理论和技术方法，遴选出优秀的拉布拉多犬作为种犬；应用犬繁殖学理论和技术方法进行犬的繁育；应用犬营养学、行为学、心理学等理论和技术方法进行幼犬的饲育及寄养阶段的培训；应用犬行为学理论及导盲犬基础和专项培训科目的技术方法对成年犬进行集中培训；应用视力残疾人士的生理学及心理学特点进行导盲犬配型及相应的培训，最终达到为视力残疾人士提供高质量导盲犬服务的目标。[②] 综合分析和研究上述的技术方法，统筹安排、紧密衔接、因犬施教，形成一整套系统化的导盲犬培育、培训技术标准体系，并进一步在实践中进行验证。

以犬行为学理论为基础，对幼犬进行系统化的行为学检测，结合犬的后期生活历程及培训考核评价结果进行综合统计分析，建立有效评判幼犬素质的行为学指标；以犬心理评估（DMA）测试体系为基础并进行优化和改进，[③] 建立成犬的行为学检测体系和评价标准，对种犬以及待训犬进行有效

① 李庆：《导盲犬助力北京冬残奥会　首次佩戴追溯防伪标识》，《公益时报》2022年3月1日，第8版。

② 李慧玲、王亮、董建一、王福金、王靖宇：《动物行为学应用——导盲犬的培训与应用情况简介》，《实验动物科学》2010年第4期，第81~82页。

③ Svartberg, K., and Forkman, B., "Personality Traits in the Domestic Dog (Canis Familiaris)," *Applied Animal Behaviour Science* 79 (2002): 133-155.

的评价和遴选;[①] 以心率、免疫球蛋白 A、唾液皮质醇等无创伤生理指标为基础,[②] 检测其与犬不同气质特征的关联性，建立评估导盲犬气质的有效生理指标；以遗传学理论为基础，检测导盲犬血细胞基因组的部分 SNP 多态性,[③] 通过比对培训成功导盲犬与淘汰犬的系统性差异，并结合神经类型和髋关节疾病表型，探寻遗传学的显著差异点，并利用导盲犬血样库中的样本进行大规模验证和统计学分析，建立有效的遗传学评价、预判指标。

设计在复杂环境刺激条件下的行为学实验，在犬通过基础培训考核的基础上，筛选能够适应北京 2022 年冬残奥会复杂环境的导盲犬。依据犬行为学的基本原理和已有的经验，采用到复杂、严寒环境条件中进行实地训练的方法，摸索建立一整套切实有效、针对特殊环境的培训技术方法及考核标准，培训出稳定性好、适应能力强、抗干扰能力强、耐严寒的高质量导盲犬。

（二）培训耐严寒、抗干扰的高质量导盲犬

应用相关专业知识，结合中国导盲犬大连培训基地 15 年的导盲犬培训经验，建立了一套高效实用的导盲犬培育、培训技术标准体系，并撰写导盲犬培育、培训指导手册，将导盲犬的繁育、筛选、培训、考核等内容进行系统化的梳理，形成可推广的指导材料。

通过遗传学、生理学、行为学三方面的研究推进导盲犬的筛选工作，在导盲犬预备犬的早期筛选上不断深入，在种犬母性行为观察、幼犬早期行为学测试、犬培训前行为学测试、犬培训前适应期应激指标检测、犬气质特征遗传标记筛查等方面均取得了阶段性的成果，建立了“导盲犬工作能力评价行为学测试体系”及“导盲犬的评估、预判、考核标准体系”。

针对冬残奥会等大型活动的特殊环境，完成了复杂、严寒环境条件下测

---

① Emily E. Braya, and Mary D. Sammel, et al., “Effects of Maternal Investment, Temperament, and Cognition on Guide Dog Success,” *PNAS* 114 (2017).

② 李雅婵、雒东、韩芳等：《距离测试中拉布拉多犬行为及心率变化对导盲犬培训成功率的影响》，《中国实验动物学报》2017 年第 1 期，第 60~63、69 页。

③ 赵明媛、俞剑熊、韩芳等：《拉布拉多犬神经类型相关基因 SNP 的分析》，《实验动物科学》2015 年第 3 期，第 38~43 页。

试方法的建立及专项培训科目的研发。从陌生人、灯光音响、摇摆人偶、吉祥物人偶等多个环境角度对工作状态的导盲犬进行行为测试及心率变异性检测，为适用于特殊环境的导盲犬的气质特征筛选提出了有效建议。随着专项培训科目的研发，已培训出耐严寒、稳定性好、适应能力强、抗干扰能力强的高质量导盲犬，可为冬奥会等大型活动服务。

（三）导盲犬的应用示范及推广

本项目已取得了阶段性的成果，立足于我国的国情和实际，加强了导盲犬基础理论研究，拓展和丰富了导盲犬专项培训科目，提高导盲犬工作素质，保障我国视力残疾人出行安全与便利。

导盲犬培育、培训指导手册及导盲犬的评估、预判、考核标准体系的完成将促进我国导盲犬事业发展，通过科学成果和培训经验的共享推动导盲犬的培训进程，使更多的视力残疾人拥有导盲犬，提升视力残疾人的发展潜力，助力全面建成小康社会、奔向共同富裕的道路。

本项目为导盲犬在大型活动中的应用积累了重要经验，多角度的训练及测试验证了导盲犬在复杂环境中工作的稳定性。通过宣传及向视力残疾人尽可能多地交付导盲犬进行中国导盲犬的应用示范及推广，更好地展示我国残疾人社会福利事业的发展成就。

八　对于科技助力无障碍环境建设的建议

新一轮的科技革命和产业变革浪潮成为几乎所有学科发展的基础工具和重要支撑，并且持续纵深推进融入人们的日常生活中。在无障碍环境和服务领域，科技创新和产业发展带来了全新的解决方案，展现了科技助力残疾人、老年人美好生活的更多可能性，让无障碍环境建设更加有温度。

（一）深化科技创新体制机制改革

党的十八大以来，党中央、国务院高度重视科技创新体制机制改革，先后出台了一系列关于优化科研管理的政策文件和改革措施，目的是以科技创新体制机制改革为抓手，优化国家科技计划体系和运行机制，加强关键领域核心技术的科研攻关，有效破解“卡脖子”技术难题，建设有利于科研创新的良好生态，推动科技强国的发展建设。

无障碍环境建设和服务的科技创新离不开科研管理部门的组织管理和具有发展潜力的科研承担机构。要坚持面向国家重大需求，结合当前无障碍领域普遍关注的急难愁盼问题，把准科技发展的主攻方向、加快突围进度，实施关键核心技术攻关工程；统筹科技资源，进一步深化科技创新体制机制改革，积极推动重大科研项目“揭榜挂帅”“赛马”等攻关机制，充分发挥科研承担机构的资源优势和配套条件，切实推动无障碍环境重大技术攻关，找准重点产业发展方向，使科技创新与国家的发展、民族的需要、人民的利益同向同行。

（二）不断提升智慧服务应用水平

以人为本，科技向善。新一代人工智能、大数据、智慧城市、人工智能、云计算等数字技术是解决无障碍环境建设难题并推动城市无障碍服务向更大限度贴近社会群体需求发展的重要力量。当前，我国应紧抓 5G 场景和 AI 技术全面赋能的应用，充分利用网络覆盖范围大、应用群体广等优势，加强智慧化无障碍服务平台和通用产品的深度开发与系统集成。

材料学、生物力学等跨学科跨专业与无障碍环境共同开展研究，满足不同身体机能的残疾人和老年人生理、心理特点的需求，让广大残疾人、老年人享受到科技发展带来的红利，丰富智慧生活体验。通过智慧城市框架下无障碍信息化平台的构建，有效整合建筑、规划、交通、产品、服装、信息等各个领域的无障碍环境和服务，以提升便利度和改善服务体验为导向，切实提高信息化、智慧化应用服务水平，全面提升城市宜居品质。

（三）加快推进数字包容性社会发展

我国正处于数字社会飞速发展的阶段，国家“十四五”规划中提出要

"加快建设数字经济、数字社会、数字政府，以数字化转型整体驱动生产方式、生活方式和治理方式变革"，新科技、新产品、新业态、新模式不断地融入人们生活中的方方面面，改变了人们的生活方式，但也在无形中提高了残疾人、老年人的使用门槛。在无障碍环境的科技发展建设中，要坚持需求导向和问题导向，深度挖掘、梳理总结残疾人、老年人等因身体机能、经济状况、家庭结构、文化水平等方面差异导致的障碍特点，切实服务残疾人、老年人的客观需求，增强跨学科、跨领域的合作交流。依托智慧社区的建设，特别是在交通出行、购物消费、休闲旅游、医疗养老等民生场景，推进线上线下服务的协同发展，推动跨越数字鸿沟，转向数字包容发展，从而实现我国数字社会的高质量发展。

（四）搭建支持科技创新交流平台

聚焦无障碍环境的前沿、热点，鼓励企业、高校、科研院所成立无障碍环境和服务领域的专门研究机构、国家重点实验室，整合无障碍各相关学科的优势科研力量，汲取国内外无障碍环境建设的先进经验，支持培育科技创新交流平台建设，积极促进无障碍教育科普与技术交流。研究建立全球性、综合性、开放性的无障碍领域国家级智库平台，统筹开展前瞻性、战略性等重大问题研究，对重大决策提供咨询评估。强化企业创新主体地位，逐步建设以市场为导向、企业为主体，产学研用深度融合的技术创新体系，使企业成为引领技术创新和联合攻关的国家战略力量。

（五）充分激发科研人员创新活力

完善有利于科研人员培养使用的政策措施，创新人才培养模式。加强无障碍专业及其交叉学科的建设和人才培养，充分发挥国内重点高校无障碍领域专业优势，鼓励开展无障碍交叉学科建设，开设无障碍理论及技术内容等课程，培养一批高层次、高技能的专业咨询与技术服务人才。同时，加强无障碍领域科技领军人才和优秀青年人才培养引进，为我国无障碍环境建设的发展提供坚实的人才支撑和智力保障。制定落实科研人员的薪酬激励政策措施。倡导企业、高校、科研院所等有条件的单位，优化科研单位和人才的科技创新环境，探索首席科学家负责制，进一步激励科研人员多产出高质量科技成果。同时，积极推行针对不同层次人才的薪酬激励政策，使科研人员的收入与创造的价值相匹配，激发科研人员创新活力，共同实现我国无障碍科研事业的跨越式进步。

（六）加大经费投入力度，促进成果产出

科研经费是开展科研工作的重要保障。近几年，我国对科研经费的投入比例逐步提高，不断扩大科研项目经费管理自主权，有效地促进了科技事业发展。无障碍环境建设领域亦备受关注，无障碍、便捷智慧项目作为无障碍环境建设领域的国家重点研发计划“科技冬奥”专项项目，研发成果有效地支撑了北京 2022 年冬奥会和冬残奥会的平稳运行。无障碍环境建设是一项复杂性系统工程，涉及的专业多、领域广。需要继续加大对科研支持和投入力度，充分发挥财政性科研经费的创新激励效应。构建多元化的经费投入格局和支持政策，形成多渠道、多元化投入格局。进一步激励科研人员产出高质量科技成果，研发生产科技水平高、性价比优的信息无障碍终端产品，为实现高水平科技自立自强做出更大贡献。

（七）积极开展示范，推动科研成果转化

无障碍领域的科研成果要服务于经济建设和社会发展。研究成果要先行先试，积极总结示范项目的经验教训，以技术创新为驱动，以信息网络为基础，积极推动科研成果与生产实践相结合，为传统产业进行数字化赋能，开展示范项目专项落地实践应用，促进无障碍环境建设领域中新技术、新产业、新模式、新业态等新经济的发展。积极推动科研成果与社会生产实践相结合。通过研究新基建融合无障碍环境发展的契合点，探讨无障碍环境建设转型升级的路径与方法，明确新基建赋能无障碍环境建设的机制，将科研成果转化为具有市场竞争力的商业产品和服务，加快科技成果向现实生产力的转化，让科技创新成为人们提升获得感、幸福感、安全感的重要源泉。

（八）加强国际交流与合作

科学技术创新必须具有全球视野。无障碍环境和服务科研体系包罗万象，建设高质量的无障碍环境和服务体系，就必须坚持“引进来”和“走出去”相结合，加大对外开放和开展高水平国际交流与合作的力度，与世界主要科技强国建立广泛的合作关系，不断拓展合作的深度和广度，注重国内外不同学科、不同机构的交叉合作交流，从而带动我国无障碍环境建设的整体水平、综合实力、自主创新能力进一步提高，促进我国无障碍环境建设科技水平显著提升。

B.14
智慧无障碍城市发展报告

方舟　张传春　赵昊磊*

摘　要： 智慧无障碍城市是智慧城市的发展方向。本报告的主要内容包括简述智慧城市发展及其产生的无障碍问题，阐释智慧无障碍城市的概念，分析智慧无障碍城市存在的问题，描述智慧无障碍城市技术的应用场景，介绍国内智慧无障碍城市的实践和成效，梳理国外智慧无障碍城市的经验和案例。最后从七个方面提出加强智慧无障碍城市建设的建议：一是加强理念引导，树立融合通用意识；二是加强统筹规划，搭建统一平台架构；三是加强部门联动，建立联合治理机制；四是加强数据建设，确立动态更新机制；五是加强人才培养，保障行业长期发展；六是加强研发支持，鼓励企业积极参与；七是加强应用推广，扩大功能使用规模。

关键词： 智慧城市　数字治理　无障碍

现代化的城市是一个不断更新、相互交叉的巨型系统，运用现代科学技术将城市智慧化，能够厘清组织脉络，使其更有序、高效地运行流转。“人民城市人民建、人民城市为人民”①，习近平总书记多次强调城市发展

* 方舟，杭州市无障碍环境促进会技术部主任，研究方向为无障碍规划；张传春，广州华途信息科技有限公司总经理，研究方向为无障碍智慧出行；赵昊磊，杭州精博康复辅具有限公司总经理助理兼项目总监，研究方向为无障碍技术及产品应用。

① 习近平：《在浦东开发开放30周年庆祝大会上的讲话（2020年11月12日）》，《人民日报》2020年11月13日，第2版。

和人民之间的关系。智慧城市不能变成单纯的技术展示，应以有着不同需求的全体人民能够共同富裕、共享文明为目标。无障碍环境建设作为贯穿城市发展每一环节的重要任务，是群体社会保障和城市服务水平的具体表现，是尊重和保障人权的重要手段。在大力发展数字经济、数字社会、数字政府、数字生态的同时，不应缺少对无障碍方面的考量。同时，城市智慧化运作引导现有的组织体制、工作方式进行改革，促使各部门、各行业数据互联互通、信息公开透明，应充分利用数据和信息为无障碍环境建设提供新的助力和方法。

智慧无障碍城市尚未有明确的定义以及清晰的图景，但有两个方面是不可或缺的：一方面应使智慧城市无障碍化，避免智慧城市的建设造成新的障碍，形成“数字技术鸿沟”；另一方面应使无障碍城市智慧化，应利用智慧化手段赋能无障碍环境建设，破解大规模系统化无障碍环境建设中的难点痛点以及后续常态化动态化管理中的堵点痛点盲点。

一　智慧城市的发展和问题

（一）智慧城市的发展简述

智慧无障碍城市的发展离不开智慧城市的概念，简要追溯，国际商业机器公司（IBM）于2008年发布首个“智慧地球”概念的主题报告。2009年8月就中国的情况发布报告，针对电力、医疗、城市、交通、供应链和银行业六大领域进行智慧化分析及案例探讨。[①] 2010年，在“智慧城市”中，进一步研究如何利用信息通信技术，解决城市中日益复杂的人（组织）、政（业）务、交通、通信和水、能源六大系统的相互协同及可持续发展问题。[②]

① 《智慧地球赢在中国》，IBM商业价值研究院，2009。

② 《智慧城市的愿景：引领城市通向繁荣和可持续发展》，国际商业机器公司，2010。

2012年，住房城乡建设部办公厅正式发布了《关于开展国家智慧城市试点工作的通知》,[①] 并附上了试点的“暂行管理办法”和试点城市（区、镇）试点“指标体系”，开启了国内城市的大规模试点工作，共有3批320多个城市参与试点。2014年，八部门联合印发《关于促进智慧城市健康发展的指导意见》,[②] 将智慧城市建设从住建部试点上升为部门协同的国家战略。2016年3月，国家“十三五”规划提出建设新型智慧城市的要求，推广全国范围的新一轮建设。[③]

进入“十四五”后，智慧城市进入了高质量发展的新阶段。在国家“十四五”规划[④]中，单独将“加快数字化发展建设数字中国”列为第五篇，以“打造数字经济新优势”“加快数字社会建设步伐”“提高数字政府建设水平”“营造良好数字生态”4个方向为目标，提出发展云计算、大数据、物联网、工业互联网、区块链、人工智能、虚拟现实和增强现实等重点产业，在交通、能源、制造、教育、医疗、文旅、社区、家居、政务等领域打造智慧数字化场景。

（二）智慧城市发展中产生的无障碍问题

在智慧城市的探索实践和快速发展中，设计者、实施者、管理者存在“以通常情况涵盖全部情况”“以大多数人群代表全体社会成员”的情况，并未充分考虑不同生理特征、不同使用习惯的人群需求，导致智能设备、运行机制等方面对部分人群造成了新的障碍，不能够顺利满足生活所需，甚至严重损害了部分群体的合法权益和平等权利。

① 《住房城乡建设部办公厅关于开展国家智慧城市试点工作的通知》，中国政府网，http：//www. gov. cn/zwgk/2012-12/05/content_ 2282674. htm。

② 《关于促进智慧城市健康发展的指导意见》，中国政府网，http：//www. gov. cn/gongbao/content/2015/content_ 2806019. htm。

③ 《中华人民共和国国民经济和社会发展第十三个五年规划纲要》，中国政府网，http：//www. gov. cn/xinwen/2016-03/17/content_ 5054992. htm。

④ 《中华人民共和国国民经济和社会发展第十四个五年规划和2035年远景目标纲要》，中国政府网，http：//www. gov. cn/xinwen/2021-03/13/content_ 5592681. htm。

1. 智慧终端设备未满足无障碍要求

智慧终端设备通常是以健全人的使用习惯进行设计和安装，缺少对全体人群的研究和考量，从而对部分人群的使用造成新的障碍。刷脸技术在智慧城市的建设中应用十分广泛，在小区通行、车站验票、超市支付、公司打卡、银行验证等日常场景均有使用。但大多数刷脸设备并不能满足全体人群的使用需求，一是安装太高且不可调节，无法完成对轮椅人士和小孩的识别；二是缺少语音提示，无法完成对视障人士的引导；三是配套设备缺少无障碍功能，比如闸道太窄、服务台太高等，刷脸后依旧无法完成下一步工作。目前遇到这样的情景，一般是采取额外人工引导通行的方式，但这只能算是临时性的变通方案，并不应作为一种长期的运作模式。合理设置设备高度，添加可调节按钮、语音提醒装置能长期有效地满足更多人群需求。

2. 智慧应用场景未联通无障碍数据

智慧应用场景通常将使用人群默认为健全人，不区分不同人群的异质性需求和政策的适用性。随着 ETC、移动支付、无感支付技术的发展，部分停车场为提高智能化水平、节约人力成本，采用扫码支付或无杆自动支付方式并且无人值守。自动支付平台搭建时未收录残疾人与车的信息以及停车减免优惠政策，按照原价收取停车费用，虽有残疾人因此投诉，但各方因责任不明确而相互推诿，维权成功的案例并不多。对于此类情况，杭州检察院 2021 年在办理信息无障碍典型案例时，督促萧山、临安、钱塘三区更新提升 198 座公共停车场自动收费系统，登记残疾人车辆信息 1243 条，同时完善动态更新机制，推动优惠政策落地，取得了一定的成效。但通过后期检察部门的介入并督促部分区域整改并不是长久之计，目前仍存在大量已建或新建的应用场景未将各类信息分类处理的现象，导致原有的一些惠民便民政策落空。

3. 智慧城市发展未兼容无障碍设备

智慧城市发展往往采用了新技术、新框架，然而部分无障碍设备技术过于陈旧，无法适应新的发展需要。传统盲人的过街音响仅能根据所在位置红绿灯的情况，发出简单区分红灯、绿灯的声音，不能分辨出方向。智慧交通组织中路况将更为复杂，当前位置的红绿灯情况，并不能完全反映所需位置

（对面）的红绿灯情况，将造成错误播报，产生安全隐患。此外，为整合多个系统，节约道路空间，交通信号灯逐步进行了多杆合一。当两个方向的信号灯多杆合一后，这类传统的过街音响将完全无法工作。目前虽已有单位改进出新型满足要求的过街音响装置，但仍不能和交警部门的智慧化系统进行充分的对接，只能进行小范围的试点展示，不能进行大规模的安装。交警部门在开发智慧化系统的同时应将这项功能纳入开发需求，避免与原系统冲突。

4. 智慧城市机制未考虑无障碍人群

智慧城市机制通常是建立在参与群体能独立且熟练地使用智能设备、顺利地完成人机交互的基础上，忽略部分群体对新事物的接受程度不高、对新流程的学习能力不强的实际情况。比如，部分场景无法再使用现金支付；部分场景只能用特定的软件扫码；部分业务完全不能通过柜台办理，仅支持网上（掌上）办理；部分场景生活必需品仅能通过网络获得。这些普遍存在的情景对不熟悉智能终端的人群以及不熟悉本地机制的人群造成了较大的困扰。虽然法律法规方面也有相关的保障措施，但这些群体属于维权的弱势群体，缺少维权的意识、途径、方法和能力，问题的延时性暴露会导致一些案例已经无法进行改善。智慧城市建设应主动让信息变得透明、规则变得统一、交互变得简单，避免产生“数字孤儿”。

二　智慧无障碍城市的提出和发展

（一）智慧无障碍城市的提出

在智慧城市大力发展的背景下，智慧无障碍城市的提出十分及时和必要。国家层面提出总体规划要求，国务院《“十四五”残疾人保障和发展规划》[①] 和中国残联等部门联合印发的《无障碍环境建设“十四五”实施方

① 《“十四五”残疾人保障和发展规划》，中国政府网，http：//www.gov.cn/zhengce/content/2021-07/21/content_5626391.htm。

案》[1] 提出，在方向上，无障碍要与信息化深度融合；在行动上，将信息无障碍纳入智慧城市、数字乡村建设；在评价上，无障碍与文明城市、新型智慧城市考核挂钩；在目标上，提升无障碍设施规划、建设和管理水平，创新社会监督机制；在做法上，升级传统无障碍设施设备，开发相应的应用场景，惠及残疾人出行、居家生活、就业创业等方面。各地陆续出台相应政策法规。《深圳经济特区无障碍城市建设条例》要求无障碍城市与智慧城市协同建设，建立无障碍城市平台，促进互联互通和智慧化应用。杭州提出将无障碍环境纳入智慧城市建设，同时依托城市大脑研发数字服务平台和场景应用。湖南在 2021 年发布的五年行动计划中，决定不断推动无障碍信息产业发展，融入智慧城市发展，拓宽互联网、大数据、人工智能的应用。探讨智慧无障碍城市还需要注意以下两个方面。

一是智慧无障碍城市与信息无障碍的关系。两者都是利用现代科技解决无障碍方面的问题，但目前来看还是存在较大的区别。根据中国信通院发布的《信息无障碍白皮书（2022 年）》，目前信息无障碍偏向信息获取领域的技术，如读屏功能的完善、语音文字的转写、网站的无障碍改造等内容，偏向个人应用方面。[2] 而智慧无障碍城市应偏向无障碍环境统筹治理及应用场景系统化，如对无障碍环境建设的监管，无障碍出行、医疗的整体解决方案的制订等内容，偏向社会应用方面。不能简单地将信息无障碍等同于智慧无障碍城市建设。

二是智慧无障碍城市与无障碍环境建设的关系。发展智慧无障碍城市与建设无障碍环境并没有先后关系。并非只有建成良好的无障碍环境才能考虑智慧化升级，采用数智治理的方式能够十分有效地分析建设中存在的问题，促进无障碍环境的建设，加强长效管理和合理调配使用。传统的无障碍环境建设，通常不知道无障碍环境现实情况，不清楚无障碍问题的数量、集中区

---

① 《无障碍环境建设“十四五”实施方案》，中国残疾人联合会官网，https：//www. cdpf. org. cn//zwgk/zcwj/wjfb/9d33d24ae2f040d88911785587d279ee. htm。

② 中国信息通信研究院：《信息无障碍白皮书（2022 年）》，2022 年 5 月，http：//www. caict. ac. cn/kxyj/qwfb/bps/202205/P020220518510041281463. pdf。

域、严重程度、产生原因等，做决策时无法做到长期规划、合理布局、对症下药。无障碍环境与智慧应用是相辅相成的关系，良好的无障碍环境作为智慧应用的支撑，完善的无障碍设施、服务能拓展智慧应用的场景、功能，服务更多的人群；智慧应用作为无障碍环境的延伸，可以提高无障碍设施、服务的知晓率和使用率。

（二）智慧无障碍城市的发展

近年来，随着智慧城市的发展、地理信息技术和应用的普及、“互联网+”理念的传播，不少地方和企业都尝试通过采集点位建设无障碍地图、“无障碍随手拍”反馈无障碍问题等新兴的方式，解决无障碍环境使用和建设的问题，是智慧无障碍城市的初步萌芽，但也存在不少问题。

1. 缺少专业知识，数据难以精确

无障碍环境建设有一定的标准和规范，比如坡道的坡度、门的宽度、无障碍卫生间的设计等都需要遵守标准规范。而目前信息采集反馈的过程中，多数由志愿者和市民上传相关资料，他们缺少一定的专业培训，经常是看到坡道就认为适合轮椅使用，看到大的卫生间就认为是可使用的，看到轮椅标志就认为是合格的无障碍设施。而这些数据在使用的过程中，有时会造成很大的误导，对使用人群的心理和生理都造成一定的伤害。曾有轮椅人士根据地图提供的信息去往无障碍卫生间，却发现坡道太陡、门太小，缺少必要的设施，这时他已经没有时间去往熟知的无障碍卫生间。有时候错误引导其实比没有告知导致的后果更严重。

2. 缺少运作机制，信息难以成片

无障碍设施使用过程中，一般需要有较为完整的无障碍流线，而流线上一旦出现障碍，意味着成条流线不成立。这就要求无障碍的数据采集也应该连点成线、连线成面。但很多数据采集与问题反馈的活动，大多为运动式、短期式的，只是为了创造热点、追求新闻报道，没有长期的采集规划，没有完整的数据库架构，导致数据内容混乱、分布零散、类型缺失、关联度不高。这样的数据可用性很低，不能用于实际的决策依据和生活引导。

3. 缺少基础路网，路线难以导航

数据采集工作大多依赖于现成的电子地图应用，即简单地在高德、百度、腾讯等电子地图上标注无障碍设施的点位，进而形成无障碍地图。这样看似十分有效的做法，存在根本性的问题。目前的电子地图并不采集人行道的数据，所有的导航是基于车行道的，而其中的行人导航也只是默认车行道边上是可以走人的，不能确定是否有人行道、人行道是否够宽、人行道是否有缘石坡道、人行道入口是否是无障碍出入口等信息。若要形成可以导航的电子地图，需要重新采集人行道的图层，并根据轮椅和视障人士行动路线制定导航规则，这将是十分庞大的工作量。

4. 缺少体系支撑，运作难以长效

目前的建设工作大多只注意到技术的运用，而没有建立配套的部门协作体系。随手拍提供的问题一般反馈到残联，但残联并不能负责实际的建设和改造，导致反馈的问题无法得到及时的解决和回复，仅仅停留在反馈层面。另外，如道路改造、建筑改建、电梯维护、厕所维修等造成的无障碍设施临时占用或者永久改变，都不能及时反馈以保障数据的长期有效。

三　智慧无障碍城市的技术和应用

（一）数字治理

1. 数字孪生的构建

构建城市无障碍环境的数字孪生是发展智慧无障碍城市的重要基础，为成规模地将城市中的无障碍相关信息数字集成化，为无障碍精准治理、无障碍精细服务提供助力，同时也使其与其他智慧城市系统交互成为可能。数字孪生的构建、系统集成是根本思路，全人群包容是基本核心，GPS、GIS、视频图像识别、云计算、语音文字识别转化等技术是重要支持。

较为完善的数字孪生应包含以下几个方面。一是无障碍设施数据的孪生。根据无障碍规范要求，分别对办公、科研、司法、商业、教育、医疗康复、福利及特殊服务、体育、文化等领域，公共停车场、城市绿地、城市公园、城市广场、旅游景区等场景和场所的无障碍设施定制不同的采集规则，获取位置、环境（全景）、尺寸等全要素信息，采用经过培训的人员采集及维护数据，建立“外业采集—内业处理—专家审核—动态更新”的入库机制。二是无障碍通行流线的孪生。室外无障碍通行流线无法依赖现有基于车行规则建立的电子地图，需要绘制符合无障碍通行规则的路网底图。徒步采集无法完成路网采集所需的工作量，需将采集操作面板、全景相机、GPS、ETK、惯导、测距仪、降噪器等采集设备安装于特定的采集单车或轮椅上以完成作业。室内无障碍通行流线利用建筑平面图纸的数字化，结合无障碍设施的数据，绘制无障碍流线。三是无障碍服务信息的孪生。辅具借用点和无障碍公交车、出租车、游览车、游船及手语线上线下翻译点等动态的无障碍服务除了进行数据采集以外，仍需要安装信号发射设备用于数据追踪和调度。四是无障碍使用人群的孪生。为人服务是所有建设的目的，对使用人群的数据收集不可或缺。对于人群的数据，一方面需要收集居住、工作等常驻场所的分布情况，另一方面收集其动态活动的数据及习惯。五是无障碍治理流程的孪生。大规模有计划的传统的城市建设，各行业间相对割裂，建造、设计、施工各自为政，未来的智慧城市应形成闭环链条，而非条块分割，该链条是从设计到建造及产品加工的信息链、数据流，以此串起整个产业链，打通数据孤岛。

2. 数字驾驶舱的监管和分析

对于政府或服务机构，数字监管和分析是十分有必要的，也是传统无障碍城市缺少的能力。搭建数字驾驶舱展示系统，可根据选定的项目或区域查看区域基本信息、区域人员概况、道路与建筑设施概况、采集概况和区域排名等。从横向、纵向多元角度分析公共建筑或无障碍设施在时间、空间上的分布，了解城市无障碍建设的历程及发展趋势，为城市无障碍建设提供战略参考。

从无障碍治理的角度可以进行包括但不限于以下方面的统计和分析。第一，无障碍设施统计。对城市、区域正常使用、维修、禁用的无障碍元素数量、长度、面积密度、人均密度等进行时间维度的统计分析，帮助监管人员快捷了解过去及现在的无障碍环境建设情况。第二，无障碍设施耐用性分析。记录并统计无障碍设施的使用时间与维修时间，对需要修整维护的无障碍设施进行预警，在时间维度上统计无障碍设施的平均使用时长。第三，无障碍路径连通性分析。统计无障碍设施节点附近100米内是否有路网，从路网的行走参数以及轮椅道路的完全无障碍通行、一般无障碍通行、不可通行和未知4种状态对无障碍路径连通性进行统计分析，帮助政府相关部门实时监管无障碍道路状况和及时发布有效消息，为视障人士与轮椅人士提供实时的出行资讯。第四，无障碍需求人士集中度分析。根据用户上传或平台/第三方机构维护的需求人士聚集地位置信息，按城市区域和人数两个维度来统计聚集地数量及排序，分析其在时间维度上的变化。第五，无障碍服务统计。按城市/区域和数量维度来统计支持无障碍通行的商家或服务机构，分析其在时间维度上的变化；按无障碍评级标准进行优先排序。

从无障碍应用的角度可以发布包括但不限于以下方面的评价和指数。第一，人行道无障碍指数。提示盲道、无障碍通道、人行道连通程度以及天桥/隧道等无障碍设施情况及比例等。第二，公共服务无障碍指数。公共服务类无障碍设施（如洗手间、停车场、休息区、公园、咨询处等）配套情况及比例等。第三，公共交通无障碍指数。公共交通车站（地铁站、汽车站、高铁站、机场、码头等）在道路及POI上的无障碍设施配套情况及比例、公交车/出租车的无障碍设施配套情况及比例等。第四，公共建筑物/网站无障碍指数。公共建筑物，如银行、医院、政府机关、社会服务机构、文化中心、教育中心、体育中心等的无障碍设施配套情况。第五，商业建筑物无障碍指数。较大型或连锁类的餐饮、酒店、购物、通信等类型的商业建筑物的无障碍设施配套情况及比例等。

通过数据的调研、整理、汇总，制定无障碍指标，指导合理规范的城市无障碍建设，为政府机构管理层人员提供决策辅助的技术支撑，监管和规划管理区域城市的无障碍设施建设环境。建设无障碍信息服务平台能有效提高管理城市无障碍出行服务相关政务的效率，健全无障碍建设工作机制，提高政府决策、治理、分析、服务的智慧化水平，打造高效、便民的新型政府。

3. 知识共享平台

无障碍方面的国家标准、地方标准和行业标准日益增加，同时地方出台的规划、导则、考核标准等各有不同，让众多参与无障碍建设的人员无所适从。知识共享平台的建立，将不同的法规、政策、规范、标准汇总并进行统一格式的数字化，便于查询、筛选、对比、分析。进一步的平台建设，可汇总无障碍相关研究及文献、优秀案例（典型错误）等内容，让无障碍领域专家的知识可以更好地共享给参与建设的规划、设计、施工、管理、采集等各环节的人员，改善每个项目都需要专家到现场全程指导的低效方式，从而缓解目前国内无障碍专家数量与城市问题点位数量严重不匹配的问题。良好的知识共享平台建立，将增强知识共享，加快人才培养，促进行业分工，形成远程协同，从而高效、准确、优质地建设无障碍环境。

4. 新建工程体验督导

很多城市在建设无障碍环境时一直着眼于既有建筑或道路不合格设施的改造，忽视了对新建项目的控制，导致出现一边改造无障碍问题，一边产生无障碍问题，改造一直在进行却永远改不完的情况。解决无障碍环境存量问题的同时，应该建立有效机制严格控制新建项目无障碍问题的产生。

杭州市城乡建设委员会和残联联合下发了《关于做好无障碍环境试用体验和验收的通知》，要求所有的新（改、扩）建项目都需要验收前进行无障碍试用体验工作。[①] 在实践过程中，该工作需要建设单位、住建局、城管、残联、街道、无障碍体验促进会、社区等 7 个单位 4 套跨部门、跨层级系统同时参与。杭州市钱塘区利用信息技术建立多级部门协调联动机制，搭建聚焦服务端、建设端、治理端多端协同的智慧化平台，实现无障碍体验项目的自评、审批、指派、体验、整改、报告、验收、存档全流程无纸化闭环管理（见图 1）。第一步，线上申报。各建设单位利用小程序，创建项目组织并通过引导完成自评，提交生成的自评报告、联系函、项目

① 《关于做好无障碍环境试用体验和验收的通知》，浙江政务服务网，http：//www. hangzhou. gov. cn/art/2020/12/30/art_ 1229063383_ 1716286. html。

自查表、项目工程概况及项目设计图。第二步，组织体验。区残联等相关职能部门通过“浙政钉”审核材料，组织人员试用体验。体验完成后，建设单位可在小程序查看《项目问题清单》。第三步，整改复评。建设单位通过小程序提交按标准整改后的照片并向区残联提交复评申请。第四步，复核存档。区残联组织人员进行复评，复评不合格的予以退回继续整改。复评合格的，审核确认《体验报告》，并签字盖章。区住建局、区综合行政执法局根据签字盖章版的《体验报告》和管辖范围进行项目验收，并将相关资料存入数据库，可供后续相关部门和单位随时查询、调取。

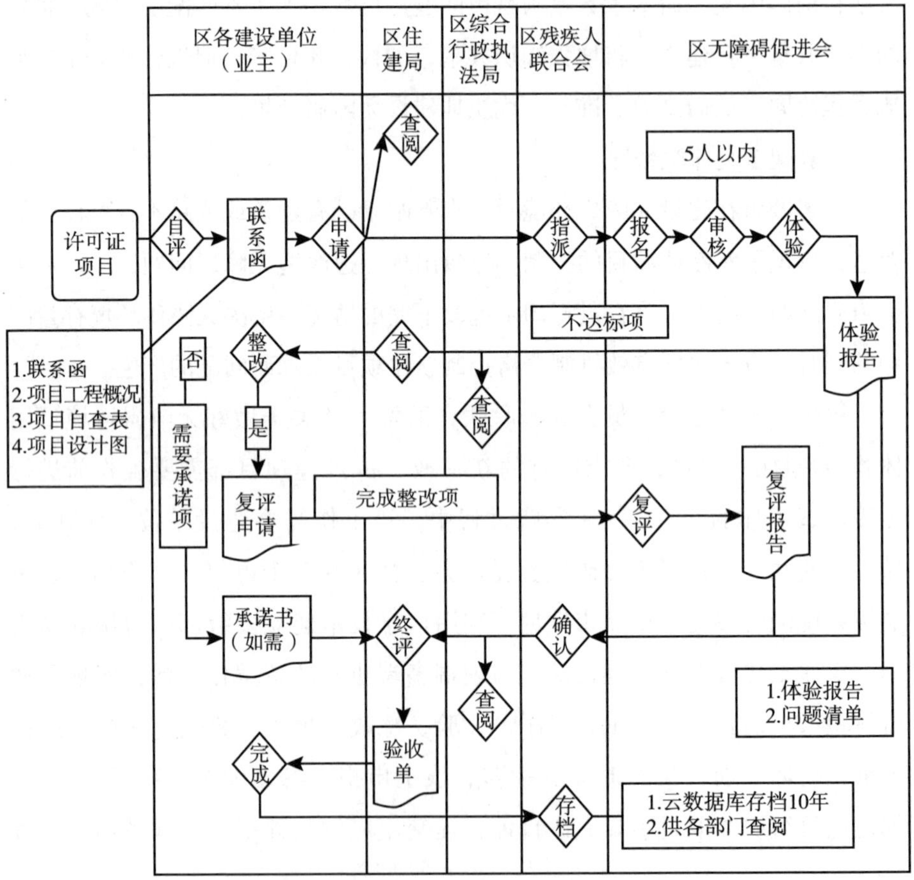

图1　杭州市钱塘区验收前无障碍体验工作流程

（二）智慧应用

1. 智慧导盲

无障碍设施的系统化部署是保障残障人士安全出行的基础。有效解决视障人士的出行问题，当务之急是对城市现有的视障出行相关的无障碍设施进行系统性建设。基于智慧城市概念，城市视障出行相关的无障碍设施系统化部署网络，可分为三个部分。

第一，数字盲道系统。传统盲道系统可对固有路面信息进行触感反馈，例如前进、停止、转弯等。而数字盲道系统，将给予残疾人更多来自现实的动态反馈，应用于日益复杂的交通环境。数字盲道系统主要由电子信息标签、通信耦合原件以及智能处理芯片组成，根据不同的感应范围需求选取不同的电子信息频率。当电子信息标签进入感应器的识别范围，主动识别模块将进一步解码电子标签上的信息，并传递给接收者。数字盲道系统的应用具备以下特征，一是保障了残障用户从踏出家门的第一步，到进入目的场所入口的最后一步连续无中断，杜绝了传统盲道系统因客观原因不完整连贯的问题。二是电子信息标签主动式的识别，有利于高效向残障人士提供所在路口、车站、建筑等节点的信息，包括设施名称、使用情况及简要介绍等。

第二，智能过街音响系统。智能过街音响系统以智能过街声响提示装置为核心，装置通过物理信号与红绿灯连接，将红绿灯信息转化为声音信息和无线广播信息。视障人士通过智能手机或智能穿戴设备（手环）即可与装置互联互通，获取当前交通信号灯的显示状态和剩余时间。红绿灯信息的输出端口通常借助于蓝牙配对、Wi-Fi、无线电广播等技术来实现信号传输功能。

第三，公交助乘系统。可一键获取公交线路、车辆信息，并主动识别进站车辆位置，提醒乘客上下车。除了可供普通人使用外，系统可通过无线信号感知技术，辅助视障人士通过智能手机或智能穿戴设备与公交车、公交站点和场站设施互联互通，按需播报视障人士的目标车辆到站情况，实时语音提醒上下车，构建人、车、路协同，精准、个性化的公交助乘导盲系统。作为公交行业信息化成果，该系统需要通过利用物联网、移动互联网技术，部署公交导盲硬件设施产品等方式实现，并需要较为完善的公交系统网络支持。

以上三项系统组成了“门到门的无障碍出行系统”。该系统弥补了视障人士因为视力缺陷不能顺畅出行的遗憾，通过智慧城市中信息化建设的概念，构建无障碍信息交流和沟通系统的重要组成部分。无障碍设施的系统化部署不仅仅是硬件设施的部署，同时也是覆盖城市信息网络的规划，需要有关部门制订自上而下的无障碍建设专项规划，该规划需是多层次的，包括总体规划和详细导则方案，并可直接对底层无障碍设施的建设提供指导。

2. 无障碍停车位预约管理

停车位的合理调配是智慧城市中一个重要的课题，无障碍停车位的合理使用在智慧无障碍城市的建设中也应有所考量。《建筑与市政工程无障碍通用规范》（GB 55019-2021）中规定的无障碍停车位比例为1%~2%，同时按《无障碍环境建设条例》的规定，仅为肢体残疾人驾驶或乘坐的机动车专用，在实际使用过程中会造成公共资源分配不合理。一是大部分无障碍停车位将处于闲置状态，同时其他车辆排长队等候停放。二是残疾人组织集体活动时无障碍停车位又严重不足，无法满足全部肢残人士共同使用的需求。在智慧城市的建设中，可利用预约制度保证残障人士按需使用的优先权，同时在空闲时间提供给其他有需要的人士，缓解城市的停车难问题。在集中使用的场合，可临时根据“3变2”（3个普通车位变成2个无障碍车位，留出轮椅通道）的原则引导停车，必要时引导其他车辆到周边停车场停放。

3. 轮椅视频识别

公园、超市、广场等场所的出入口，虽建有平坡出入口或轮椅坡道，但使用中管理单位为阻止电动自行车、三轮车、购物车的进出，经常设置栏杆、石墩、花箱等障碍物，影响了婴儿车的进入，甚至阻止了轮椅通行。就理论上来说应保障轮椅的通行，但实际操作上管理单位确实存在不少困难，每个路口派人看守要增加不少的成本，并且与文明城市的电动自行车有序停放管理、人行区域不能让车辆进入存在一定矛盾，管理单位宁愿被投诉被罚款也要放置障碍物，并且对无障碍产生抵触情绪，不愿再配合推进其他无障碍的工作。对于这种棘手的问题，利用科技智慧的手段可以很好地缓解矛盾，采用视频识别技术，收集轮椅、婴儿车的大数据进行机器学习，当轮椅或者婴儿车需要通行时，经识别后升降桩将自动下移放行，剩余时段依旧阻挡其他车辆进入。既保障了轮椅、婴儿车的通行，又降低了管理难度，同时维护了步行区域的人员安全。

4. 无障碍设施智能分配

在建设无障碍环境标准中，并不会要求场所中将所有的设施都建成无障碍设施，而是提供一定比例的便利设施。例如，在医院中，取药口会设置一个低位取药口，病房区域设置少量的无障碍病房等。若没有特殊的措施，叫号系统将随机分配人员的信息，特需人群享受不到相应的合理便利。杭州市卫生健康委员会编写导则时，提出在医院信息系统（HIS）中，加入一条无障碍信息运转流线，将有无障碍需求病人的信息在系统里打上标记，带标记的信息在系统内流转时，将保障该病人在问诊、检查、取药、住院等环节中优先分配无障碍设施，并为其提供相应的语音病例、远程手语服务等。

5. 无障碍旅游全平台

无障碍旅游是旅游行业较新的发展方向，是身心障碍者丰富精神生活、融入社会的重要方式。因为无障碍旅游服务人群的需求有别于普通的游客，在搭建智慧文旅时需考虑以下方面。第一，旅游前，需要有信息交流平台用于寻找同伴、志愿者或者旅行团；需要有信息发布平台提供目的地的无障碍设施情况、无障碍交通规划、无障碍游览路线、无障碍厕所位置，同时要能进行无障碍客房、无障碍餐厅的预订等。第二，旅游中，需要无障碍路线导航，按照较为顺畅的路线到达相应场所，必要时获取无障碍服务，为视障、听障人士提供不一样的讲解。第三，旅游后，需要一个可以分享旅游经验和心得的平台，反馈相关路线的优缺点，给之后游玩的人及旅行路线中相关的组织者、管理者和建设者提供经验参考。

6. 无障碍快递柜

网购物品现在已经十分普遍，快递柜是生活中经常接触的设备。目前的使用存在以下方面的问题。第一，设置位置高，部分快递柜设置的位置有台阶，轮椅无法到达。第二，操作屏幕高，部分快递柜操作屏幕不适合轮椅人士操作。第三，放置位置高，部分快递放置的柜屉太高，不适合轮椅人士拿取。杭州市余杭区博园社区将社区范围内轮椅可以较为方便到达的快递柜设为无障碍快递柜，并将高度适中的柜屉设置为无障碍柜屉，只要网购时标注无障碍快递就可以优先使用这些柜屉，方便了社区内有需要的居民。目前，余杭区扩大此经验，对接邮政部门和快递公司，进行无障碍认证，认证为无障碍人群后，购买物品时不需要额外标注无障碍需求，就可以自动分配无障碍柜屉。充分利用物联网、大数据技术，让全体人群融入“数字生活”，享受科技带来的便利。

7. 辅具智能柜

辅具借用是临时性障碍群体经常要使用的一项服务，一般依托于社区或者一些公共服务场所进行人工借还，存在以下方面的问题。一是借用难，在夜晚等一些意外高发时段难以获取，并且无法获取可以借到辅具的场所信息。二是归还难，辅具借用需要归还至原借用单位，而需求者通常要利用辅具去其他的地方。三是维护差，辅具长时间被借用或被闲置时会出现一些问题，如轮椅会出现螺丝松动、轮胎干瘪、刹车失灵，拐杖会出现因脚垫磨损防滑性缺失等情况，从而影响辅具的正常安全使用。四是遗失多，部分场所的借用机制不健全导致借用的辅具不归还。杭州市萧山区残联参照共享单车、共享充电宝的模式，并根据辅具租赁的特点，以购买服务和采购设备相结合的形式打造共享辅具柜体系，实现了辅具 24 小时借用，提供借用点位及数量查询服务，区域范围内“通借通还”，辅具定位追踪，并由第三方进行辅具的日常保养、维护和管理，有效解决辅具借用存在的痛点难点。

四 智慧无障碍城市（区）的实践和成效

深圳、广州、杭州等城市利用各自不同的契机，结合本身在智慧城市上的一些优势，进行了智慧无障碍城市的系统化建设，并取得了一定的成效。杭州市富阳区在市级建设的基础上，深化治理和应用场景，形成了更完善的理论框架，可供其他城市参考借鉴。

（一）深圳

建设核心。在打造改革开放试验区、高品质发展先行样板的背景下，贯彻落实《深圳市创建无障碍城市行动方案》[①] 文件精神，推动信息化无障碍城市治理概念贯穿城市发展的每个环节。通过专业化无障碍信息采集设备现场采集人行道路及其配套的无障碍设施，打造“无障碍专题地图”，梳理障碍清单，为无障碍设施的建设和改善提供数据支持和决策参考。

建设内容。排查深圳市无障碍环境的“痛点”和“堵点”，为无障碍设施的建设和改善提供数据支持和决策参考，残联引进无障碍数据采集工具开展实地调查，梳理障碍清单，并形成无障碍电子地图。基于城市已有的无障碍设施，以众包采集平台管理模式在家与家、家与公司等出行环节中，采集道路、建筑物、公共服务、公共交通等场景中的无障碍设施，形成无障碍电子地图。汇聚实时全量的数据资源，进行多源数据融合，面向政府、服务机构等提供监管无障碍环境服务，面向用户提供定制无障碍资讯、定制无障碍路线、无障碍公交助乘等服务。

建设成效。通过专业化无障碍信息采集设备现场采集人行道路及其配套的无障碍设施，打造“无障碍专题地图”，搭建广东省首个重点无障碍地图区域样板。以数据驱动和贯穿无障碍环境治理全流程（规划、设计、督导、验收），无障碍环境数字治理平台促成城市无障碍治理分工，提供城市无障

① 《深圳市创建无障碍城市行动方案》，深圳市残疾人联合会官网，http：//www.cjr.org.cn/info/laws/syfz/content/post_ 161673.html。

碍可持续治理的手段。基于“无障碍专题地图”，结合当地公交行业信息化成果，部署公交导盲硬件设施，逐步推广实施公交助乘系统，逐步全线覆盖。

（二）广州

建设核心。广州市在加强与港澳体制机制“软联通”的基础上，促进创新、建设和规划借鉴，贯彻落实广州市和全国无障碍城市建设实施方案，深入推进城市建设。基于广州已有的无障碍设施，在残障人士的门到门出行环节中采集数字盲道、公交、地铁、周边室内外节点，形成广州“无障碍专题地图”。

建设内容。利用科技手段，在广州市各相关区域开展智慧无障碍城市建设试点，采集城市道路、公共交通设施、居民小区和商场、酒店、餐厅、银行、公园、城市广场、图书馆、电影院等公共服务场所无障碍设施建设与使用情况，建设城市无障碍治理服务平台，对照国家标准和使用者实际使用需求，形成问题清单，分发给市相关部门整改完善，为残疾人、老年人等有需求群众提供人性化、智能化的服务。遴选和邀请无障碍环境建设工程、法律、管理、科技、服务、保障等领域专家和专业人士，建立广州无障碍环境建设专家库，开展无障碍培训、研讨、交流、考察、咨询等相关活动，为广州推进无障碍环境建设提供专业指导和技术支撑。以残疾人为主体，邀请人大代表、政协委员和热心人士参加，市（区）残联推动成立无障碍督导团队，对全市（区）无障碍设施建设、使用管理和无障碍服务等状况进行调查取证，对存在问题提出整改意见后反馈给政府主管部门、业主或者管理人，对其整改完善并加强监督。

建设成效。基于广州已有的无障碍设施，在残障人士的门到门出行环节中采集数字盲道、公交、地铁、周边室内外节点，形成广州“无障碍专题地图”。围绕“无障碍专题地图”数据，增加治理、督导功能，构建长效运维机制。推广无障碍导航应用，提供区级无障碍出行服务。提供无障碍数字治理服务。检查、规范、指导相关建筑设施符合所在区域的无障碍地方标准。运用专业设备统一采集环境数据，全平台多源展示采集数据，系统独立评估无障碍指数，数据实时更新，最终公开督导报告。提供无障碍数字督导服务。结合数字采集工具，对城市环境进行无障碍督导，并开发无障碍自我摸查微信小程序，方便广州各类单位针对本单位障碍节点进行排查上报。配套开发数据审核后台，职能部门对标找差距、抓落实。

（三）杭州

建设核心。以城市举办亚（残）运动会为重要契机，实现一体化智慧无障碍城市框架搭建，贯彻落实杭州市无障碍环境建设方案，结合共同富裕区战略定位，树立“杭州示范窗口”。由市无障碍办牵头，在全市层面搭建一个无障碍数字大平台——“无障碍一张图”，并将具体的数据采集任务分配到各个行政区中，最终将全市数据汇总并应用。

建设内容。杭州市“无障碍一张图”将“治理”和“服务”两头一起抓，治理层面分步骤、分阶段实施建设一个无障碍环境治理平台。第一步，拆解规范，形成普查规则。通过解读《无障碍设计规范》（GB 50763-2012），针对办公场所、医院、教育场所、广场等不同场所的无障碍设施建设要求实施自动捕捉和规范性检测，生成无障碍设施问题清单。第二步，分解问题，形成协同关系。针对无障碍问题清单涉及的场所类型进行分类，协同推进整改，所有单位都可以扫码查看点位信息照片。第三步，闭环数据，更新进入地图。通过无障碍自查小程序、半年度采集更新、年度采集更新确认无障碍设施是否改造标准，同时更新无障碍设施状态，产生全区无障碍地图。第四步，构建指标，形成评价体系。根据系统平台内设施状态，形成采集盲道总长、符合规范的盲道总长、采集建筑数量、符合规范的设施数量、可进入建筑数量等大数据。

服务层面将对应治理层面的建设进度建设无障碍环境导航平台。第一步，分类分级，场所信息无障碍。根据亚运场馆、医院、行政服务场所、党群服务中心、公共卫生间、盲人集中路口路段等不同场所的使用需求，配置显示屏、电子地图、手语翻译、交互式播报提示设备等不同配置，满足信息交流需要。第二步，系统集成，推进融合应用。依托治理端产生的无障碍地图，将无障碍设施、办事柜台、卫生间等场所的环境位置信息数字化并纳入地图内，联动场所中的播报提示装置等设备。当手持手机或携带手环等终端设备导航靠近时，实现使用时、靠近时动态播报，一端集成。

建设成就。市无障碍办牵头，在全市层面搭建一个无障碍数字大平台，并将具体的数据采集任务分配到各个行政区中，最终将全市数据汇总并应用。基于杭州市典型公共场所、亚运场馆周围部署无障碍信息化终端和基础设施，形成有效的感知网络，构建“数字化盲道”，实现人与环境的相互感知、相互协同，提供全市无障碍出行服务，助力杭州亚运会、亚残运会。搭建无障碍环境数据驾驶舱，从横向、纵向多元角度分析公共建筑或无障碍设施在时间、空间、使用频率上的分布，了解城市无障碍建设的历程及发展趋势。

（四）杭州市富阳区

建设核心。在治理端打造无障碍环境治理数据平台，提供数字化无障碍设施，建立无障碍环境建设机制，提升治理水平。在服务端为残障人士、老年人等有需求的群体提供精准、可感知、无障碍的出行服务。建立“1+2+3+N”体系，即“排查—整改—反馈—运维—服务”全链条管理模式和“室内外步行导航-乘坐公交-智能红绿灯过街”全链条服务模式，打造可感知、个性化的“无障碍出行环境”。

建设内容。“1”即1个“无障碍环境公共服务数据平台”。围绕富阳主城区富春街道等区域，采集人行道156.28公里，行进盲道116.59公里，公共建筑设施2840个。有关问题通过区无障碍办派发至各单位进行整改。通过定期采集更新和室内定位系统，绘制形成一张无障碍专题地图，反映无障碍设施定位分布和达标情况。“2”即2类终端应用设备。手机终端，可根据实际无障碍环境，规划出一条室内外衔接、门对门的导航路径，为各类群体等提供有效、便捷、精准、个性化的出行和交流服务；可穿戴式设备终端，与分布在各个场景中的设备交互，设备会产生语音播报等提醒（如在卫生间播报左侧是男厕、右侧是女厕）。“3”即3套辅助系统。智能公交助乘系统，辅助视障人士乘坐公交；室内辅助定位系统，对有需求群体进行室内导航，构建无障碍专题地图的室内部分；智能语音过街提示系统，辅助视障人士过马路（见图2）。“N”即N处应用场景。近期以区政务服务大厅、党群服务中心、第一人民医院等重要公共场所、城市部分公交线路、公厕及部分交通信号灯路口以及周边城市道路等为主要区域进行建设。远期逐步定期更新平台内数据信息，覆盖富阳全区。

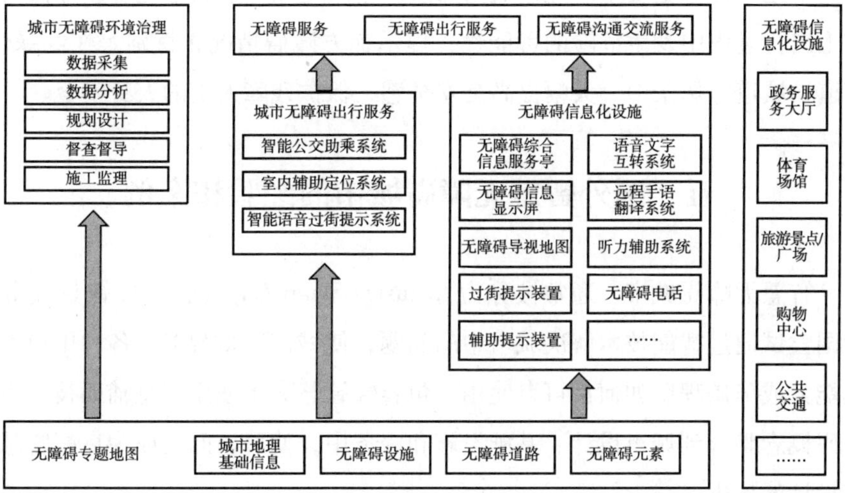

图2　富阳区智慧无障碍城市体系

建设成效。全面发现并梳理出既有问题5694个，在线入库并建立改造机制，推动了无障碍环境治理，为长效的无障碍运维督导管理提供条件。基本满足了重点障碍人士的出行需求，社会更安全、出行更便捷。

第一，治理更智慧。以无障碍建设数据分析为目标，对无障碍相关系统进行广泛的（半、非）结构化3种数据类型的采集汇聚、整合处理、共享交换、融合分析，实现数据精细化管理。平台可汇聚实时全量的数据资源，实现多部门的数据互通，跨部门、跨层级进行多源数据融合，也支持快速、高效、智能输出报告，便于相关管理部门及时了解无障碍建设情况，面向政府、服务机构、残障用户等提供相应的服务。为相关法律、政策、规划的制定及无障碍治理提供更具有针对性的信息和数据支撑。

第二，出行更便捷。以手机应用App、智能终端、可穿戴式设备为载体，实现精准的、可感知的、个性化的无障碍出行服务，解决了残障人士、老年人的出行困难，使其找得到设施位置、辨得清设施方位、坐得上智慧公交，推动视障、轮椅人士以及老年人等方便出行。配合手语翻译、无障碍显示屏、语音转文字系统等各类设备，为残障人士的自主办事提供了条件。

第三，社会更安全。经过数据筛选产生的地图导航路径能有效降低残障人士出行过程中发生危险的可能性，提示前方障碍情况，特别是在红绿灯、盲道、坡道等场景中，大幅提高其安全感，保护残障人士的人身安全。

五　国外智慧无障碍城市的经验和案例

智慧无障碍城市，通常被称为Inclusive Smart City（包容性智慧城市）。各国尝试通过智能技术解决城市中的问题，使城市变得智能，各种用户无论其能力或障碍程度如何都可以使用。包容性智慧城市使用信息辅助技术将无障碍概念整合到城市设计、基础设施和服务中，使可访问性成为良好智慧城市设计的标志。

德国在城市规划治理层面将信息通信技术用于已知的客观无障碍点位监控分析的同时，利用GPS与心理监测结合，收集和分析残障人士遇到困难的节点，通过观察残障人士主观心理变化增进对城市障碍节点的认识，从而更深入地研究无障碍环境建设的需求。在人员出行服务层面，除在官方的渠道发布详尽的无障碍路线及周边设施、服务信息外，部分城市尝试建立了无障碍互动街景地图，更有效地建立双向沟通，共享特定时间、特定事件的无障碍需求及信息。在旅游出行服务层面，德国国家旅游局提出整体计划，并在其官方网站上开辟专栏，统一汇总各类人群（行动、听力、视力、临时障碍）在交通出行（汽车、客车、火车、飞机、地铁等）、旅行目的地、旅游服务等方面信息，并提供个性化旅游计划的咨询。

美国在纽约市使用 aBeacon 测试连接性更强的无障碍行人信号灯，盲人和视障行人可以通过遥控器或智能手机激活它，不必按下按钮，这种按需和远程激活操作使他们能够更好地定位交叉口的起点。此外，aBeacon 可以收集有关激活它的视力障碍用户的数量信息，为未来智慧城市的数字应用做铺垫。堪萨斯城推出了一个可以收集和共享信息的交互式数字信息亭，并组成通信网络。虽然最初的信息亭设计具有触摸屏和文本对话功能，但了解到坐轮椅的人和行动受限的人的出行障碍，城市将信息亭设置得更低，并配备易于查看的背光触摸屏，屏幕上的信息从上到下滚动，让人们有机会在最适合他们的高度使用。信息亭有一个音频插孔，因此视障用户不会对收听文本到语音功能中可用的信息感到不自在。

法国在许多交通网络节点都装有 NAVIGUEO + HIFI 音频信标（audio beacon），例如柜台上方或地铁站入口处。该音频信标可指示其位置并传输实用信息。这种声音引导系统可以使用智能手机远程激活，从而为盲人和视障人士提供自主权。

日本在地铁尝试建设盲道语音系统“shikAI”，在盲道上附上二维码，扫码可获得位置和出入口、电梯、地铁方向等信息的指引。弥补了盲道只能提供行进和停止、拐弯等简单信息的不足，帮助视障人士及不熟悉情况的旅客去往相应的地点。

六　加强智慧无障碍城市建设的建议

（一）加强理念引导，树立融合通用意识

无障碍不应被特化为服务于特定群体的概念，其受益群体包含处于伤残、疾病、年幼、衰老、生育、负重、虚弱等状态的全体人群，是每一个人在某些时段都可能处于的状态。此外，无障碍不应被特化为服务于特定场景的概念，其应用场景包含交通、办事、医疗、教育、购物、休闲、旅游等生活的全部场景，是每一个人生活所需的方方面面。因此在政策法规、规范标

准、智能设备、应用产品、运作体系等制定和设计时，都应该同步地将各类情况都予以研究和考量，将无障碍的理念融入智慧城市的各类建设中，使其通用地服务更多的群体，适用于更多的场景，而非后续打补丁式地添加游离在整体智慧城市体系之外的一些无障碍功能，附加的无障碍功能难以与智慧城市进行有机联动，容易出现功能缺失、场景遗漏、运行迟缓、数据失真、系统冗余、更新落后等问题。

（二）加强统筹规划，搭建统一平台架构

相较于物理无障碍和信息无障碍的建设，智慧无障碍城市要求更强的系统性、集成性、连通性，更迫切地需要顶层设计、集中部署、统一规划。一方面，社区、街道等小范围独立的智慧化偶有亮点，但对于智慧应用场景来说服务人群严重不足，并不能很好地起到应有的效果，难以维持系统长期运营。另一方面，各个单位、企业各自不兼容的系统、不流通的数据、不统一的标准使信息无法流通，难以进行数据共享、统计分析、对比研究，无法形成更大的价值，不同的功能平台和应用入口，使用时需要频繁切换，增加了不必要的困难。后续合并统一过程中也将导致系统冲突、冗余。建议加快基础理论研究，至少在市级层面统一平台体系架构、信息交换方式、数据采集规则等，保障智慧无障碍城市的稳步推进，避免重复建设，导致资金、时间的浪费。

（三）加强部门联动，建立联合治理机制

数字化改革通常伴随着组织机制的改革，智慧无障碍城市的建设也不例外。缺少部门联合治理机制的支撑，数据、平台、技术都只能是徒有其表，不能发挥应有的作用。目前，部门各自为政的情况较多，出现标准不统一、情况未全面考虑、人群未全面覆盖等问题。住建、城管、网信、大数据、残联、教育、公安、民政、交通、卫健、邮政、妇联、文广旅等部门都能积极主动参与智慧无障碍城市建设，做到数据跑得通、情景建得全、需求想得细。如智慧交通中，智能公交站应结合视障人士活动数据设置智能语音站

牌，智慧灯杆设计时可同步考虑与视障人士的终端设备交互的功能以实现智慧盲道建设。智慧城管中，可利用机器视觉技术对监控摄像头画面进行智能分析，以实时管控盲道占用问题。智慧文旅中，利用自身数据结合城管、住建、交通等部门数据，提供无障碍旅游方案等。智慧建筑中，可在建设时自动检测建筑中的无障碍路线，在使用单位的系统中提供无障碍设施分配功能。

（四）加强数据建设，确立动态更新机制

数据是智慧无障碍城市建设的重要基石，数据的采集、管理、运用、维护都是十分重要的。实际使用中有效的数据包含下列几个方面。一是大量的数据，无障碍相关的数据涉及方方面面，越多的数据将产生越强的联系、覆盖越多的领域、服务越多的人群。二是准确的数据，采集数据时应使用较为专业的人员并建立一定的审查机制，数据的错误将影响整体系统的质量，对用户产生困扰。三是不断更新的数据，城市在不断变化，新建、搬迁、改建等建设工作一直都在进行，对应的数据也有一定时效性，长期不更新的数据会失去有效性甚至产生错误。四是实时的数据，除了永久性的改变，部分无障碍设施（盲道、缘石坡道、无障碍电梯、无障碍卫生间等）临时性的损坏、维修、占用的数据应进行实时的发布和标注，避免对日常使用产生影响。

（五）加强人才培养，保障行业长期发展

从长期发展来看，人才是行业不断发展的源泉，进行人才的培养、吸引人才的加入，才可以让智慧无障碍城市从现今的萌芽发展至成熟。同时，新的人才带来新的技术、新的视角、新的方向、新的可能。智慧无障碍城市依然在前期发展探索阶段，包括但不限于系统开发、产品设计、数据采集、应用维护等领域都迫切需要人才，尽快完善智慧无障碍城市所需的核心框架、必要应用、初期数据、基础运维。智慧无障碍城市是个较为交叉的领域，目前从事的人才尚未进行有效的融合，需要将无障碍理念传递给从事智慧城市

建设的人才，也需要将智慧城市的知识教授给从事无障碍建设的人才。同时应结合实践需求，建立一定的培训体系、教学课程、评价标准，为之后的人才培养打下基础。

（六）加强研发支持，鼓励企业积极参与

智慧无障碍城市的发展十分依靠科技的创新和应用，而无障碍相关的科技研发，前期会遇到投入产出不匹配、功能开发不简单、应用前景不明确、使用人群不足够等问题。仅依靠企业和社会组织自发、公益地投入，并不足以支撑智慧无障碍城市完整的搭建及长期的运作。政府应采用适当的方式，降低企业的研发、生产、推广、运营等成本。特别是政府在立项调研时，不应以短期的受益人群少、投入产出比低、开发需求杂等角度去审视智慧无障碍城市的相关建设。应着眼于总体规划、长远布局、同步建设、共同发展。在民生实事问题上，应提高关注程度、加强政策引导、加大投入支持力度。

（七）加强应用推广，扩大功能使用规模

智慧化应用的优势在于处理大批量、成规模的信息，在情况单一、数据量少的情况下往往显得十分鸡肋。但受到无障碍理念的限制，无障碍的文化尚未形成氛围，无障碍应用的知晓率、使用率普遍不高，从而造成了“数据少—不好用—没人用—数据少”的恶性循环。政府部门、街道社区应加强宣传推广，组织人员试用体验相关产品的无障碍功能和专门的无障碍应用，并普及无障碍理念和知识，在让更多人享受科技温暖和便利的同时，检验产品的质量，收集使用中的问题和数据，进一步优化迭代系统。

Abstract

Accessible environment is the symbol of national and social civilization and the basis for all members of society to develop in an all-round way and share the fruits of economic and social development. The CPC Central Committee with Xi Jinping as the core attach great importance to digital development and clearly propose a digital China strategy. Accelerating digital development is of great significance to the construction of accessible environment. At the same time, the sustainable development of accessible environment is conducive to bridging the digital divide and promoting digital inclusion development. With the development of digitalization, digitalization and accessible environment are developing in a two-way integrated manner. On the one hand, the application scenarios of digital technology in accessible environment construction are constantly enriched, and the accessible environment is more convenient and systematic; On the other hand, following the principle of accessibility, digitalization is developing in a more inclusive and sustainable direction. This book takes the digitalization of accessible environment as the theme, summarizes the practical experience gained in the digitalization of accessible environment, analyzes the opportunities and challenges, and puts forward practical countermeasures and suggestions from multiple angles and fields, providing theoretical basis, practical reference and promotion path for promoting the high-quality development of digitalization and accessible environment construction.

The whole book includes four parts: general report, topical reports, rule of law reports and case studies. The general report explains the connotation of accessible digitalization, and systematically combs the development status, opportunities and challenges of barrier free digitalization. The sub report consists of three parts. First of all, in view of the rapid development of the digital economy, this paper analyzes in depth the relationship between digital inclusive development and solid promotion of common prosperity, explores the mechanism of digital inclusion to promote common prosperity, and explores the realization path of solid promotion of China's common prosperity with digital inclusion as the starting point. Secondly, the key areas of information accessibility are studied from the aspects of Internet website aging and accessible transformation, accessible mobile Internet application, accessible information terminal products, and information fusion of persons with disabilities. Finally, the impact of digital development on accessible environment construction is studied from four aspects: braille and sign language, architecture, transportation and community service. The practice part selects two typical scenarios of the Beijing Winter Olympic Games, the winter Paralympic Games and the smart city to summarize the experience gained from the systematic application of digital technology in the construction of accessible environment, analyze the existing problems, and propose the path choice for future development.

This book proposes that accessibility and digitalization complement each other and complement each other. Accessibility is the principle of digital development and digitalization is the direction of accessible development. Research has found that with the development of digitalization, information accessibility is accelerating, accessible facilities are more convenient, accessibility of social service is continuously improving, accessible product supply capacity is gradually improving, accessibility knowledge and ideas are accelerating, and accessible environment construction is tending to be integrated. Information accessibility is the foundation and condition, which is reflected in bridging the digital divide and digital inclusion development and is conducive to promoting the common prosperity of all people in a down-to-earth manner. The application of digital technology in the accessible environment construction of the Beijing Winter Olympic Games and the winter Paralympic Games has left a valuable legacy of the Winter Olympics. The construction of smart and accessible cities began to be piloted. In order to promote the digital development of accessible environment, it is necessary to improve the understanding of accessibility, systematically sort out the experience gained in public interest litigation of accessible environment construction, understand the legislative needs of information accessibility, accelerate the legislation of accessible environment construction, improve the policy framework to bridge the digital divide, strengthen talent training and technical training, and actively participate in international cooperation.

Keywords: Accessible Environment; Digital Divide; Digital Inclusion; Digital Technology; Common Prosperity

Contents

Ⅰ General Report

Abstract: Under the background of accelerating the construction of Digital China, the integration of digital technology and accessible environment is deepened. Based on putting forward and analyzing the digitization of accessible environment, the development status, opportunities, and challenges of accessible environment digitization are analyzed. The research found that the application of digital technology has accelerated the progress of information accessibility, made accessible facilities more convenient, continuously improved the accessibility of social services, gradually improved the supply capacity of barrier free products, accelerated the dissemination of accessibility knowledge and concepts, and tended to integrate accessible environment construction. The strong traction of common prosperity, the unremitting pursuit of human rights protection, the realistic needs of the aging population, the accelerated progress of the construction of Digital China, and the international experience that can be used for reference are the opportunities for the digitization of accessible environment. At the same time, we are facing challenges such as the limitations of understanding and concepts, the lagging construction of accessible environment, the unbalanced and insufficient digital development, the risk of the expansion of the digital divide, and the imperfect governance system. To promote the digital development of accessible environment, we should improve the understanding of accessibility, update the concept of accessibility; Accelerate the legislation of accessible environment construction; Improve the policy framework for bridging the digital divide; Strengthen personnel training and technical training; Actively participate in international cooperation and increase the supply of accessible global public goods.

Keywords: Accessible Environment; Digitization; Digital Divide; Inclusive Development

Ⅱ Topical Reports

Abstract: China is in the stage of rapid development of digital economy and solid promotion of common prosperity, and the digital economy and common prosperity have strong consistency. However, while the development of the digital economy has brought about the continuous improvement of efficiency, the fairness problems caused by the digital divide have become increasingly prominent. Starting from the strategic significance of digital inclusion to promote high-quality economic development, this report comprehensively combs the connotation and process of China's common prosperity and digital inclusion, deeply discusses the mechanism of digital inclusion to promote common prosperity, and explores the path to realize China's common prosperity with digital inclusion. Based on the experience of developed countries, this report puts forward the following suggestions from the government, individuals and society: vigorously develop digital technology to increase the digital income of vulnerable groups; improve the digital inclusion policy and refine the laws and regulations of the digital economy; develop public libraries to promote digital inclusion; encourage media for agriculture, rural and farmers to help increase the income; promote common prosperity from the supply side and the demand side; help each other by family members; the community actively publicizes and actively helps; schools, work units and the government work together to provide assistance and education.

Keywords: Digital Inclusion; Digital Divide; Common Prosperity

B.3 Report on Age-Friendly and Accessibility Development of Internet Websites (2022) *Huang Chang* / 059

Abstract: With the popularization of the Internet and the continuous deepening of the aging population, the age-friendly and accessibility of Internet websites are the inherent requirements of an inclusive society and sustainable development. China's Internet website age-friendly and accessibility policy system has gradually formed, the top-level design has been continuously strengthened, and the Internet website age-friendly and accessibility penetration rate has continued to increase. The report introduces in detail the standards and specifications for the transformation and acceptance of age-friendly and accessibility internet websites, the transformation technology and the influencing factors of the final evaluation. Finally, the report makes four suggestions: firstly, improve the accessibility legislative system; The second is the incorporation of technical standards in law; Third, in terms of age-friendly and accessibility interactive design, we should put people first, provide a variety of operation modes, and realize a variety of push forms; Fourth, adopt independent, advanced, safe and reliable technologies.

Keywords: Internet Websites; Age-Friendly; Accessibility

Abstract: Under the background of digital development, this report combs China's information accessibility policy system and the latest development trend, focuses on the development of domestic mobile Internet applications, summarizes the important events that have promoted the development of mobile Internet applications in the past 20 years, and shows the current situation and specific cases of information accessibility practice of mobile Internet application enterprises. The study found that the policy and regulation system lack mandatory effect and supervision measures, the standards related to information accessibility need to be improved, and the penetration of barrier awareness in mobile Internet application related enterprises needs to be improved. These are the three major challenges that need to be faced to promote the barrier free development of mobile Internet applications. At the end of the report, it is proposed to promote accessibility legislation, establish a long-term mechanism for information accessibility development, attach importance to the power of third-party organizations, and promote mobile Internet application enterprises to establish a accessibility system operation mode.

Keywords: Information Accessibility; Mobile Internet Application; Age-Friendly

Abstract: Information accessibility terminal products refer to those terminal products which can help everyone to acquire, interact and use information in an equal, convenient and safe manner. This report goes through the development history of information accessibility terminal products at home and abroad and summarizes the current domestic situation of information accessibility terminal products in terms of policy development, laws and regulations, industry standards and product development. The study points out that there are six major problems on information accessibility terminal products in China. The relevant policies need to be improved; the product market supply is weak; The research and development motivation in industry is insufficient; the bottleneck of scientific and technological achievements transformation needs to be broken; the social information accessibility awareness still needs to be strengthened, and the significancy of the end users' needs to be emphasized. At the end of the report, it proposes a sound policy environment for the digital development of information accessibility terminal products in China and promotes the construction of the legal system. It recommends increasing the penetration rate of information accessibility terminals, which will lead to reversely promote the quality improvement of terminal products. The last but not least, we should promote social awareness for information accessibility and insist on the dominant role of the end users.

Keywords: Information Accessibility; Smart Terminal Products; Digital Development

B.6 Research Report on Information Integration for Persons with Disabilities (2022)

Li Muzi, Dai Lianjun and Wan Sheng / 124

Abstract: Making full use of information integration for persons with disabilities can accurately grasp the needs of persons with disabilities, enhance the initiative and pertinence of services for persons with disabilities, and bring new opportunities for persons with disabilities to integrate into the society. This report describes the current situation of information application for persons with disabilities in China, summarizes the main problems faced by information application, analyzes the connotation of information fusion for persons with disabilities, puts forward a new idea of information fusion for persons with disabilities based on data fusion, technology fusion and service fusion, and combs the application practice in China. It is suggested to consolidate the basic guarantee of information and data integration in the whole society, accelerate the application of new technologies in the field of information accessibility, and deepen the integrated construction of "Internet + services of persons with disabilities".

Keywords: Internet; Information Integration for Persons with Disabilities; Information Accessibility

B.7 Report on the Digitization Development of Braille and Sign Language in China (2022)

Zhang Juxiao, Wang Xiangdong and Luo Yuxuan / 142

Abstract: Braille and sign language are special languages used by visually impaired and hearing-impaired persons, and they are an important part of the national language. The digitization of Braille and sign language is conducive to improving the level of accessibility of information, and it is conducive to the equal participation of visually and hearing-impaired persons in social life. However, the development of the normalization, standardization and informatization of Braille and sign language is not sufficient, and the status of digitization of Braille and sign language is still relatively dissatisfied compared with the needs of visually impaired and hearing-impaired persons. In this report, firstly, the development status of Braille and sign language digitization in China is summarized. Secondly, considering the main technical means of digitization, this report compares and analyzes the gap between the digitization level of Braille and sign language in China and foreign countries. It is found that there are some problems such as the slow progress of corpus construction, the unsatisfactory accuracy rate of Braille-to-Chinese translation, the low penetration rate of Braille and digital products, and that digital media such as sign language TV programs cannot meet the needs of hearing-impaired people. Finally, this report gives suggestions such as increasing investment in corpus construction, bolstering weak spots of Braille informatization as soon as possible, strengthening the support of domestic sign language and Braille digital products, strengthening the application research of artificial intelligence in sign language computing and enriching the supply of digital resources such as sign language TV programs, so as to clarify the development direction of Braille and sign language digitization.

Keywords: Braille; Sign language; Digitization

Abstract: The information age and the digital transformation of various industries have brought great convenience to daily life, and also provided service support for more diversified personalized needs, which can help meet the people's growing needs for a better life. Building digitization provides full process information support for building planning, design, construction, management and evaluation, and provides space guarantee for disabled, elderly and other handicapped groups to freely access and share buildings. Based on this, this report focuses on building digitization enabling accessible environment construction. First, it summarizes the general characteristics of the current digitization development of the construction industry. Secondly, it further expounds that the digitalization of the construction industry can enable the construction of accessible environment and has great prospects. Thirdly, the typical application scenarios of building industry digitization enabling accessible environment construction are analyzed, including typical areas, and building types with urgent accessibility demand and the transformation of perceived building mode based on building digitization, and the existing problems and future development trend of building accessibility digital construction in China are further analyzed. Finally, it is suggested to improve the level of building accessibility digital construction in China from four aspects: mobilizing the enthusiasm of multiple subjects, integrating into the urban renewal action, encouraging persons with disabilities to participate actively, improving information supervision and ensuring data security.

Keywords: Accessible Environment; Building Digitization; Shared Building

B.9 Report on Digitization Development of Accessible Transportation in China (2022)

Liu Xiaofei, Chen Xumei and Gao Chang / 185

Abstract: On the basis of summarizing the top-level system of China's transportation accessibility laws & regulations and standards & norms, and according to the classification of transportation modes, this report analyzes the current digital development and cases of transportation accessibility in China's urban public transportation, taxi, civil aviation passenger transportation and railway passenger transportation areas. The report further analyzes the problems and shortcomings of China's transportation accessibility digital development from the regulation policy system, standard specification system, accessibility digital technology and the "digital divide" facing the elderly. Fully drawing on the experiences of developed countries such as the United States, Canada, and the United Kingdom, the report proposes countermeasures to promote the digital development of transportation accessibility in China from four aspects, including improving the top-level system design of transportation accessibility, improving the standard and specification system, promoting technology research & development and product application, and improving the level of transportation services.

Keywords: Transportation Accessibility; Accessible Digitization; Accessibility Standards

Abstract: Community service bears the important function that all residents fully enjoy the convenience of life and social participation. The combination of digital technology and community service can promote the inclusion of physical facilities and the comprehensive coverage of soft services, so that the digital development of urban and rural community services in China is inclusive and benefits all residents. This report starting from the connotation of community service accessibility, analyzes the current situation of the development of community service digitization, and summarizes the developed countries and regions in the construction of digital community service experience, from Establish an overall construction framework, Develop standards and specifications, Platform Connectivity, Revitalize stock resources of four aspects, in order to put forward the corresponding Suggestions about promoting our country's digital development of urban and rural community service.

Keywords: Community Service; Accessibility; Digitization

Ⅲ Rule of Law Reports

Abstract: Public interest litigation is a major popular project and human rights protection system to promote the modernization of national governance system and governance capacity. Focusing on strengthening the supervision of the implementation of laws on the construction of accessible environment, the procuratorate have continuously expanded the scope of public interest litigation cases from the accessibility of travel to the accessibility of information and then to the construction of accessible environment. The mode of supervision and handling cases has been continuously deepened from case exploration to case supervision and then to special actions. The mode of supervision and handling cases has been transformed from passive acceptance to active supervision and then to active performance of duties, The goal of system governance is to gradually improve the coordination mechanism, promote local legislation, and optimize the top-level design, so as to contribute procuratorate power to accelerate the legislative process of the barrier free environment construction law. In this process, public interest litigation, as an important legal guaranteed measure for the construction of accessible environment, has been widely recognized and widely supported to promote the development of self-development. Finally, in order to promote the high-quality development of barrier free environment construction, the report proposes: actively promote the accessible environment construction into the legal field of public interest litigation; Introduce special laws on accessible environment construction as soon as possible; Actively expand the scope of public interest litigation in the construction of accessible environment; Accelerate the improvement of standards and norms for accessibility; Strengthen the supervision of accessible environment construction; Summarize, promote and publicize mature practices and experiences.

Keywords: Accessible Environment; Public Interest Litigation; Human Rights Protection

Abstract: The rapid development of digital technology has fully integrated into the entire process of economic and social development in all fields and has profoundly changed people's production and lifestyle. How to promote the development of accessible information and communication in China, solve the difficulties of persons with disabilities in accessing and using information, and facilitate all people to share the development dividend of the information revolution is a necessary question in China's development. This report systematically combs the basic concepts of accessible information and communication, defines the construction scope and key beneficiary groups of accessible information and communication, deeply analyzes the progress and existing problems in the construction of accessible information and communication in China, fully investigates the obstacles of accessible information and communication faced by key beneficiary groups, summarizes the suggestions of government departments, industry experts and enterprises on the legislation of accessible information and communication, systematically study the legislative process of accessible information and communication in China, summarize the legislative experience of international organizations and typical countries, and finally put forward opinions and suggestions on legislation of accessible information and communication.

Keywords: Accessible Information and Communication; Digital Technology; Digital Divide

Ⅳ Case Studies

Abstract: Focusing on the key technical issues required by the Beijing 2022 Winter Olympic Games and the Winter Paralympic Games, this report makes full use of intelligent and information-based means to carry out multi-level and all-round research and Analysis on the demand for accessible life services and establish a accessible and convenient smart life service system. The report selects three different coping scenarios of residence, venue and transportation, and two special services of accessible clothing and guide dogs, and carries out application demonstration to comprehensively improve the accessible living service capacity of the host city, provide scientific and technological support for the successful holding of the Beijing 2022 Winter Olympic Games and the winter Paralympic Games, and provide guidance for the scientific and technological innovation of the accessible environment and service system. In order to better play the role of science and technology in the construction of accessible environment, this report puts forward eight suggestions. First, deepen the reform of scientific and technological innovation system and mechanism; Second, continuously improve the application level of intelligent services; Third, accelerate the development of digital inclusive society; Fourth, build an exchange platform to support scientific and technological innovation; Fifth, fully stimulate the innovation vitality of scientific research personnel; Sixth, increase financial input and promote results output; Seventh, actively carry out demonstration and promote the transformation of scientific research achievements; Eighth, strengthen international exchanges and cooperation.

Keywords: Technology Winter Olympics; Accessible Environment; Digital Technology

Abstract: Accessible smart cities are the development direction of smart cities. The main contents of this report include: a brief description of the development of smart cities and the accessibility problems arising therefrom, an explanation of the concept of accessible smart cities, an analysis of the existing problems of accessible smart free cities, a description of the application scenarios of accessible smart city technologies, an introduction to the practice and achievements of accessible smart city in three cities in China, and a review of the experiences and cases of foreign accessible smart city. Finally, suggestions on strengthening the construction of accessible smart city are put forward from seven aspects. First, strengthen the concept guidance and establish the sense of integration and universality; Second, strengthen overall planning and build a unified platform structure; Third, strengthen the linkage of departments and establish a joint governance mechanism; Fourth, strengthen data construction and establish dynamic updating mechanism; Fifth, strengthen talent training to ensure the long-term development of the industry; Sixth, strengthen R & D support and encourage enterprises to actively participate; Seventh, strengthen application promotion and expand the scale of functional use.

Keywords: Smart City; Digital Governance; Accessibility

S 基本子库
UB DATABASE

中国社会发展数据库（下设 12 个专题子库）

紧扣人口、政治、外交、法律、教育、医疗卫生、资源环境等 12 个社会发展领域的前沿和热点，全面整合专业著作、智库报告、学术资讯、调研数据等类型资源，帮助用户追踪中国社会发展动态、研究社会发展战略与政策、了解社会热点问题、分析社会发展趋势。

中国经济发展数据库（下设 12 专题子库）

内容涵盖宏观经济、产业经济、工业经济、农业经济、财政金融、房地产经济、城市经济、商业贸易等 12 个重点经济领域，为把握经济运行态势、洞察经济发展规律、研判经济发展趋势、进行经济调控决策提供参考和依据。

中国行业发展数据库（下设 17 个专题子库）

以中国国民经济行业分类为依据，覆盖金融业、旅游业、交通运输业、能源矿产业、制造业等 100 多个行业，跟踪分析国民经济相关行业市场运行状况和政策导向，汇集行业发展前沿资讯，为投资、从业及各种经济决策提供理论支撑和实践指导。

中国区域发展数据库（下设 4 个专题子库）

对中国特定区域内的经济、社会、文化等领域现状与发展情况进行深度分析和预测，涉及省级行政区、城市群、城市、农村等不同维度，研究层级至县及县以下行政区，为学者研究地方经济社会宏观态势、经验模式、发展案例提供支撑，为地方政府决策提供参考。

中国文化传媒数据库（下设 18 个专题子库）

内容覆盖文化产业、新闻传播、电影娱乐、文学艺术、群众文化、图书情报等 18 个重点研究领域，聚焦文化传媒领域发展前沿、热点话题、行业实践，服务用户的教学科研、文化投资、企业规划等需要。

世界经济与国际关系数据库（下设 6 个专题子库）

整合世界经济、国际政治、世界文化与科技、全球性问题、国际组织与国际法、区域研究 6 大领域研究成果，对世界经济形势、国际形势进行连续性深度分析，对年度热点问题进行专题解读，为研判全球发展趋势提供事实和数据支持。

法律声明